本研究受国家社科基金一般项目"新形势下我国社会组织界别协商建设研究"（15BZZ075）、教育部人文社科青年项目"善治图景下政社分开与社团管理创新研究"（13XJC810001）和重庆市社科重大委托项目"重庆创新基层社会治理协同模式的逻辑、路径与绩效研究"（2016ZDWT19）等课题的资助

整体化分散治理：
基于中国政社权力关系演变的轨迹

王栋 著

中国社会科学出版社

图书在版编目(CIP)数据

整体化分散治理：基于中国政社权力关系演变的轨迹 / 王栋著.
—北京：中国社会科学出版社，2019.5
ISBN 978 - 7 - 5203 - 3841 - 7

Ⅰ.①整… Ⅱ.①王… Ⅲ.①政治制度—研究—中国 Ⅳ.①D62

中国版本图书馆 CIP 数据核字 (2019) 第 000319 号

出 版 人	赵剑英	
责任编辑	田　文	
特约编辑	陈　琳	
责任校对	张爱华	
责任印制	王　超	

出　　版	中国社会科学出版社	
社　　址	北京鼓楼西大街甲 158 号	
邮　　编	100720	
网　　址	http://www.csspw.cn	
发 行 部	010 - 84083685	
门 市 部	010 - 84029450	
经　　销	新华书店及其他书店	
印　　刷	北京君升印刷有限公司	
装　　订	廊坊市广阳区广增装订厂	
版　　次	2019 年 5 月第 1 版	
印　　次	2019 年 5 月第 1 次印刷	
开　　本	710×1000　1/16	
印　　张	17.25	
字　　数	286 千字	
定　　价	79.00 元	

凡购买中国社会科学出版社图书，如有质量问题请与本社营销中心联系调换
电话：010 - 84083683
版权所有　侵权必究

序

乔耀章

政社分开改革的研究呼应当前我国重大社会问题和政治改革问题。党的十八大以来，中央多次提出必须加快国家治理体系和治理能力的现代化建设，政府简政放权的改革也进入攻坚期，因此适时提出可行有效且具有前瞻性的理论创新和指导意见十分必要和迫切。

该研究成果反映出作者广泛涉及中外或"中""西""马"的相关理论、学术研究成果，涉及中国、西方发达国家及发展中国家的不同国度，以及中国国内"东、西、南、北、中"不同的发展梯度相关实践之实际运用，并将这两者很好地结合起来，长期关注并展开广泛且深入的可持续性研究，力图探讨政社关系的一般规律，旨在探索构建中国特色的新型政社权力关系，力图通过政社分开达至政社互动、合作、互补、有序、有效治理并重塑、培育中国社会而不仅仅限于中国的社会组织，进而揭示出从政社分开之前的"一统化治理"走向政社分开之后开启的"分散化治理"再到"整体化分散治理"的必然趋势。作者正确地指出，政社分开，调适政社权力关系，实现治理转型，其根本目的在于：培育社会，深化社会改革，重建社会，使社会得到总体性均衡发展。

政府与社会组织如何实现有效分离，同时又不能单打独斗地为建设出力，应该说分离是为了更好的合作，因此本课题的着力点就是解决问题但又不能产生新的问题，实现政社分开，但又同时加强合作互动，这就需要在政府与社会组织之间设定一个界限，这个界限能够明确二者的分工，展示二者的目标，加强二者社会建设的主体责任。因此作者的解决路径就是权力的划分与互动，这不仅是一种机制构建的问题，而是上升到体制的创新优化层面，是一种长效机制的突破。本课题最终目的不是使政府与社会组织为了分开而分开，也不仅仅是为了使二者更好地合作与互动，更旨在建构二者之间的监督制约关系，使其合作能够在更科学、透明、公平的基础上进行。权力的视角是一种很好的关键的突破口，本研究成果将对当前政社分开的目标诉求具有重要参考价值。研究内容紧扣权力这一最难攻克的问题，进行持续、系统、全面的论证，不仅从权力的消极方面，同时也从权力的积极方面，对于政府与社会组织的关系进行重新建构。权力不仅是一种工具，还是一种理念，更应该是一种良治的基础形态构成。研究最终落脚点在善治，这种善治不是脱离现实的治理而是从我国历史发展实际中得出的答案，即"整体化分散治理"的理论构想创新。

在研究方法上，作者不拘泥于当前问题的解决，而是回顾过去，着眼未来。采取历史主义研究方法，将问题放到历史长河中进行审视，发现问题的关联因素，找出问题发生的根本原因，同时保证严格真实性，采取实证研究方法，对于我国各地的政社分开改革，在权力改革的问题上进行比较分析，拿出不同的方案。研究内容突破以往政社分开的就事论事的传统论述方式，将政社分开后如何更好地合作互动，尤其是政社之间的权力如何划分、如何交互、如何融合进行了很好的阐述，且不限于当前环境条件下的问题研究，而是对于新中国成立以来的历次政社分开改革进行了全面梳理。项目立意明确，主旨鲜明，在研究上又打破常规，在历史、现实以及未来三个时空领域进行综合比较研究，立体感很强，时代感也很强，能够发现规律并找出本质性问题，研究成果具有重大的现实指导意义，也具有很好的前瞻性。

常言道：军事工事最为坚固的地方，往往会存在薄弱环节；灯下常常是黑的。基于类似性的思考，该项研究最突出、最鲜明的成果就是作者创造性地提出并初步论证了"整体化分散治理"的问题。这种"整体化分散治理"是一种理论、理念、构想？还是一种机制、模式、路径抑或是关系？作者似乎还没有作出更为明确自信的确认。进而言之，何谓"整体性"、"整体化"，它与"总体性"、"总体化"、"集中化"、"统一性"、"一元化"等是什么关系？何谓"分散性"、"分散化"，它与"分工化"、"互斥性"等是什么关系？何谓"整体性治理"、何谓"分散性治理"？它们的利弊得失如何？

为什么要整合？对于这些问题，我建议作者还可以展开进一步深入的辨析。此外，还建议作者对本项研究的逻辑起点——政社分开问题展开更加深入的思考和研究。当然，作者已经比较充分地论证了通过引入历史性要素和平衡性理念对"整体性治理"和"分散性治理"二者进行如何整合的问题。总体来说作者后续研究还任重道远，需要在以下方面继续发力。

政府与社会组织的分开涉及经费、人员、办公、设施、职责等方面，权力分开与互动的视角不能仅从"软件"的角度实现，还应与以上五个方面或者更多的层次进行互应改革，也就是权力的改革在当前是比较困难的，它必须依据系统化的改革原则，从基础层面、分化层面以及上升层面甚至隐性层面进行全面深化改革。政社分开的改革必须在后期研究中注意以上整体性问题的思考，同时对于不同的社会组织应因事而异，借鉴、补充前人研究成果。

在涉及政社分开的主体分类中，应该对于行业协会、基金会、非民办企业、社会团体等各种组织的权力角色、内容及政策进行细化研究，因为不同的社会组织所处的氛围、环境、领域、职责甚至性质都有很大差异，应该对于这些组织的权力进行分类规划，详细研究。

研究提出的"整体化分散治理"，在理论设想和现实结合方面做了很好的处理，但是"整体化分散治理"还应结合法律、制度、体制等进行系统构建，应符合我国经济发展实际和未来需要，也应对应社会重大改革需求和发展方向。整体化分散治理不应成为短暂的时代产物，也应对于未来的发展起到引领作用，本课题在后续研究中还应处理好以上问题，并结合当前重大现实政治、经济、社会问题作具体思考。

总体而言，该研究的总体设计合理，问题成立，较好地处理了理论、学术研究与其实际运用之间的关系。研究的逻辑清晰，研究的目的明确，三个重要概念的界定准确，研究的方法恰当，研究的局限性能够自我明确，研究的成果具有"前置性创新"价值，即立足于研究目的的前提而不是结果上的创新。

毋庸置疑，该项研究创造性地提出了"整体化分散治理"学术构想及其实践性实际运用成果，已经把目前国内学术界的相关研究推向了新的高度、新的广度、新的深度、新的境界，虽然这些已然的创新、可能的创新还是显得比较稚嫩，还处在进行时态的学术求索之长征路上！

自　　序

  2002年国家开始试点政社分开改革，然而从重庆、北京、上海改革传来的消息，并不乐观。改革不顺利的原因在哪里？我们需要采取的办法是什么？这些问题成为改革后最受关注的问题。2012年新一届政府加大简政放权的改革力度，为进一步政社分开改革打开了思路。权力作为长期纠结于政社分开中的关键性问题，开始为政社分开中的障碍打通道路。然而新的问题又摆在了我们面前，我们怎么处理好政社分开与简政放权的关系，权力在政社分开中如何进行调配和新的整合？本书就是基于对以上问题的思考，逐步深入展开研究。

  本书首先从中国与国外政社分开的不同历史路径中找寻可资借鉴的经验教训，发现我国的政社分开是一种治理转型推动体制改革的不断深化路径，这种路径我们称之为"体制自觉"；西方发达国家的政社分开则是基于历史发展过程中的自然生成规律，以文化的不断更新来推动改革的逐步深化，这种路径我们称之为"历史自觉"。如何将"体制自觉"与"历史自觉"两种不同的路径进行现代性整合是本书力图找寻的答案。

  基于以上考虑，本书即从我国权力变革的历史脉络中，梳理我国政社分开的阶段性特征。研究认为，权力在我国历史发展中起着一种关键性作用，国家与社会在权力的较量中，不断推动着政社关系的重组与优化。而如何把握住这种历史发展的节奏规律和内在特征，以服务于当前我国深化改革中权限划分的分节点和融合点，是本书需要进一步研究的问题。

  基于当前我国政社分开改革中，急于变革的政府与不断增长的社会新生力量之间，存在不是权力分不分，而是分了以后权力怎么管的问题。结合前面的思考，本书认为在权力的"放"与"管"之间，应该介入一种历史性的发展过程，即进行权力的"变移"，使原属政府而今需下放给社会组织的权力"变移"为新治理要求下符合社会组织自身实际，其能够接得住、用得上，用得好的权力。

将以上理论分析，进一步应用于当前我国政社分开改革的实际问题可总结得出：我国各地政社分开改革体现出不同的改革思路，并呈现出不同时期改革的阶段性特征，而影响这种思路和阶段发展的关键性因素是其时所进行的权力改革的策略和程度不同。决定改革成功与否的关键在于如何在这种权力改革的同时考虑到当地发展的实际和各种利益关系之间的博弈平衡。

这就是本研究体现出"分"→"合"→"衡"的思路过程。如何将"分"、"合"、"衡"理论进行有机整合，达到合而有力、平衡协调的综体性效应，是本书需要从理论上进行突破的新问题。研究认为在我国目前政社分开改革中，权力应是积极主导改革的主动者，政府要对社会权力进行规划培育，在社会的演化过程中使社会权力得以成熟和健全，形成对政府权力的有效制约，并与政府协调互动，共同致力于社会的良好治理。如果政社离开国家主权背景而实行完全独立自主、互不干涉的分散化治理，虽然权力得到了有效分配，却将政社引向各自为政的局面。因而本书结合当前"整体性治理"与"分散性治理"理论，引入历史性要素和平衡性理念，尝试将二者进行理论上的整合，在"分散化治理"前面设置"整体性"的理论约束，提出"整体化分散治理"构想，从而建构符合现实国情的具有中国特色的新型政社权力关系。

本书在研究中，历史制度主义分析方法贯穿始终，将研究对象置于历史性时空中进行过程性分析，结合历史要素中的现实反射进行理论的有效整合。尤其利用历史制度主义中的"结构—功能"分析视角，沿着政社分开（结构路径）——权治转型（功能路径）——权力变移（系统路径：结构与功能的打通）的逻辑思路逐步深入。

在建构"整体化分散治理"的新型政社合作理论中，本书结合"体、用、的"关系学说，遵循"社会组织的本体自主性发展——现实治理的政府主导性意义——社会总体性均衡发展的目标诉求"的脉络关系，在权力实现有效重构的基础上，进行社会全面深化改革，从而打造综合平衡、总体发展的政社新型关系。

目 录

引 言 ·· (1)
  一 研究的缘起、问题与目的 ·································· (1)
  二 重要概念界定 ·· (3)
  三 研究方法及其局限性 ·· (8)
  四 研究思路及创新 ··· (12)

第一章 政社分开的理论演变与实践探索 ····················· (14)
  第一节 体制自觉：中国的政社分开路径 ···················· (14)
    一 政社分开与政府管理：经济体制改革的最初萌动 ········ (15)
    二 政社分开与公共管理：行政体制改革的大胆尝试 ········ (20)
    三 政社分开与公共治理：政治体制改革的谨慎探索 ········ (22)
    四 政社分开与社会治理：权力体制改革的初步论证 ········ (25)
    五 政社分开与协同治理：社会文化体制改革亟须涉入 ······ (28)
  第二节 历史自觉：西方发达国家的政社分开路径 ·········· (28)
    一 "一线论"："分开"下的"合作"路径 ····················· (29)
    二 "二元论"："平行"下的"合一"路径 ····················· (30)
    三 "多维论"："分散"下的"合力"路径 ····················· (31)
  第三节 发展中国家的政社分开路径 ·························· (34)
    一 社会发展说：社会组织与陈俗政治文化的分开 ·········· (34)
    二 政治发展说：社会组织与专制政治体制的分开 ·········· (35)
    三 公民社会发展说：社会组织与计划政治经济的分开 ····· (36)
    四 互动发展说：社会组织与阶级政治关系的分开 ·········· (37)
  第四节 对中国政社分开改革的启发 ·························· (38)

第二章 权治结构转型下的政社分开路径选择 (39)

第一节 权力结构转型：家产化权力—人格化权力—体制化权力—社会化权力 (39)
- 一 家产化权力 (39)
- 二 人格化权力 (40)
- 三 体制化权力 (41)
- 四 社会化权力 (42)

第二节 权威结构转型：专断主义—权威主义—复调主义 (45)
- 一 专断主义 (45)
- 二 权威主义 (47)
- 三 复调主义 (49)

第三节 权变结构转型：策略—战略—发展观 (52)
- 一 策略 (53)
- 二 战略 (60)
- 三 发展观 (70)

第三章 政社分开的权力逻辑进路 (77)

第一节 从权力下派到权力下放 (78)
- 一 权力下派 (78)
- 二 权力下放 (87)
- 三 转型与结合 (95)

第二节 从权力转移到权力变移 (99)
- 一 社会组织权力的法律基础 (101)
- 二 社会组织权力的价值边界 (102)
- 三 社会组织权力的市场契约 (106)
- 四 社会组织权力的主体培育 (109)

第三节 从权力分立到权力分衡 (113)
- 一 结构性分衡 (115)
- 二 功能性分衡 (120)
- 三 机制性分衡 (124)

第四章 权力改革视角下政社分开的地方实践 …………………… (129)
第一节 政府主导下的政社分开：重庆 ……………………………… (129)
一 相关重庆政社分开的研究回应 …………………………… (129)
二 重庆政社分开改革的缘起及过程 ………………………… (130)
三 重庆政社分开改革存在的问题 …………………………… (131)
四 后改革时期的思考 ………………………………………… (137)
第二节 政社二元演绎下的权力转移：江苏太仓、重庆巫溪、重庆南坪 …………………………………………………… (137)
一 改革背景 …………………………………………………… (138)
二 政社结构机制革新图 ……………………………………… (140)
三 政社分开与互动的权力机制 ……………………………… (143)
四 趋势分析 …………………………………………………… (146)
五 改革的启示 ………………………………………………… (152)
第三节 公共代理机构参与下的权力分立：天津、杭州、深圳 … (154)
一 问题缘起 …………………………………………………… (156)
二 三地改革比较：现状与逻辑 ……………………………… (156)
三 问题剖析：分散化公共治理 ……………………………… (162)
四 公共代理机构的反思 ……………………………………… (165)

第五章 "整体化分散治理"机制构想 …………………………………… (169)
第一节 逻辑思路 ………………………………………………………… (169)
一 理论争议 …………………………………………………… (169)
二 现实追问 …………………………………………………… (171)
三 工具支撑：一种"体—用—的"分析框架 ……………… (176)
第二节 政社分开新生态的权力视角分析 ……………………………… (178)
一 主要概念解析 ……………………………………………… (178)
二 分析框架 …………………………………………………… (181)
三 政社分开中的权力关系演进 ……………………………… (181)
四 深化社会组织的权力机制改革 …………………………… (202)
第三节 "整体化分散治理"机制构建进路 …………………………… (225)
一 结构机制 …………………………………………………… (225)
二 制度体系 …………………………………………………… (234)

三　功能效应 …………………………………………（246）
　四　小结 ……………………………………………（249）

参考文献 ……………………………………………（254）

后　记 ………………………………………………（262）

引　言

一　研究的缘起、问题与目的

（一）研究的缘起

政社分开是目前我国政治体制改革的重要任务，它是继政企分开、政会分开和政事分开后的又一重大改革决定，这一改革是当前我国由经济体制改革转向政治体制改革的重大转折点，由于前期经济体制改革的发展已经到了临界点，无关政治性和社会性敏感问题的各种改革几近完成，利用经济发展所带来的红利也已经基本用尽，经济的放慢发展与社会需求增大所积累的内在矛盾越来越突出，如果不采取新的措施，将改革深入至更为关键的政治社会领域，前面积累的问题就可能有爆发的危险。中央布局政社分开改革是对以上问题的积极回应。改革将前面主要针对经济层面的内容，伸向了政治和社会层面，改革的实施是对于前期各种改革的进一步深化，并有力推动我国市场经济发展能量的释放。然而从2002年开始的政社分开改革，都先后因为对改革结果的争议而没有进一步深入和推广。尤其是重庆的改革，大部分社会组织因为与政府脱钩、缺乏政府支持而后期发展乏力。如何解决这一问题，给出的方案是政府扶持下的社会组织与政府权力有序放开。但是这却给了政府保留既得权力的借口，社会组织又重新面临着无法独立自主发展和平等参与社会治理的困境。

2002年5月至2015年5月的13年内共改革12次，2013年新一届政府加大了简政放权改革力度，仅2013年5月到2015年5月的3年内就进行了7次行政审批权取消、下放和调整的改革，共涉及726项行政审批权。简政放权改革为前面政社分开改革带来了利好，一是它增强了社会组织自我发展的能力；二是它增强了社会组织参与社会治理的能力，在这些基础性问题解决的情况下，前面政社分开出现的问题开始有了解决的转机。然而新的问题又出现，权力虽然是划分政社关系的有效方式，却没有很好地考虑到权力下放后，如何管好权力和用好权力这一更为超前的问题。

面对改革出现的一系列问题，我们必须冷静地坐下来思考，我们的问题出在哪里？在无法从目前问题找到答案的情况下，我们开始试着从历史脉络中找寻答案。历史告诉我们，事物的发展有着自身的发展规律，各种改革的实施和成功必须依据于成熟而且充分的历史条件。良好治理需要契约性的游戏规则意识作为条件，这种契约性的游戏规则的建立，又须有法制传统作为基础。而要法制传统在人心中确立，又必须要有个人权利和义务的对等意识；这些价值观念和意识，又需要市民阶级或中产阶级的充分发展；而中产阶级发展需要市场经济，市场经济又需要市民社会。所有这些因素，实际上都是相互依存、相互补充，相互制约，一环套一环。凡此种种因素彼此结合，构成了历史上发展起来的一个有机整体。纵观历史，我们的政社分开、简政放权改革是属于这个有机整体中的一个阶段。

因而研究从这一重要思路展开，结合历史制度主义分析方法重新对我国目前的政社分开与简政放权改革进行审视，希望能够找到一种可资借鉴的办法，并进一步建构基于政社真正分开的政社互动合作的有机治理体系。

（二）研究的问题与目的

本研究以关注政社分开为起点，透视权力在政社分开中的作用、变化与重构，最终将落脚于政社分开后，如何通过权力的演绎实现良好治理的目的。具体问题与研究目的如下：

（1）我国体制改革的演进中政社分开的政策演变与改革探索。提炼政社分开与体制变革之间的内在联系和作用逻辑。

（2）我国国家治理和社会治理的发展演变中政社分开的作用与行动。挖掘政社分开对于治理转型的影响与作用机制。

（3）发展中国家政社分开历史沿革中的影响要素分析。总结发展中国家的政社分开与我国政社分开的类同问题与重要启示。

（4）我国权力的类型演变中政社关系的调整与重组。分析权力体制改革背景下政社分开的突破路径与演变走向。

（5）我国政社分开改革中权力下放的方式转变与权力结构的调整变革。分析政社分开中如何通过权力的砝码实现政社权限划分与协调互动。

（6）我国不同地区政社分开改革中权力的作用和对权力的变革。比较权力在不同地区政社分开改革中的角色与影响。

(7) 历史与现实背景下的我国政社分开改革的走向困惑与路径突破。构建符合我国历史文化与改革意愿的新型政社权力关系。

本书研究的目的并不着意于理论的建构或者机制的创新，主要是通过对我国政社分开的权力演绎路径的分析，从中发现历史性的规律问题，这种规律中存在着各种主体的利益相关性、环境的约束性、政治的复杂性以及各种有机体的发展自主性，在这些问题的作用下，事物的历史规律性可能在某个时刻或者空间内产生偶然性的变化。我们如何有效地利用好偶然性的机遇，又尊重历史发展的基本规律，就需要在历史与偶然之间掌握一种平衡的艺术。

二 重要概念界定

(一) 政社分开

当前除"政社分开"这一提法外，还有"政社分离"、"政社脱钩"、社团"去行政化"等不同概念表述。从内涵来说，政社分开有两个层面的理解，一是国家与社会的关系实现良性互动，国家属于整体社会体系并服务于社会；二是政府与社会组织实现分离，社会组织是独立于政府、企业之外的第三部门，其公益性、非政府性、独立性、自治性和非营利性决定了社会组织应该与政府等部门有着不同的目标和行动任务，在社会管理和社会服务中承担着不同的角色职责。

而从第二个层面来理解，政社分开又可以划分为更为具体的范畴。一是关于"社"的不同理解，有学者将社会组织理解为除政府、公民之外的所有社会主体领域，如中国社会科学院法学研究所发布的《2014年中国法治发展报告》中对社会组织的界定，就是一个除政府、公民个体之外的所有群体范畴。[①] 还有的学者或部门将"社"理解为学术意义上的"社会组织"，即除政府和企业之外的第三部门所指范畴。而从国家和地方改革角度，常常将"社"理解为"社团"。例如，我国于2002年开始实施政府与行业协会脱钩的改革任务要求之后，又于2002年提出党政机关与社会团体的分离改革要求，2007年，重庆市民政局等四部门联合

---

① 中国社会科学院:《14年间百人以上群体事件871起 广东居首》(http://news.xinhuanet.com/yuqing/2014-02/25/c_126185554.htm)。

下发的《党政机关与社会团体政社分离改革的实施方案》,即是要求在专业性、联合性、学术性社团中实施党政机关与社团的政社分离改革工作。

本研究将政社分开的"社"的含义界定为"社会组织",还有着与以上不同的理解范畴,即将传统意义上的"村委会""居委会""人民团体"也纳入本书所研究的"社会组织"范畴。原因有二:一是从严格学术理论意义上来说,以上三个主体都属于"社会组织"的范畴,都秉持自治的、非政府的、非营利的宗旨;二是基于本书的研究目的,不是实现政府与社会组织的简单分离,而是站在"国家与社会"的宏观背景下展开分析,如果没有处理好国家与社会层面上的关系,那么政府与社会组织的分离将是"空中楼阁"。因此将问题延伸至国家与社会层面是本书研究的更为科学的要求。

另外,"政"一般意义上理解为"政府"机构。但是在国家或地方改革的文件或政策表述中都是指"党政机关与社会团体的分开",因而这里的"政"应包含广义上的"党与政府",实际上,如果从现实角度来理解,真正实现政社分开,必须将干预社团的所有政治要素进行分开。而不是仅仅理解为社团"去行政化",还应包括"去政治化",当然我们不能将理论研究脱离于现实实际,社团去政治化是学术价值和理论追求层面的考虑,社团无论如何与党政分离,也不能离开国家的统一领导,必须有着明确的思想取向和价值追求,脱离于政治社会发展阶段的研究,也将似"乌托邦"式的"纸上谈兵"没有实际意义,更不能为社会发展带来建设性的思考。

(二)权力变移

"权力变移"是"权力转移"与"权力转变"的含义结合体。"权力转移"是目前学术界和社会实践中的普遍提法。它另外的叫法还有"简政放权""放权""让权""还权""赋权""增权""权力下放"。其中"简政放权"是政府层面的正式提法。"权力转变"是一个中性词汇,在没有相关情节或背景下的"权力变化"没有特殊目标含义。

将"权力转移"与"权力转变"进行有效结合,有着积极的现实意义。"权力转移"的提出,无论在理论意义还是社会现实意义上都是一次重大历史性进步,并已成为目前学界普遍应用的词汇。然而,这种提法还有其"内在"的不足。2014 年 6 月,在国务院简政放权改革例行记者招待会上,李克强总理强调:"行政审批制度改革不是简单'放权'了事,改为备案制的,更要加强事中事后监管。'放'是放活,而不是放任;'管'要管好,而不是管死"。"转变政府职能的核心要义,是要切实做好'放管'结合。"① 这次讲话,首次以政府最高层面对目前权力下放提出了新的要求,同时也暴露出了目前简政放权出现的问题。问题是指出了,怎么解决这个问题则是当前面临的实际难题。中央给出的答案就是转变政府职能。李克强总理在2013年夏季达沃斯论坛上表示,新一届政府做的第一件大事,就是以转变政府职能为核心,大力推进行政管理体制改革,通过简政放权,把该放的权放开、放到位,把政府该管的事情管好、管到位,为各类企业创造公平竞争的环境,以激发市场主体的创造活力。从某种意义上,转变政府职能是对"权力转变"的第一层含义要求,也预示了权力变移的必要性和现实性。但是转变政府职能还只是政府单方面的作为,政府职能转变后,其职能放给谁,怎么放,放下后怎么接,怎么用,又是简政放权面临的新的难题。乔耀章教授在笔者的论题中,提出政府"放权"是不恰当的,应该是"还权",给笔者打开了思路。政府还权于社会是题中应有之义,但新的问题又提出来,政府可以还权,但是这些权力还成之后,社会能否适应、能否用得了,政府还的权是社会真正应该有的权吗?一系列问题追问,给予政府放权提出了新的要求,即必须变权,因为政府所下放的权,是政府本来使用的权,它的一系列体征、要件,以及使用的外在环境都是政府的所属范畴,如果将其直接放给社会,社会能否接得住,用得上手,就如大人的衣服给小孩穿,怎么都看着别扭,穿在身上也不自在。因而必须进行改变使其转变为符合社会实际需要和社会自身特征以及社会愿意应用的权力。"权力变移"就是本书所用的意寓所在。

关于"权力变移"并不是新词汇,相关提法可参见托夫勒(Alvin Toffler)著作《权力变移》(*Powershift*, 1990);包心鉴《改革高度集权的管理体制:权力变移的关键》;吕庆春《市场转型期经济与行政权力的变移》《政治董事:市场化改革中的权力的变移》《社会转型期经济、行

---

① 《李克强谈简政放权,放活不是放任管好不是管死》,中国新闻网(http://www.chinanews.com/gn/2014/06 - 04)。

政权力的变移》；王昉荔《网络技术对权力变移的影响》等①。但是这些权力变移的含义所指基本还是集中于"政府职能转变"。因而综上分析，无论从理论层面还是现实角度，提出"权力放权过程中，同时对权力进行相应改变，使转变后的权力是真正为社会'量身定做'的权力"这一新含义十分必要。

仔细分析"权力变移"应该包含以下层面意思：一是政府"放权"，政府不该管的不要管；二是政府"还权"，将本属于社会，且社会可以直接拿来用的权力还给社会；三是政府"变权"，将不符合社会实际，但应必须还给社会的权力进行相应改变，使之符合社会实际所用；四是"育权"，政府所放的权力只是社会应有权力中的一部分，还有相当部分权力需要政府"培育"或者社会"培育"；如果将含义进一步扩展，"权力变移"还应包括社会向政府的反向"赋权"。这一含义在高奇琦著《国外政党与公民社会的关系——以欧美和东亚为例》②一书中的"构建中国执政党与公民社会关系的双向赋权模式"有相关详细阐述。因此"权力变移"概念是结合了当前各种"放权"提法的综合提法。

（三）整体化分散治理

本书在研究"政社分开"这一主题时，陷入了一种理论式困境，我本人坚持认为我国目前的主要问题不是如何实现政社合作或者互动，而是首先应该实现"政社分开"，因为"政社不分"是当前影响我国社会、经济或政治发展的关键问题，如果没有真正的政社分开，政社互动或合作也将永远不能真正实现。但是研究中，却出现了"为分开而分开的"研究死角。乔耀章教授在与我讨论中指出，最好不应将政社分开作为研究的最终目的，政社分开无论从现实背景还是学术关怀上，显得都不是很"体面"。因此如何使自己研究的"政社分开"具有现实意义，使其符合于国家社会发展的基本规律，并以建设性的姿态提出对我国发展更为切合实际

---

① 相关"权力变移"的观点论述请参见［美］托夫勒（Toffler）《权力变移》，周敦红等译，四川人民出版社1991年版；包心鉴：《改革高度集权的管理体制：权力变移的关键》，《文史哲》2000年第5期；吕庆春：《市场转型期经济与行政权力的变移》，《理论探讨》2008年第4期；吕庆春：《政治董事：市场化改革中的权力的变移》，《学习与探索》2008年第4期；吕庆春：《社会转型期经济、行政权力的变移》，《理论探讨》2008年第4期；王昉荔：《网络技术对权力变移的影响》，《北京邮电大学学报》（社科版）2011年第2期。

② 高奇琦：《国外政党与公民社会的关系——以欧美和东亚为例》，中央编译出版社2011年版，第241—252页。

的理论构想，是笔者研究后期需要突破的问题。

研究中，"整体性治理"与"分散化治理"理论进入笔者的视野，"分散化治理"指出长久以来政治对社会组织的控制、嵌入、吸纳或渗透的严密等级组织形式，由于缺乏开创精神和适应能力（景跃进，2011）[①]，对当前我国推进治理体系和治理能力现代化造成巨大障碍。因此要求构建多元治理体系（张康之，2003；乔耀章，2004；王名，2014）[②]。但是这一理论在改革中遇到了一些现实性问题，成为影响改革进一步深入的瓶颈：（1）在合作治理中社会组织主体角色和责任分工不明确，尤其缺乏参与决策、管理等实质性环节的权力；（2）社会组织与政府部门联系不够紧密，对相关部门负责的责任机制不强；（3）各治理部门之间协调机制不健全，"合而不力"状况突出（孔繁斌，2009；竹立家，2008）[③]。针对这些迫切而又实际的问题，面对日益分散化的公共治理趋势，主张"整体性治理理论"的学者（竺乾威，2008；胡象明，2010）[④] 认为，当前我们做的不仅是政社分开，简政放权，创造更多的社会治理新主体，同时还应加强各类主体的联系互动，建立它们之间的合作协调机制，增强国家和社会的整体联动性和调控力。但紧接着有学者（马庆钰，2013）[⑤] 指出，在当前我国社会组织行政色彩较浓，政社不分问题突出的情况下，强调"整体性治理"，有抹杀社会组织自主性，为政府权力垄断开脱之嫌。一时间两种理论均面临着"理论"与"实际"难以接轨的现实困境。因此，如何在保证社会组织独立自主积极参与社会治理的前提下，同时发挥政府在治理中的主导调控作用，实现政府与社会组织有机联系，互动协调。这就迫切需要将"分散化治理"与"整体性治理"理论融会贯通，

[①] 景跃进：《转型、吸纳和渗透——挑战环境下执政党组织技术的嬗变及其问题》，《第二届（2011年）增爱中国公益学术奖文集》，上海交通大学，2011年12月。

[②] 张康之：《论新型社会治理模式中的社会自治》，《南京社会科学》2003年第10期；乔耀章：《论政府社会管理中的政府、社会、公民三者关系》，《湖北行政学院学报》2004年第10期；王名等：《社会共治：多元主体共同治理的实践探索与制度创新》，《中国行政管理》2014年第12期。

[③] 孔繁斌：《论民主治理中的合作行为——议题建构及其解释》，《社会科学研究》2009年第3期；竹立家：《"大部制"改革之我见》，《中国改革》2008年第1期。

[④] 竺乾威：《从新公共管理到整体性治理》，《中国行政管理》2008年第10期；胡象明：《整体性治理：公共管理的新范式》，《华中师范大学学报》（社科版）2010年第1期。

[⑤] 廖鸿、李培晓：《现代社会组织体制将怎样"炼"成——社会组织权威专家研讨落实十八大精神》，《中国社会组织》2013年第1期。

取长补短。基于以上考虑，本书大胆地提出一个不一定成熟的理论构想，即能不能将二者进行概念上的有机整合。笔者认为分散化治理是未来社会治理的主流趋势，这一理论与笔者的"政社分开"研究有着共同的理论关怀，但是"理论必须符合于现实，才有其真正的价值和生命力"，目前我国的改革，无论是否是实现政社分开，必须是基于我国发展的实际，否则将会出现不可想象的负面影响，严复曾指出："制无美恶，期于适时，变无迟速，要在当可。"① 因此"分散化治理"（或政社分开），必须有着"整体性治理"的要素含义，在目前我国国情背景下，这一整体性的要素更有着前置性影响意义。最终笔者试着将二者进行融合，提出了"整体化分散治理"，希望能以此来应对国家发展实际需要，当前理论发展困境以及自己的学术研究诉求。

三 研究方法及其局限性

（一）研究方法

1. 历史制度主义分析方法

历史制度主义的基本思想是西方学者在对政治系统论、结构功能主义、理性选择制度主义、社会学制度主义以及旧制度研究等理论的批判和继承过程中形成的。一方面，它有选择地继承了传统制度主义研究的一些理论和方法，重视历史的价值，结构对行为特有的塑造功能，归纳法等；另一方面，又汲取了行为主义革命时期乃至后行为主义时期的最新研究成果。"集团理论""结构—功能主义""回归国家学派""组织理论""学习理论""符号互动理论""历史社会学"等诸多理论都是历史制度主义赖以成长的土壤和营养。更为重要的是，历史制度主义还被赋予理性选择制度主义和社会学制度主义整合者的身份。如果说社会学制度主义走的是宏观视角下文化模式对行为的塑造和建构，理性选择制度主义走的则是微观层面上正式规则对行为和利益的认知与追求。历史制度主义的显著特征即在于形成了一种不同于二者的以历史为基础的结构性大事件分析法。

相比较理性选择制度主义与社会学制度主义，历史制度主义的四个明显特征是：倾向于在相对广泛的意义上来界定制度与个体行动之间的相互关系；强调在制度的产生过程中权力的非对称性特征；在分析制度的建立

---

① 严复：《宪法大义》，引自王栻主编《严复集》第 2 册，中华书局 1986 年版，第 240 页。

和发展过程时，强调制度路径的依赖特征和政治生活中的意外后果现象；尤其关注将制度分析与能够产生出政治后果的其他因素整合起来进行政治分析。观念、制度与个体理性之间的复杂互动过程，是历史制度主义在分析政治事件时的基本变量。①

本书在分析政社分开的权力要素影响与作用，演变与重构的过程中，以历史制度主义为分析方法。

（1）将研究问题置于历史时空中考虑，不同要素与变项的因果关系必然是被历史脉络和环境所塑造，并且在政社分开的过程中，充满了权力的不对称性，执政者利用这种权位优势，在历史的关键时刻进行了选择，政社分开必须依据这两种历史影响要素：一是历史的自我发展规律；二是执政者的主观思想和领导方式影响。这种政社分开的演变模式应该是渐进的，它不能脱离历史局限性的影响而单独存在，同时它也必须考虑到历史发展的偶然因素，紧紧抓住这种机遇，适时进行变革。

（2）在历史的背景视域中，以制度发展为目标，突破历史的依赖症，积极进行理论的建构和制度设计，这种过程中，权力是一种重要影响变量，权力是主动的也是被动的，但总之权力是按照自己的利益进行着符合自己需要的权力结构重塑，这种变革中，各种观念、个体理性与文化习俗将进行着复杂的博弈选择，权力必须按照这种规律和影响，在其中起着重要的支配和主导作用。

（3）在历史的发展过程中，国家是一个绕不开也是绕不过的重要变量，权力的演变与重塑以国家作为重要载体，不断进行着解构和重构，一切权力的演绎必须围绕着国家这个主体进行重新分配。在国家中，各种既得利益者和政策偏好者与弱势群体之间进行着权力上的较量，但历史的规律是无论何种变量的影响，最终将回归到国家要素上来，权力的不断变革也是国家的不断重新发展和回归的过程。

（4）但是政社分开的目的有着自我的价值诉求，它往往与国家及历史形成一种理想与现实的拉力，政社分开主张权力必须考虑到弱势群体，尤其是对代表基层民众利益的社会组织进行权力再分配。按照马克思主义学说，国家是最终在自我保护中，却不得以不断淡化自己的角色，在历史

---

① ［美］彼得·豪尔、罗斯·玛丽泰勒：《政治科学与三个新制度主义》，何俊智译，《经济社会体制比较》2003年第5期。

的不自觉中，将权力倾向于公民社会的一侧。权力作为国家与社会之间的一个关键砝码，如何保持着相对平衡，不至于在二者之间产生不可化解的冲突，是政社分开必须考虑的重要因素。

2. 案例比较分析方法

本书选取了 7 个不同地区的政社分开改革案例，将其分在三个部分进行归类比较分析。在选择案例时，首先考察目前我国在政社分开中具有典型性或先行性的试点，在此基础上，充分考虑地区的不同差异，由于我国纵横东中西部不同的发展阶梯，具有截然不同的历史和社会背景，因此在案例选择和分析时还将着重考虑以下问题：

一是不以案例的成功与否作为选择标准，也不以案例成功经验作为研究的主要内容。本书在吸取发展的经验时，尤其考虑到问题的存在，着重分析案例在实施后，是怎样一个演变过程，是走向了更为成熟的阶段，还是走向了消亡，而后者是本研究关注的焦点。本书中重庆巫溪乐和家园是一个典型例子，曾经的辉煌与现实的惨淡形成鲜明的对照，而这种现象在中国的各地变革中，是一个普遍性现象，却又是一个难以自我破解的问题。

二是在案例分析时，研究不着力于渲染其推广适应性。一个较好的改革应该能够对于其他地区具有示范引领作用，历史就是在不断模仿中前进，然而本书不刻意注重其推广性，因为如果硬将一个成功的经验强加给一个落后地区，却由于落后地区的不适应性，导致推广的失败，会打击原有成功经验的进一步发展。历史的发展不应是千篇一律的模式，各种成功的案例，以其不同的特色和经验，共同塑造着社会的进步，因而本书所选择的案例并不具有明显推广性，而是各种案例都基于本地的特殊背景，演绎着不同的发展音符，共同谱写全国性的发展篇章。本书中江苏太仓经验就是一个很好的案例，太仓在我国东部地区即处于发展前列，在进行政社二元互动中，没有打破原有的二元格局，却形成了一套较为成熟的权力变革，原因在于这种变革是基于本地的发展条件、人文素质、制度环境等各种要素的影响，它在进行权力的微调时，已经经历了社会与国家之间的经济、政治等方面的深刻变革。而这种成功经验如果向中西部地区推广，将不具有可行性。

三是在案例分析时，是否具有发展的可持续性是本书重点考量的因素。一个成功的案例不在于其可推广性，而关键是它能否基于自己前期的基础，不断发展。本书将以此为基点，着重分析各个案例的成功或失败的经验教训，本书选择了重庆的政社分开改革的失败案例，也选择了重庆巫溪的失败案例。但是，这种分析模式是滞后的，是在问题发生后的总结，没有很大的现实意义。本书的重点是在当前的成功过程中，尝试抓住其中的发展脉络，尤其考虑权力的影响变量，分析其案例发展的未来走向，并提出建设性的建议。早在2012年，正当重庆巫溪乐和家园改革如火如荼时，笔者就开始着力分析其发展走向，并在《平衡性逻辑：乡村社会组织成长路径的中国模式——以渝东北Y村"乐和家园"为考察对象》[①]一文中指出，这种改革由于没有综合考虑权力的平衡问题，没有在历史与未来的结合中找到节点，将不可避免地走向消亡。

（二）研究方法的局限性

通过历史制度主义视角，本书解构宏观社会、解剖微观事例，从制度史规律和特征角度，解读政社结构演变的答案；在生存环境的复杂关系中，从竞争性和合作性的人类特质角度，来建构新的治理结构体系。但这种方法的分析语境和研究问题都产生于国外的特殊环境和土壤中，在分析中国的特殊问题时，难免会存在一些不适应性，对于个别中国问题难以用中国的特殊语境和思维方式来分析。因此在我国特殊的话语空间中，理应将我国特有的政治背景、经济水平、文化传统和社会发展融入具体的政社分开研究之中，在深入理解西方理论的基础上，将不符合我国国情的内容予以去除，改造成具有普遍意义的理论原则和价值，并在尊重国情的前提下，实现政社关系理论的本土化创新。

本书在数据和案例分析中，尽量用最直观的方式和严谨的数据说话，比如对于重庆巫溪乐和家园建设，笔者对其进行了为期三年的跟踪调研，在乐和家园的建设初期、中期和后期，都进行了详细的资料记录和数据比较。对于重庆政社分开改革，笔者利用自己担任重庆万州区社会组织评估专家库成员的优势，收集到本区政社分开改革前后的具体资料数据，并参与到重庆市科协的"重庆科技社团发展与对策研究"中，提取了大量关于重庆科技社团的政社分开影响及走向的相关资料。关于江苏太仓的政社互动，笔者利用自己在苏州大学攻读博士学位的便利，先后两次到太仓进

---

① 王栋：《平衡性逻辑：乡村社会组织成长路径的中国模式——以渝东北Y村"乐和家园"为考察对象》，《社会科学论坛》2014年第7期。

行实地调研。甚至为了拿到更为真实的资料和切实的体验,笔者以自荐的方式到重庆市三峡库区农民工维权中心进行坐班三个月,以工作人员的身份直接参与到第一线的实践中。同时,为了扩大自己的视野和研究范围,笔者先后与重庆市薄荷社会工作服务中心、万州区青年助学服务中心、重庆蓝天救援队等社会组织建立了合作关系,并有幸获得重庆智库发展研究会的理事资格。但是,这些都难以满足本书研究的需要,例如本书所选取的7个案例中的重庆政社分开改革、重庆市巫溪乐和家园、重庆市南坪公共事务中心3个都属重庆范畴。但是对于杭州社会复合主体、深圳法定机构等另外4个案例,只是在参加杭州社会组织创新学术会议,广州中山大学组织的社会组织共同体论坛以及上海交通大学召开的政府购买社会组织服务国际学术会议和在武汉召开的社会组织创新发展论坛时,到相关调研地进行了随访。大部分资料数据则是来源于笔者主持的教育部课题《善治图景下政社分开与社团管理创新研究》团队中其他外地成员的贡献。这些研究资料的不平衡性是本课题研究的不足。

四 研究思路及创新

本书突破以往从治理的"结果"层面论证的思路,而是从实现治理的前提"政社分开",政社协同治理的关键"权力变移",政社协同治理的根本"社会重建",最终实现中国特色的"整体化分散治理机制"展开创新性研究。这是一条从"政府之用"与"本体(社团)之律"到"客体(环境要素)之通",再到"目的(合作治理)之本归"的发展路径。

然而"整体化分散治理"仍是试图解决目前政社分开与治理困境的一个机制构想,如何破解"分散化"与"整体性"二者的机械性断裂,促进二者的有机融合,在问题认识的基础上,还必须找到一套可供借鉴的实现路径。而我国的改革是"摸着石头过河"的模式,改革的时期短,任务重,积累的经验少,很难从事物的长期性发展演变中找到答案。面对这一问题,历史制度主义的理论方法视角给予了我们重要启发。

不过,历史制度主义毕竟是方法论范式研究,具有高度抽象性和理想倾向,它无法给予治理发展以完全直接的现实参考,必须借鉴主体间性等理论,结合中国本土实际进行创新思考:(1)按照历史制度主义本体属性演变特征:"主体性→客体性→综体性→整体性"。但是这种演变过程,在治理机制构建中显示的仍是弱解释力,因为整体性虽然突破了"能动与结构"的分歧，实现了主客体的联合，然而，这种机械的结构组合难以打破机制要素间合而不力的状况。因此，要使"整体性"向"机体性"（要素有机联合的生态性机制）发展，这就需要社会重建的理论支撑。（2）历史制度主义中文化路径的"历史依赖症"和理性选择的"利益依赖症"都未能打破治理机制存而不活的状况，因此改进这一简单机械化的价值趋向，集之以"二重路径"，使文化路径的能动论和理性路径的结构论，向"能动—结构"→"互动"进路发展。（3）历史制度主义中的结构论、功能论、功利论以及目的论等思想发展于不同历史时期的不同背景之中，所解释的问题具有针对性，各种思想独成体系，相互影响，但是面对新形势下的政社分开问题，已经难以用历史制度主义的某一思想或者多种思想分别论证。当前问题的分析，需要一种综合性思维，结合各种思想的要素精华，考虑多种环境平衡。因而将历史制度主义的各种思想进行现实性综合，考虑政社分开中的各种主体及利益，并加以发展性思考，总结出"体、用、的"分析框架：即"社会组织的本体自主性发展——现实治理的政府主导性意义——社会总体性均衡发展的目标诉求"的脉络关系。

总结以上思路分析，本书将以下研究进路展开：政社分开（自主—结构路径—结果性逻辑）→权治转型（能动—功能路径—恰当性逻辑）→权力变移（能促—系统路径—适宜性逻辑）→整体化分散治理（互动—社会路径—平衡性逻辑）。具体参照图0-1。

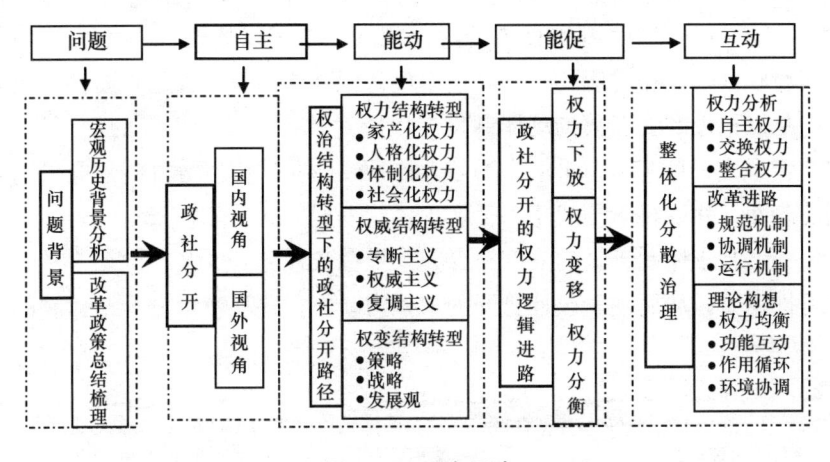

图0-1 研究思路

第一章 政社分开的理论演变与实践探索

第一节 体制自觉：中国的政社分开路径

基于中国本土视角来分析我国政社关系演变历程，已经成为国内学者的基本共识。但是研究的范畴不应仅限于当前问题的突破和实验的创新，更应该从历史宏观背景中，挖掘政社关系演变的基本规律和规范要素。基于此，本书以"体制自觉"来分析我国政社分开改革的必然趋势与必由之路。"体制自觉"是从具体制度演变考察中探寻政社分开的层层递进之路。王绍光教授指出："以前费孝通先生讲'文化自觉和文化自信'，我现在讲'体制自觉和体制自信'。这个体制在一个超大型的国家运作这么多年，总体表现不错，里面一定有成功的地方、值得总结的地方。可是我们很多知识分子不承认，反而把发展过程中出现的一些正常问题视为体制的弊病，动辄指责体制，完全是因为不自觉，所以不自信。"[1]

如果说"政社分开"是我们的理念基础，那么如何推动实现这一理念的不断发展，这就需要具体的改革实践。本书以体制改革为分析切入点，与政社分开相对应的是，我们不仅认识到体制于国家的重要性，更重要的是以积极的姿态去推动体制发展以应对政社分开所引发的倒逼作用，使二者形成一种互为因果动力的互动体系，即我们应以分开的理念触动体制的改变，并以科学的战略路径实现体制发展的软着陆。

本书基于体制自觉的演变路径，来挖掘政社分开的基本源动力和过程中的推动力，从而创新政社分开的本体内动力，建立政社分开与体制改革

---

[1] 王绍光：《体制自觉与体制自信》，《社会观察》2010年第12期。相关理论还可参见费孝通《经济全球化和中国"三级两跳"中的文化思考》，《光明日报》2000年11月7日；乔耀章：《政府创新与政府自觉》，《学术界》2002年第4期。

的双向激励机制，促发善治图景的真正实现。

一 政社分开与政府管理：经济体制改革的最初萌动

顾昕（2005）认为国家治理将由"国家主义向法团主义"演变。刘安（2009）将其进一步作了细分："国家主义→国家法团主义→社会法团主义→市民社会"。康晓光（1999）也更为具体地描述了这一过程："绝对主导官方控制的国家合作主义体制→相对主导官民合作的国家合作主义体制→平等合作民间自治的社会合作主义体制"。[①] 可以看出，在国家与社会（公民社会）关系的研究上，都没有离开基于西方国家政社关系的演变规律范畴。张健（2009）指出西方公民社会经历了三个不同发展阶段，具体体现为"三次大的分离"，第一次是公民社会同野蛮社会的分离，以城市文明出现为标志，完成于希腊罗马时代；第二次是公民社会同政治国家的分离，以代议制政治的形成为标志，完成于十七八世纪；第三次是公民社会同经济社会的分离，当代西方社会正试图完成这一过程。基于这一过程的认识，我国学者认为中国也必须经历这三个阶段，当前中国正处于第二个阶段。[②]

而有的学者对以上思路存有质疑，黄宗智（1994）认为国家与社会的二者对立是早期现代化西方经历中抽象出来的理想概念，并不适合中国。杨念群（1995）将西方及国内学者关于中国政社关系的论述进行了综合分析，指出这是当前中国公民社会研究者所面临的无法解决的两难困境，一方面，他们期望运用一套合理的"市民社会"概念所综合演绎出来的态度、价值和制度去解析中国社会的本土结构；另一方面，他们又不希望将地方经验普适为一条全球"常规"的道路，或者使中国历史变为西方形态的机械投影，因此更为谨慎地辨析中西语境的差异是把研究导向深入的关键。刘安（2009）也认为中国历史文化复杂性无法对应西方历

---

① 较早利用西方"国家与社会"研究范式分析中国政社关系问题的成果有：顾昕：《公民社会发展的法团主义之道——能促型国家与国家和社会的相互增权》，《浙江学刊》2004年第6期；刘安：《市民社会？法团主义？——海外中国学关于改革后中国国家与社会关系研究述评》，《文史哲》2009年第5期；康晓光：《权力的转移——转型时期中国权力格局的变迁》，浙江人民出版社1999年版。

② 张健：《公民社会：概念的语言分析及解释框架》，《文史哲》2009年第3期。

史文化与政治的独特性,二者不能在同一话语空间内对话。①

对于以上问题的质疑,倒逼中国学者对中国政社关系进行重新审视。

一是从历史中分析中国独特文化与政社关系演变规律。秦晖(1999)指出中国大共同体本位是区别于西方小共同体本位的传统政治文化结构。许纪霖(2003)以"中国公共领域的本土传统"为命题,分析了儒家思想对中国社会影响,从而异于西方的公共领域建构之路。更多学者分析了近代历史中的中国实际。朱英(2006)回顾了近代中国"社会与国家"关系历史,指出应避免"西方中心论",近代中国存在着与西方市民社会理论所强调的社会与国家"对抗"所不同的另一种互动关系模式及影响。②

从某一个案例的解剖分析,丰富了这一理论的论证资料。许纪霖(2003)以上海为例,指出上海的公共领域形成与市民社会无涉,而是与民族国家建构以及社会变革及政治主导有关,威胁中国公共领域发展的,已不同于西方的权力与金钱的软性渗透,而是中国近代党派斗争的侵蚀,因而许纪霖进一步指出中国的经验不是对西方国家的简单重复和模仿,它有其自身的独特性,所谓中国"市民社会"兴起是在强烈的儒家文化与政治意识中发展起来,缺少基础的市场经济和资本权力影响。柳飒(2012)对清末自由权样态进行了分析,指出清末结社等自由权是基于民族危机和政治斗争背景下形成,具有强烈的政治利益倾向,缺乏基于人身的终极关怀,缺乏立宪主义精神。屠雪华(1995)、李明(2003)则以苏州"市民公社"为分析对象,研究中国近代中国市民社会形成的特有路径。另外朱小田(1997)、王笛(2001)、刘凤云(2002)从成都和江南的茶馆分析了中国市民社会领域的历史过程。还有熊月之(1998)、李德英(2000)、戴海斌(2005)、陈蕴茜(2008)等从近代"公园"中的市

---

① 对于西方研究范式的提出质疑,如黄宗智:《中国研究的规范认识危机》,牛津大学出版社1994年版;杨念群:《近代中国研究中的"市民社会"——方法及限度》,《二十一世纪》1995年第12期;刘安:《市民社会? 法团主义? ——海外中国学关于改革后中国国家与社会关系研究述评》,《文史哲》2009年第5期。

② 大陆学者对于西方研究范式的反思主要是历史研究领域,如秦晖:《从大共同体本位到公民社会——传统中国及其现代化再认识》,载《问题与主义》,长春出版社1999年版;朱英:《近代中国的"社会与国家":研究回顾与思考》,《江苏社会科学》2006年第4期;许纪霖:《近代中国的公共领域:形态、功能与自我理解——以上海为例》,《史林》2003年第2期。

第一章 政社分开的理论演变与实践探索

民社会要素分析中国政社关系演变的特有轨迹。[①]

对于政社关系的历史研究，勾勒出了中国的文化、历史与西方的不同图景，深刻剖析了中国政社关系中市民社会的发展历程，"中国与西方文化差异"理论带来了对中国政社关系重新研究和思考的基础动力。

二是当代中国政治结构对社会组织影响的分析。基于对中国传统和近代历史的具体分析，学者们对中国是否有真正的"市民社会"而产生了动摇。由于市民社会概念强调的是独立于国家的社会领域，而中国一直未出现这一全新事物。因此一些研究者放弃了"市民社会概念"，转而运用"准市民社会"或"法团主义"分析中国的政社关系。也有学者基于中国实际经验提出新的分析概念，如王颖、折晓叶、孙炳耀（1993）等人通过考察浙江萧山的基层社团，提出了"社会中间阶层"理论。更多的学者在著作论述中仅将市民社会作为一种发展理想，而把政府、社会组织这些具体的现实存在作为分析对象。康晓光（2008）以"政府"为切入点，用"分类控制"来概括政府与社会组织的关系，并用五个变量描述政府对不同类社会组织的管理程度：（1）政府对社会组织成立态度；（2）管理社会组织业务活动的政府部门的设置方式；（3）政府对社会组织治理结构的控制；（4）政府对社会组织所需资源的控制；（5）政府对社会组织日常活动的控制。根据分析，康晓光指出"分类控制"不同于改革开放前的"集中式管理模式"，不同于出现在东欧的"市民社会反抗国家模式"，更不同于来自西方世界的"法团主义模式和市民社会模式"，而是一种新型的政府与社会组织关系。王名、邓国瀚、何建宇（2001）从政府选择角度提出了"水瓢模型"，他们经过对新中国成立以来国家政治事件和政治气氛的变化分析，指出当政府控制严时，社会组织就被压入

[①] 案例的文献请参见柳飒《清末自由权样态分析》，《广东行政学院学报》2012年第4期；屠雪华：《试论苏州市民社会的性质》，《江海学刊》1995年第3期；李明：《苏州市民公社的衍变及现代意义》，《史林》2003年第1期；朱小田：《近代江南茶馆与乡村社会运作》，《社会学研究》1997年第5期；王笛：《20世纪初的茶馆与中国城市社会生活——以成都为例》，《历史研究》2001年第5期；刘凤云：《清代的茶馆及其社会化的空间》，《中国人民大学学报》2002年第2期；熊月之：《晚清上海私园开放与公共空间的拓展》，《学术月刊》1998年第8期；李德英：《城市公共空间与城市社会生活：以近代城市公园为例》，《城市史研究》，天津社会科学院出版社2000年第10辑；戴海斌：《中央公园与民初北京社会》，《北京社会科学》2005年第2期。陈蕴茜：《空间重组与孙中山崇拜——以民国时期中山公园为中心的考察》，《史林》2006年第1期。

"水"下；反之，则浮出"水面"。龚咏梅（2007）也从政府影响角度分析了政府与社团的关系，她认为政府对社团的控制程度不同，"政府办社团，准政府社团和民间社团"在组织宗旨、资金来源、公众基础、管理能力等方面表现出的问题严重程度则不一样。可见大多数学者都基本认同了中国政治结构和政治传统是影响政社关系的最实质问题。中国的政府与社会组织的关系不是单纯建立在西方"分离式对立"的研究范式上进行，而是必须基于中国现实，在接受现实的情况下进行学术对话。[①]

因而甘阳（1991），倡导"社会与国家之间能够具有一种良性互动关系"。邓正来和景跃进（1992）进而提出公民社会与国家关系是"良性互动说"，但二者之间应保持一定的张力。俞可平等学者（1993）把这一分析概念提升为"社会主义市民社会"，杨长鑫（2009）也提出了"国家中心主义→社会在国家中→国家在社会中"的演变路线图。[②]

但是"互动说"更接近于一种理想模式，对现实的解释力不足，而偏重于政府作用和国家的影响，往往容易将"互动"的良性关系引向政府主导的"专制主义"。特别是它忽略了改革开放后中国民主政治得到了很大进步，市场经济领域也开始崛起，"国家—公民社会—市场"的社会结构开始出现这一趋势。因而以社会组织分析视角的研究开始登上学术舞台，并逐渐成为政社关系研究中的重要领域。王信贤（2001）引入彼得·伊文思（Peter Evans）的"镶嵌—自主性"理论认为社会组织既应镶嵌进政府关系与政府资源网络中，同时也应保持其自主性。俞可平（2003）改进了自己的"社会主义市民社会"范式，以"善治"理念，将社会组织提升到社会治理重要位置，是对政府主导社会理念的重大挑战，并引起一大批学者的范式引用和拓展，如何增科、周红云、包雅钧

[①] 政治学界与社会学界开始在实践领域对中国政社关系演变的本土范式作出贡献：如王颖等：《社会中间层：改革与中国的社团组织》，中国发展出版社1993年版，第54页；王名等：《中国社团改革——从政府选择到社会选择》，社会科学文献出版社2001年版，第89—91页；龚咏梅：《社团与政府关系研究》，社会科学文献出版社2007年版，第34—54页；康晓光：《分类控制：当前中国大陆国家与社会关系研究》，《开放时代》2008年第2期。

[②] 相关文献请参见甘阳《"民间社会"概念批判》，载张静《国家与社会》，浙江人民出版社1998年版，第28—29页；邓正来、景跃进：《建构中国的市民社会》，载邓正来《国家与社会——中国市民社会研究》，北京大学出版社2008年版，第12页；俞可平：《社会主义市民社会：一个新的研究课题》，载俞可平《增量民主与善治》，社会科学文献出版社2003年版，第194页；杨长鑫：《建国以来中国政社关系的变迁及启示》，《特区实践与理论》2009年第6期。

等。周俊（2008）以温州为分析对象研究了中国特有领域的社会组织是如何在体制外生存和发展，"温州商会"是不同于中国大多数地方"自上而下"的公民社会建构路径，而是在一定的"独立性"和较强的自治性下发展，它的生存与发展依赖于它的本地经济文化和政治体制背景，在这一情况下，温州商会不但没有受到政府强烈的压制，反而影响了政府行为，并参与了公共治理，与政府之间形成了一种较稳定的合作关系，即"双向自主—相互依赖—合作互动"模式。郁建兴（2008）也长期研究浙江地区的商会组织，得出同样的分析答案，认为社会组织可以不完全依赖于政府作用，而是以积极的姿态参与到公共事务中，提出了"公共管理事务中公民社会"范式。[1]

从"政府主导"到"社会组织主动"的研究范式转变并没有止步，有些学者甚至从经济学和心理学等视角分析政社关系，如周俊（2008）认为政府和社会组织都是理性经济人，它们之间充满强烈的利益算计和合作愿望以及竞争意识。杨敏（2012）认为政社之间是"婆媳关系"，二者有着矛盾但又彼此不能分离，主张政府与社会组织在"和而不同"中共同发展。[2] 然而，以上都是基于单方主体的研究，乔耀章（2004，2012）一改以往的"单体向下论"，提出了主体间"相互管理"理论，突破了"独自管理→合作管理"的理论发展局限。[3]

综上分析，政社关系的研究经历了从"主观→客观→微观"及从"应然→未然→实然"的演变历程，研究范式则实现了"由西到中"的转变，并在国内衍生出多种样态的研究概念和实体范例。然而，研究仍旧止于对市场经济体制改革问题与障碍的回应以及对于经济发展的社会空间突破。研究范式还限于宏观历史叙事与论证，缺乏现实实践与微观实验，在

---

[1] 王信贤：《争辩中的中国社会组织研究："国家—社会"关系视角》，韦伯文化国际出版有限公司2006年版；俞可平：《增量民主与善治》，社会科学文献出版社2003年版；周俊：《中国公民社会发展的温州模式》，《浙江社会科学》2008年第6期；郁建兴：《公共事务治理中的公民社会——中国公民社会发展路径的反思与批判》，《二十一世纪》2008年第2期。

[2] 以心理学方法研究政社关系还较为欠缺，且没有专门的论著，只是在某专论中简单提及，如周俊《中国公民社会发展的温州模式》，《浙江社会科学》2008年第6期；杨敏：《当代社会变革中的"国家—社会"新型关系——社会学中国化视野下的社会建设与社会管理》，《华中师范大学学报》2012年第5期。

[3] 乔耀章：《论政府社会管理中的政府、社会、公民三者关系》，《湖北行政学院学报》2004年第5期，以及《对中国特色社会主义社会管理问题的新认识——再论政府社会管理中的政府、社会、公民三者关系》，《湖北行政学院学报》2012年第2期。

呼吁与呐喊中，政府"管理"的理念还是基本主流。

二 政社分开与公共管理：行政体制改革的大胆尝试

社会组织政社分离改革拉开了政社分离由"论证"到"实践"转变的序幕。改革最早始于1998年的中办与国办联合发文要求"党政机关领导干部不再兼任社会团体领导职务"，真正进入大面积改革始于2002年，改革只涉及社会组织中的行业协会组织，直到2007年，正式涉及社会团体的改革，至此社会组织政社分离才真正步入实质性的和全方位的改革阶段。

改革率先在重庆、上海、北京等地展开，2008年12月，重庆市所有区县完成了社会团体与党政机关在"资金、人员、场所、业务、利益"五个方面的分离。然而改革立即招来了众多媒体和学者的质疑与批评。《人民日报》（2007）以"重庆要求社会团体'去行政化'能否解社团之困"为标题，指出党政机关与社团分离后，社团一下子失去了政府部门的支持，"政府拿掉了别人的拐杖，却没教会人家走路"，而且在关键问题上，改革方案语焉不详，也没有实际可操作的制度安排，并且改革从头至尾没有触及社团的双重管理体制。《时代信报》（2007）也撰文指出，重庆政社分离改革并未出台保障社团发展的法律，社团分离后，社团职能、地位、角色依旧模糊。《工人日报》（2007）指出，政社分开只是表面上脱钩，实际上还藕断丝连，从而导致政府职能定位不清，出了事，互相推诿，责任不明，行政效率低下，社团也发育缓慢，自生能力差。针对媒体的接连发难，学者和相关部门对此相继展开专题调研。2008年重庆市教育委员会与重庆市社科联联合组成"重庆市社科社团现状与发展研究"课题组，调研指出，"23.5%的社科社团认为改革制约了发展，41.2%的认为改革没有多大影响"。因此必须加大对社科社团的扶持与引导，加强促进社团发展的法律和制度建设。北京大学蔺月霞博士（2007）认为，政社分开暴露出当前社团法规建设的严重滞后，建议尽快出台《民间组织管理法》。北京大学非营利组织研究中心金锦萍（2007）从"治理结构、财产和职能"三个方面阐述了政府与社团分离存在的困难与挑战。重庆市民政局"重庆市社会组织建设管理"调研组李敏之、王荣佐、周影（2009）等指出，"党政机关与社会团体职能分离之所以难以进展，很大程度上因为行政体制改革严重滞后所致，'小政府，大社会'格局尚未形成,服务型政府尚在建设之中,许多政府部门由于部门利益,不愿将职能转移授权或委托给社会组织"。重庆市委党校谢菊(2010)对重庆市科技社团发展现状进行了跟踪调研,指出政社分离对科技社团的后续发展带来了机遇,同样也产生了新的问题,需要从行政体制改革角度进行全面深入改革。[①]

质疑频发,然而改革并未止步,重庆立即采取措施,2007年8月,重庆市三部门联合下发《关于处理社会团体政社分离改革工作有关问题的通知》,就"人员、办公场所、资产"等具体争议问题进行研究解决。然而,这些措施的提出,恰恰反映了政府在改革中遇到的体制问题上的硬性限制,必须在既有体制内把握尺度,尽量不触及政策底线。针对重庆市的"强制式"推动改革做法带来的负面问题,其他地区进行了反思和完善。2007年4月,北京市成立"枢纽型"社会组织,要求"社会组织管理将逐步实现政社分开,管办分离,大部分行政部门只行使行业指导职责,原则上不再作为社会组织的业务主管单位,对社会组织进行分类管理"。北京并未风平浪静,《中国发展简报》(2009)认为改革将导致三个问题:(1)"枢纽型"社会组织是否以自身的强大资源与民间社会组织进行不正当的垄断性竞争;(2)当"草根"组织主要业务跨领域时如何处理注册登记;(3)这些"枢纽型"社会组织本身的独立性地位、能力也存在问题。面对质疑,2012年12月,北京市通州区民间组织科成立调研组对改革的现状与问题进行了专题调研,发现仍有14.1%的社团不支持"枢纽型"社会组织改革,有34.2%的社团认为政府与社团在"人财物"方面分开不应提倡。在改革中也暴露出了社团职能不清、资金不足、职权缺少、人才匮乏等问题。上海市吸取了2002年以来本市政社分离改革以及重庆、北京等地改革的经验教训,从制度构建、行政体制突破、社团法规建设和社团发展平台等多方面、全方位地进行更有实质性和实效性的改革创新。2009年6月国家民间组织管理局调研组对上海市的做法进行了总结,孙伟林、廖鸿指出上海市积极转变政府职能,构建政社合作平台,

---

[①] 政社分开改革问题的提出,主要出现于相关报刊及网站,请参见刘天亮《重庆要求社会团体"去行政化"能否解社团之困?》,《人民日报》2007年7月3日;重庆教育学会:《"政社分离"后,重庆市教育社团的发展对策》,2009年8月2日(http://www.cqskl.com/279.shtml);《社团"去行政化"难在何处?》,《工人日报》2007年7月6日;谢菊的观点请参见重庆市科协2011年调查研究报告(内参)。

推行政社有序分开,并创新了公益组织"孵化器",培育和扶持新的民间组织发展。广东省从 2006 年开始率先取消了业务主管单位,统一由民政部门行使对行业协会的登记和管理。这一创新相比北京、上海在管理体制改革方面更进一步。马庆钰(2010)认为"广东的做法直接避免了不少地方所谓的'变通'和'迂回'措施,可以说是一步到位。尽管遇到与现有法规的冲突以及原有挂靠部门资源和相应职能转移方面的滞后以及其他有待克服的问题,但是,广东在双重管理体制方面的改革的确具有标杆意义,在实现政社分开上具有一定的推广价值"。[①]

自 2002 年以来的社会组织政社分离改革,成绩喜忧参半,虽然取得了一定的突破,但仍需反思,马庆钰、程玥(2010)对各地创新改革进行了全面总结:"辽宁的创新虽然将原来的业务主管单位审批权转移到当地工业经济联合会名下,但是没有从根本上突破'双重管理体制',且违背了'社会团体主体地位一律平等'的法规原则。北京的创新设立了'枢纽型社会组织'并派生出大量分管部门,违背了'精简机构,人员'的原则且职能不清。所以,如果创新偏离了正确价值理念的导向,我们的创新可能走入误区,最终让政社分开的道路越走障碍越多,这样,我们就不是创新而是'继续守旧'了"。[②]

马庆钰、程玥所指出的"继续守旧",实际上是指这一阶段的社会组织政社分离改革仍旧只是涉及行政机制体制改革,在政府职能转变、社会组织管理体制改革等方面取得了进展,然而却始终未触及政治机制体制改革,如党社关系、党政不分等更为深层次根本性的问题。改革虽然认识到了政府改革滞后以及社会组织发展问题,但整体改革意图和目的还是落脚于为政府加强社会管理,促进经济发展,维护社会稳定等服务,并未实现从"管理到治理"的体制改变。

三 政社分开与公共治理:政治体制改革的谨慎探索

政社分离进入"后改革时代",并没有明显的时间和标志性的界限,它仍是前期改革的继续。只是在改革程度上已经悄然发生变化,主要是在前期的单纯强调"分离",而开始转向"合作""竞争"并且伴以相关机

---

① 马庆钰:《论"政社分开"与社团管理改革》,《行政管理改革》2010 年第 7 期。
② 马庆钰、程玥:《关于"政社分开"的探讨》,《社团管理研究》2010 年第 4 期。

第一章 政社分开的理论演变与实践探索

制模式和路径的探索，改革的范围也深入新的领域，引起了更深刻和更广泛的影响。

首先，政府与社会组织合作关系的研究：从行政机制到行政体制。

通过前期的改革教训，很多学者已经认识到，社会组织政社分离不是目的，目的是分离后政府、社会组织等社会主体更好地合作，实现共同治理。学者的共识促进了研究的深入，在合作机制、模式、路径等具体问题上都取得了进展。(1) 合作机制方面。曾永和 (2011) 认为政社之间应建立"相互独立，优势互补，分工协作，良性互动"的合作机制。虞维华 (2005) 认为政府与社会组织应建立资源相互依赖，共同开发利用的共享机制。任慧颖 (2005) 以中国青基会为个案，论证了非政府组织与政府关系的运作机制与规律。张钟汝、范明林合著的《政府与社会组织合作机制建设——对两个非政府组织个案的研究》(2010) 也以个案为切入点，以社会学为视角，以法团主义为社会政治背景，对政社合作机制进行了更系统的研究。[1] (2) 机制建设一般嵌入模式之中，模式是一个更为系统和结构化的东西。胡益芬 (2004) 的"参与式治理模式"，陈晓济 (2007) 的"公共合作行政模式"，刘继同 (2008) 的"伙伴关系模式"，以及郁建兴 (2008) 的"公共事务管理参与模式"等是较有代表性的研究成果。另外学者对各地的实践探索也进行了分析，如李慧凤 (2009) 对宁波"81890"政社合作电子平台，田玉荣 (2006) 对上海"李琴工作室模式"，周俊 (2008) 对温州"自主—依赖—互动"模式等的研究。[2] (3) 合作路径选择方面，研究成果十分丰富。一是转变政府职能（李月

---

[1] 相关文献请参见曾永和《加强体制、机制和能力建设 实现政治保证、共治合作和自治发展》，《第四届社会组织创新与发展论坛文集摘要》2011年10月11日；虞维华：《非政府组织与政府的关系——资源相互依赖理论的视角》，《公共管理学报》2005年第2期；任慧颖：《对中国非营利组织与政府关系的研究探讨——以中国青基会为个案》，《山东社会科学》2005年第10期。

[2] 在研究政社合作关系上，国内许多学者结合中国政治背景和历史传统提出了一些很有见地的研究模式，如胡益芬《"参与式治理"——第三部门与政府关系探析》，《重庆社会科学》2004年第3期；陈晓济：《由冲突走向合作：政府与非政府组织公共合作行政模式构建》，《甘肃行政学院学报》2007年第2期；刘继同：《从"父子"关系到伙伴关系：转型时期政府与慈善组织关系模式转变》，载田玉荣《非政府组织与社区发展》，社会科学文献出版社2008年版，第41页；郁建兴：《公共事务治理中的公民社会——中国公民社会发展路径的反思与批判》，《二十一世纪》2008年第2期。其他以地区案例为分析对象的则有李慧凤《社区合作治理实证研究》，中国社会科学出版社2009年版；田玉荣：《非政府组织与社区发展》，社会科学文献出版社2008年版，第230页；周俊：《中国公民社会发展的温州模式》，《浙江社会科学》2008年第6期。

凤，2005；张艳，2010）；二是加强法律保障（张继红，2004；蔡磊，2005；刘芳，2010）；三是政府购买社会组织服务（李海平，2011）。2011年首届"政府购买社会组织公共服务国际学术研讨会"提交的论文中学者从多角度进行了分析，如徐家良、赵挺、范明海、陈建刚等以上海为例分析，江明修、李衍儒、刘旭等从法律建设角度，郑卫东以农村社区政府为视角，陈旭清则以少数民族地区为例等。①

分离与合作的研究有效推动了政社关系的进一步优化，然而改进仍然是限于机制内的运作。当"竞争"理念提出后，"行政体制"上的影响才有了明显的变动。郭小聪、文明超（2004）指出，我国社会组织与政府没有构成真正的合作伙伴关系，社会组织更像是政府的附属物或是行政配合角色，因而应该培育新型政社关系："合作中的竞争"。并提出在公共事务管理权力、财政资源、公共产品供给等方面构建竞争机制。张良（2010）认为社会组织不是扮演政府组织附属角色和"拾遗补阙"作用，政府应积极放权，社会组织也应提升自身能力，从而使二者发挥各自优势，互补共进。刘传铭（2012）则认为社会组织对政府政策的监督和提议也属于二者竞争关系范畴，政府应积极放权于社会组织，从而使竞争具有实质意义。②

其次，政党与社会组织关系优化研究：从政治机制到政治体制。

竞争关系的论述或构建虽然对行政体制的改进起到了积极作用，但仍未涉及党政体制机制更深层次的领域，对此问题马庆钰（2010）率先发难，"如果在社团当中也整齐划一进行党组织的建设和领导，在执政党这种强大力量环境中，有可能会消弭民间社团自主独立的个性，影响非政府

---

① 李月凤：《我国非营利组织的发展与政府职能转变》，《重庆社会科学》2005年第11期；张艳：《谈民间组织发展与政府职能转变的互动关系》，《行政与法》2010年第3期；张继红：《中国非政府组织法律规制问题研究》，《政法论丛》2004年第4期；蔡磊：《非营利组织基本法律制度研究》，厦门大学出版社2005年版；刘芳等：《城市社区社会组织发展与治理的法律创制》，载《2010年中国社会组织理论研究文集》，时事出版社2010年版；政社合作路径当前研究热点为政府购买社会组织服务，主要问题还是如何建构购买服务的相关法律与合作平台以及评估体系，本书文献请参见李海平《政府购买公共服务法律规制的问题与对策——以深圳市政府购买社工服务为例》，《国家行政学院学报》2011年第5期；徐家良、赵挺、范明海、陈建刚、江明修、李衍儒、刘旭等的文章参见《2011年首届政府购买社会组织公共服务国际学术研讨会文集》，上海交通大学，2011年12月。

② 郭小聪、文明超：《合作中的竞争：非营利组织与政府新型关系》，《公共管理学报》2004年第1期。

非营利组织在社会事务管理中正常角色的担当。""应当以不影响民间非政府组织的独立自主性为前提，来谨慎探索社会组织中党建工作的可行之路，切实避免因不当措施，使政社分开的改革努力成为无果而终的'同义反复'。"景跃进（2011）则用"转型吸纳渗透"来解释中国共产党对社会组织的管理与控制的历史演变历程，指出中国共产党必须吸取苏联列宁主义式政党的教训，从中国实际出发建构"政党—国家体制"新型关系。王松（2011）引入了西方经济学外部性理论，按照正负外部性分析党建工作对社会组织管理体制的影响，认为党建工作的政治性与社会组织的民间性的差异性特征，造成了社会角色混淆，不利于二者的健康发展。基于以上问题，康晓强（2011）以实现社会组织党建科学化路径为切入点，在基本发展方向、领导架构、资源支撑体系建设、协调整合机制等方面积极探索社会组织党建新途径。管廷莲（2011）则以温州社会组织党的建设为例，探究我国地方社会组织党建的新路径、新机制。另外，于今、蔡文等（2010），周海南、孙斌等（2010）也对社会组织党建作用作了系统研究，并对社会组织发展对党的执政方式、执政功能转变的影响及改进措施提出了行之有效的建议。①

四 政社分开与社会治理：权力体制改革的初步论证

权力是政社分离中的核心要素问题，这方面研究一直以来十分薄弱。突破首先从微观领域开始的。一是社区治理权力结构重设。李璐（2010）认为广州和深圳的社区"居站分设"改革，以社区党支部为领导核心，社区居委会为议事监督机构，社区工作站为执行机构的新型社区管理模式，使党、政、社三方组织既相互独立，又相互依存，相互监督，并有效推进了社区工作站权界关系改进，居委会与社区企业分离等。高鉴国（2008）对上海"权随责走，费随事转"等社区向民间组织分权、放权，

---

① 社会组织党建成为政社分开新的问题挑战，如何实现二者的并行不悖是当期政社分开研究的难点。相关文献请参见马庆钰等《关于"政社分开"的探讨》，《社团管理研究》2010年第4期；景跃进：《转型、吸纳和渗透——挑战环境下执政党组织技术的嬗变及其问题》，《第二届增爱中国公益学术奖学术奖文集》2011年12月，第69页；王松：《新社会组织管理体制中党建工作外部性研究》，《社团管理研究》2011年第6期；管廷莲：《社会组织中党的建设研究：基于温州的实证分析》，知识产权出版社2011年版。周海南等：《社会组织党建工作研究》、于今等：《我国社会组织中的党组织作用分析》，《2010年中国社会组织理论研究文集》，时事出版社2010年版，第456、215页。

沈阳、武汉"社区自治、议行分设"等创新进行了比较研究。① 二是村庄治理权力变迁。地球村公益组织廖晓义倡导和推动的巫溪"乐和家园"建设是这方面研究的典范,改革的目的是试图用"公益+农户"模式来改变或置换"集体+农户"和"公司+农户"的两极模式,以乡村独特的本土文化探索适合中国发展的乡村公民社会之路。周天勇(2011)对此认为巫溪案例典型的意义就是处理了社会变迁与公共权力异化两个问题。② 三是社会组织参与治理权力重塑。李建琴(2007)以民间商会为例,指出在地方治理体系中,民间商会与地方政府是两种并存的不同治理主体,也是两种相互依赖的权力利益主体。二者在共同治理中的权力配置和权力运作方式发生变化,在权力博弈中不断调整角色,最终走向一个利益格局和权力结构相吻合的稳定状态的过程。周俊(2008)则认为温州的民间商会与政府的权力关系是平行互动的关系,这种关系得益于浙江沿海地区独有的经济社会文化。以上仅是地方商会的分析,而从中国社会组织整体来看则体现出权力在不同类社会组织与政府关系变迁中的不同处境。社会企业(陈璐,2012)是以经济权力为目标,行业协会(姜琦,2011)是以经济事务为范围,环保组织(王飞,2006)是以公共利益为诉求,而社会智库(朱旭峰,2009)是以公共决策为倾向。这个过程是以"经济—社会—政治"权力核心不断递进的"剥离"深入。郑琦(2011)将社会组织划分为公益型、服务型和维权型社会组织,并建议政府赋权应侧重于弱势群体的政治权益等实质性关键问题诉求方面。③ 四是,社会组织与其他治理主体的权力关系变异。政府与社会组织的分权研究已经十分丰富,而权力的核心主体——政党,与社会组织的分权还处于研究的初期。高奇琦(2011)提出了构建中国执政党与社会组织关系的

---

① 李璐:《社会转型期城市社会组织管理创新研究——以广州、深圳实地调查为例》,《2010年中国社会组织理论研究文集》,时事出版社2010年版,第357页。
② 重庆市巫溪县"乐和家园"是农村社会组织、中国传统文化以及国家政策三者的有机结合,2010—2011年受到了政府与学者的高度关注,但是研究的重点不应在于它的创新而是这种创新如何可持续,当前这一治理创新案例面临着发展的困境,相关文献请参见廖晓义《乐和家园:破解乡村公共服务难题》,《乐和家园理论文集》,2011年10月;廖晓义:《乐和家园——生态文明的微观模式》,2011年5月29日,中国乡村发现网(http://www.zgxcfx.com)。
③ 李建琴、王诗宗:《民间商会与地方政府:权力博弈、互动机制与现实局限》,《中共浙江省委党校学报》2005年第5期;朱旭峰:《中国思想库:政策过程中的影响力研究》,清华大学出版社2009年版,第9页。

第一章 政社分开的理论演变与实践探索

"双向赋权模式",指出需要在两方面努力,第一,政党放权给社会组织,给予社会组织更多的自由结社空间;第二,政党应利用接近政治决策的便利为社会组织争取诸如自组织权等基本权力,同时社会组织也利用其自身的优势和权力为政党争取更多的社会支持度。南通崇川区社区党建工作的创新突破为党与社会组织的权力划分和权力重置作了有效探索。胡颖廉、陈光金、程萍(2010)指出南通的"一心两体三会"改革实验建构了社区整体民主运行机制,发挥了党的领导核心作用,规范了党政权力的界内合理实施,营造了党向社会组织"放水养鱼、放飞风筝、放马奔腾"的立体化放权模式。①

然而,社区、村庄、不同类社会组织,党建等领域的政社分离仍是局限于局部微观权力的变化,并未对国家整体权力格局产生影响,随着相关改革的深入,学者们开始呼吁在未来重大改革中应充分体现政社分离的改革。马庆钰(2010)指出:"下一步应通过深入的事业单位改革,打破这种政府和准政府组织一统天下、部门职能资源在内部循环的封闭局面,否则就无法实现政社相对分离和建立政社伙伴关系,当然也就没有民间组织的参与空间。"尹艳红、竹立家(2012)总结了2008年以来大部制改革经验,认为政府机构的"大部制改革"精神实质是要实现"有效分权",将公共管理权限向社会组织转移。杨秋荣(2009)认为在事业单位改革和大部制改革中,应设立"法定机构"作为事业单位转型和政府部门放权的平台,并充分体现政社分离这一根本性权力设置问题。罗锐、张玮(2012)认为行政审批制度改革应与社会组织去行政化结合起来进行,政府要做到"减权、放权和转权",社会组织也应有步骤、有分类地积极实施政社分离,从而对接行政审批权限的下放。②

---

① 高奇琦:《国外政党与公民社会关系——以欧美和东亚为例》,中央编译出版社2011年版。

② 政社分开已经成为国家重要战略,在实现分开的同时,我们更应该考虑的是给予政社合作的余地与前景,这就是研究新的创新增长点为政社关系融合创造更多的条件。相关文献请参见竹立家《社会转型与政府机构的"大部制"改革战略》,2012年8月30日(http://www.chinareform.org.cn);杨秋荣:《事业单位向法定机构转型面临什么问题》,《第一财经日报》2009年10月29日;罗锐等:《珠三角新一轮行政审批改革多地唱响"三字诀"》,《南方日报》2012年7月26日。

五 政社分开与协同治理：社会文化体制改革亟须涉入

总结政社分离与治理转型的研究历程，经历了从"经济体制改革→行政机制体制改革→政治机制体制改革→权力机制体制改革"过程，随着改革的深入，政社分离对权力的触及领域也逐渐进入深水区，然而问题愈是深入，问题话语空间似与最初宏大背景及高远理想的研究初衷渐行渐远，陷入了就事论事的怪圈，因此跳出当前研究的藩篱，纳入社会文化体制这一更为深层、根本和基础性的问题领域，推动"权力重建向社会重建"理念转换，把政社分离的研究范围放到社会、文化或生态的广阔视野中来，从而实现"治理"向"善治"的转型。

第二节 历史自觉：西方发达国家的政社分开路径

从广义上来理解政社分开是指国家与社会实现分开，二者互不侵犯，独立自主，相互制约。这是一种民主的状态，弱势的社会获得了自由、平等、独立的地位，从而可与国家抗衡，维护自己应有的权利。从狭义上来理解政社分开则是指政府与社会组织的分开，这是市场经济社会面临的较为普遍的问题，也是衡量社会现代化的重要指标。其实无论哪一种理解，都离不开对另一种的解释，二者是相通的。狭义的政社分开必须基于广义上的国家与社会分开才能成立，而广义上的国家与社会分开只有实现了微观上的政府与社会组织的分开，才能达到真正的目的。但这种对概念的分析，不是对文字的分解拼凑游戏，它是构筑于西方国家对政社关系演变的现实基础之上的。实践中的政社分开，还不止于以上较为简单的含义，至于这种结果认识的背后，还有它的前提，它的背景或环境，它的过程，乃至于它的地区与国家的差异。种种思考都昭示着我们必须深入西方那浩瀚的历史文籍与真实的发生现场，去体验和研究这种轨迹和答案，从而寻找政社分开的西方演变轨迹。

西方对社会组织政社分开研究，体现于对"国家与社会"二者分合关系的演变背景及其对治理变迁影响的研究之中。总结学者的研究论述，一般可将其分为三条研究路径。

第一章　政社分开的理论演变与实践探索

一　"一线论":"分开"下的"合作"路径

第一,公民社会从属国家理论。倡导公民社会从属于国家的黑格尔面对的是一个各种私人利益角逐于其中并充满矛盾和冲突的公民社会。因此他寄希望于由代表普遍利益的国家调停公民社会内部冲突来解决公民社会所无力解决的问题。第二,公民社会制衡国家理论。亚里士多德、洛克、孟德斯鸠最早阐述了国家与社会之间的权力制衡理论。托克维尔将这一理论放之于公民社会与国家关系的论证中并推动了其进一步发展,提出了"公民社会制衡国家理论",主张保持一个活跃的、警觉的、强有力的由各种非官方社会组织组成的公民社会来监督和制约国家。第三,公民社会对抗国家理论。托马斯·潘恩首次提出这一命题,认为反抗那些随意剥夺公民自由和权利的政治国家是正当的。东欧公民社会研究者将东欧"颜色革命"中公民社会与国家关系描述为支配与被支配,控制与被控制关系。美国学者阿拉托由此指出波兰社会运动是"公民社会反抗国家"的兴起。第四,公民社会与国家共生共强理论。美国学者迈克尔·伯恩哈德(Michael Bernhard)认为公民社会对抗国家理论是一种偏激意识,民主体制下唯一良好的权力配置就是强国家与强公民社会共存,但他也承认二者共生共强是基于各自相对于对方的自主性并彼此处于势均力敌的状态,如此双方的功能才能得到更好地发挥。第五,公民社会与国家合作互补。"合作理论"将各自优势和不足呈现出来,并力促在合作中实现互补。这种理论是当前政社关系研究的主流,其中以萨拉蒙为主要代表。第六,公民社会参与国家理论。以瑞典学者米歇尔·麦克莱蒂(Michele Micheletti)为代表的"参与理论"发展了"合作互补理论",他指出二者不仅是并列合作中发展,同时也是相互参与,使自己的见解或行动渗透到对方决策或活动之中从而对对方产生直接的影响[①]。

---

① 关于公民社会与国家的关系变迁,参见何增科《公民社会与第三部门》,社会科学文献出版社2000年版,第6—8页。本书相关理论观点参见:[法]托克维尔:《论美国的民主》(上卷),商务印书馆1991年版,第645页;[美]迈克尔·阿拉托:《公民社会对抗国家》,《目的》1981年第47期;[美]迈克尔·伯恩哈德:《第一次转轨之后的公民社会:波兰及其他后共产主义国家民主化的困境》,《共产主义与后共产主义研究》,第307—327页;[美]莱斯特·萨拉蒙、赫尔穆特·安海尔:《公民社会部门》,《社会》1997年第2期;[瑞典]米歇尔·麦克莱蒂:《瑞典的国家和市民社会关系》,艾文伯格公司1995年版,第16—17页。

综上所述,"一线论"政社关系的理论演变经历了"从属→制衡→对抗→共生共强→合作互补→参与"的过程,这一过程体现了从"分开到合作"的进路,从中可以看出西方发达国家政社关系研究的基本趋势。

二 "二元论":"平行"下的"合一"路径

"一元"是以物质主义为理念核心。这一研究路径因英国资产阶级革命对"社会与国家分开"需求而兴起。最早有霍布斯、洛克,其后狄德罗、爱尔维修、费尔巴哈及空想社会主义者等都主张社会发展是以物质为第一性,物质必须脱离意识(国家意志)的压制而独立发展,并影响国家意志。黑格尔对这一思想进行了提炼,他认为公民社会不能从人类精神的一般发展来理解,相反它根源于物质的生活关系,"市民社会"实质是指认识社会国家相对立的"财产关系",而"财产关系"是"生产关系"的法律用语。物质主义上的政社分开理论极致是马克思主义对其的发展,马克思的"经济基础决定上层建筑"为政社分开奠定了理论前提,并指出,"市民社会包括各个个人在生产力发展的一定阶段上的一切物质交往……超出了国家和民族的范围"[①],从而将市民社会与国家以经济形式分开。

另"一元"则是以精神主义为研究线索。最初以马基雅维利将自然法重心由"物质"转向了"人的权利和义务"为开端。然后卢梭将人性的环境置于人自身的发展历史,人必须基于公共意志而不是"国家至上"为话语依据,因而卢梭的"公共意志"为政社分开提供了链接平台,并

---

① 《马克思恩格斯全集》第3卷,人民出版社1960年版,第41页。有关马克思主义者的政社分开理论,可参见马克·尼奥克里尔斯《管理市民社会》,商务印书馆2008年版。第28页指出:"许多人在评论马克思的著作时都认为,国家—市民社会模式被降级了,转向了基础—上层建筑的模式。……他分析的重点不会是市民社会本身,也不是国家与市民社会的关系,而是政治经济学。这种思想失去了马克思从黑格尔那里继承的国家—市民社会模式的丰富性。"第57页:"葛兰西采用了国家—市民社会这个对子的方式是植根于他对黑格尔的解读,而不是对马克思的解读。然而,葛兰西的确从马克思那里采用了基础—上层建筑这个对子。这两个对子,一个源于马克思,一个源于黑格尔,葛兰西在利用这两个对子时,力求将它们二者结合在一起。"第67页:"在放弃国家与市民社会分立时,福柯同时放弃了作为关键分析工具的国家这一概念,这给他留下了一个无所不包的权力和社会概念。反之阿尔都塞保留了作为关键工具的国家概念,但是没有保留市民社会,他被迫将他的国家概念扩展为包括所有市民社会机构。这不是用黑格尔、马克思、葛兰西的方式作出的(在这三个人里,国家与市民社会是连接在一起的,同时在概念上是分开的)。"

第一章 政社分开的理论演变与实践探索

基于人自身与国家"公"的规定，共同拥有妥协空间，二者是"合一"基础上的有限分开。而尼采则突破了卢梭对国家的依赖，认为政治国家等一切都是虚拟存在，人一切只能取决于人的意志自由选择，从而为公民社会的个体意识提供了独立性的最高定义。综上可见，精神主义意义上的政社分开体现了"理性（人的认知为分的必要）→情感（人的历史而分的限度）→意志（人的自我选择而分的必然）"，这一过程折射出了人的精神脱离政治国家的束缚，为公民社会创造自主性发展空间的不断努力[①]。

然而，无论是物质主义的还是精神主义的政社分开，二者都走上了绝对主义的道路，它们把"经济—文化—国家"无限地隔离开来，致使分开之后留下的是"真空"。哈贝马斯（1996）最早认识到了这个问题，他在《公共领域与结构转型》中指出，"公民社会是独立于国家的私人领域和公共领域，私人领域是指以市场为核心的经济领域，公共领域指社会文化生活领域"，从而物质主义的私人领域与精神主义的公共领域在此得到了融合，并且"公民社团、组织关注社会问题在私域生活中的反响，将这些反响放大并集中和传达到公共领域之中"[②]。物质主义的政社分开与精神主义的政社分开在私域与公域之间架起了桥梁，使之形成解决问题的共同话语机制，这是哈贝马斯对"二元论"政社分开理论的一大贡献。

三 "多维论"："分散"下的"合力"路径

西方发达国家的社会组织政社分开与公共治理转型的演变及其研究都离不开各种政治思想的熏陶或雕琢。

首先，自由传统的影响。康德、边沁、詹姆斯·密尔等早期自由主义研究者认为自由是在"自律"和"他律"基础上的"共同规则遵守"，这为社会组织及个人的社会规则提供了理论依据。然而，温斯坦莱对这种观点表达了不满，他认为自由的呼吁只是对于下层普通人士之间，而上层建筑因掌握着强大的政治和经济资源，与普通社会组织（个人）处于不

---

① 有关精神层面上的政社关系变迁可参见许纪霖《公共正义的基础》，载许纪霖《共和、社群与公民》，江苏人民出版社2004年版，第370—372页。该书以自由主义的角度阐述了个人、社会、国家的关系变迁以及理论的矛盾分立。具体参见［法］卢梭《社会契约论》，商务印书馆2007年版，第29页；［德］尼采：《权力意志——重估一切价值的尝试》，商务印书馆1996年版，第61页。

② ［德］哈贝马斯：《公共领域的结构性转型》，剑桥政体出版社1989年版，第34—36页。

平等的地位，这种"自由"是不公平的。马克思将这种自由称之为仅仅是形式上的自由。"自由"的理念由于社会层次的差异性产生的虚假性，也受到了后期马克思主义者及反对国家干预自由的评论家的批评。他们主张国家与社会必须在同一地位上对话，自由是二者民主关系基础上的社会组织及个人的自我发展潜能的最大化，这种自由称之为"消极自由"。但是国家并不是"自由"的主动提供者，自由的获得需要付出代价。社会组织及个人的真正自由或更大意义上的自由只有在取得对国家权力的主动性或自我优先发展权的时候，他们才得以真正与国家发生自由关系。伯林在《两种自由观》中提出"积极自由"，对以上问题作了积极回应。积极自由的理念使得国家与社会组织之间已经不是单纯的分开意义，社会组织在自由分开的前提下向国家嵌入，使得国家必须挤出更多的权力让与社会组织，只有如此社会组织才不用"沉浸于享受自由散漫性的醉欢而将权力拱手让给权威者"[①]。

其次，民主精神的浸入。从卢梭提出"大众民主"的概念以来，社会组织与社会个人便披上了"平等"的外衣。但国家很快以"少数服从多数"为借口，将自己置于民主的最高裁判者，国家就是"大众的集合"，不允许有异类或特性的其他组织或个体存在。熊彼特、阿伦特等学者对此提出了强烈的批评，并在法西斯主义的危机中，将"自由民主"推上了历史舞台，民主赋予了自由的前提，然而，一些强势的社会组织或个人很快变成垄断性的利益集团或权贵资本者，民主又一次面临着"公平失衡"的考验。因而，达尔提出的"多元民主"将"精英者"进行了权力分割，并在其中设置了平衡机制，但是这种"平衡"只是在精英者之间的"相互制约"，而普通的社会组织或个人并未从中受益，国家与社会精英的捆绑，使政治和经济双重权力压在社会底层身上。齐舒亚·科恩、哈贝马斯、罗尔斯呼吁必须重新调整国家与社会的"民主"关系，赋予社会组织或个人更多的权利，使其在国家公共政策或决策中显示出自己的声音，这种民主称

---

① 该书有关自由思想与政社分开的理论观点，参见［德］康德《纯粹理性批判》，人民出版社2004年版，第122页；［德］康德：《道德形而上学基础》，中国人民大学出版社2003年版，第23—28、45—49页；［德］康德：《实践理性批判》，人民出版社2004年版，第31页；［英］边沁：《政府片论》，商务印书馆1995年版，第66—67页；［英］詹姆斯·密尔：《论自由》，商务印书馆1959年版，第13页；［英］以赛亚·伯林：《自由论》，译林出版社2011年版，第3—4页。

第一章 政社分开的理论演变与实践探索

之为"协商民主"或"慎议民主"。然而,民主仍未止步,社会组织和个人不只是希望在媒体看到自己的影子,他们更是以亲身进入议会或社会公共场合为目标。卡罗尔·佩特曼(Carole Pateman)与C.B.麦克弗森(C. B. Macpherson)的"参与式民主"的理论呼之即出。"参与式民主"赋予了社会组织更多的作用空间,其后的程序民主、宪政民主、平衡民主等理念为其增添了更多实际的和制度上的操作与保障[①]。

再次,正义理念的平衡。亚里士多德将正义等同于美德,而美德即是每个政治公民所具备的品质,它与国家治理紧紧结合在一起。正义成了国家治理的有效工具,公民必须服从。随着社会和商业的发展,这种国家体制很快被打破,正义也就被赋予了新的含义。霍布斯认为正义基于双方的同意,犹如商业上的平等一样,公平交易。但在强大的国家面前,民众及社会组织只有被"同意",因而"法律正义"应运而生。以法律的形式,在宪政的框架下,社会组织与政府平等对话。但是即便是法律,当面对国家的"最高利益"时,却显得有些无力。基于国家与集体优先发展的"效率"一时间压倒了"公平"的呼声。边沁、詹姆斯·密尔、休谟都以"功利主义"的利益最大化思想,有力地支撑了这一理念。国家如何权衡自身与社会之间的关系,正义的天平再一次倾向了社会组织及个人。诺奇克提出正义如同自由一样,是不可侵犯或更改的。瓦尔泽认为社会必须置于统一的正义标准之下,国家必须排除于特权之外。罗尔斯更是以正义首要性原则,指出社会组织不仅应得这些权力,并且应该参与正义的分配和决策活动之中,社会组织应该成为正义在国家与普众之间的重要砝码,它必须与国家保持一定的距离。无论是在利缘关系还是权系网络上都实现分开,从而以独立的角色面对社会治理的复杂关系,并作出自己的判断[②]。

[①] 本书民主思想与政社分开理论观点参见[法]卢梭《社会契约论》,商务印书馆1963年版,第29页;[美]熊彼特:《社会主义、资本主义和民主主义》,商务印书馆2002年版,第337页;[德]马克斯·韦伯:《经济与社会》(第1卷),上海人民出版社2009年版,第386页;[美]达尔:《现代政治分析》,上海译文出版社1987年版,第89—90页;[美]卡罗尔·佩特曼:《参与和民主理论》,上海人民出版社2012年版,第89页;C. B. Macpherson, The Life and Times of Liberal Democracy, Oxford: Oxford University Press, 1977, pp. 35 – 38。

[②] 本书有关正义思想与政社分开理论观点参见 Mill. J. S. 1865, *Utilitarianism In The Utilitarians*, 1973, pp. 12 – 20;[英]休谟:《人性论》,商务印书馆1980年版,第582页;[美]罗伯特·诺奇克:《无政府、国家与乌托邦》,中国社会科学出版社1991年版,第39页;[美]迈克尔·瓦尔泽:《正义诸领域》,译林出版社2002年版,第377—378页;[美]罗尔斯:《正义论》,中国社会科学出版社1988年版,第292页。

整体化分散治理

自由、民主、正义使社会组织与国家关系的演变产生出了"分—合—衡"模式。然而由于西方发达国家"福利政策"的式微，以及社会志愿失灵的出现，社会组织在解决社会问题的力度上却显得力不从心，一种开始"回归国家"的观点越来越清晰，彼得·伊文思提出"镶嵌—自主性"的协同关系，已经体现出社会在国家活动中应是辅助的角色，内尔·吉尔伯特则指出应建立"能促型国家"，以显示国家在处理治理问题上的主导作用。葛兰西则将国家的作用提至更为"强大"的地位，社会组织等主体必须在这一"霸权主义"下实现秩序统一[1]。不过这种趋势还没有成为研究的主流，萨拉蒙的"伙伴关系"，弗里德曼的"供求关系"，约尔·米格达（Joels Migdal）的"赋权模式"等都显示了社会组织在与国家关系上的重要地位，他们为政社分开的理论支撑起了坚固的拱梁[2]。

第三节 发展中国家的政社分开路径

西方发达国家的社会组织政社分开与治理转型，是在"国家与社会整体分开"背景下实现的，缺乏社会组织独立微观的分开过程考察，因而对当前发展中国家的社会组织政社分开只是起到规范或引导的作用，无法提供直接的对应参考。发展中国家政社分开由于是在"国家与社会整体不分"的情况下的"社会组织单方面突破"，因而，这一变化过程更为直接和明显，并且这种变化是正在发生的，是我们直接分析和借鉴的对象。

一 社会发展说：社会组织与陈俗政治文化的分开

罗伯特·B. 奥尔布里顿（Robert B. Albritton）和泰威尔德·布里库（Thawilwadee Bureekul）对泰国的社会组织分析指出，"正是泰国农村的利己主义文化传统和独立自主精神的缺乏，才导致泰国农村缺乏对群体利

---

[1] 国家在与社会关系中的上位优势体现于 Peter Evans, "Is an Alternative Globalization Possible?" Politics & Society, Vol. 36, No. 2, 2008, pp. 271 - 305; Neil Gilbert, Transformation of the Welfare State; The Silent Surrender of Public Responsibility, New York：Oxford University.

[2] 社会组织相对国家的重要性体现于［美］莱斯特·M. 萨拉蒙《公共服务中的伙伴：现代福利国家中政府与非营利组织的关系》，商务印书馆2008年版，第25—34页；［美］米尔顿·弗里德曼：《自由选择》，机械工业出版社2008年版，第15—23页。

第一章 政社分开的理论演变与实践探索

益的认同意识,以及对致力于公民社会运动密切相关的社会活动的不信任"。约翰·弗里德曼(John Friedmann)有感于儒家文化对中国、韩国以及其他东亚国家的影响,"在韩国乃至中国,私人领域与公共领域一直是孪生共存关系,它们具有与生俱来的非冲突性的特点",他进一步对东方国家传统文化与西方文化在公民社会发展上的作用作了比较分析,"东方儒家学说将社会视为垂直共生型,其内伴有国家制度之共生性,个人在公共权力之下并不具有独立地位;犹太基督教则把个人看作完全独立的个体,必要时在个体与国家结构之间辅之以中介组织作为两者之间的调和机制",因而东亚发展中国家的"儒家们没有能够清清楚楚地将二分法框架与西方的政治范式区分开来"。加雅拉喀什·纳拉扬(Jayaprakash Narayan)认为印度的社会传统影响了其公民社会的发展,卡罗琳·艾略特将其总结为"人人平等、彼此信任、休戚相关的意识的匮乏",印度的世袭等级制度所产生的阴影仍然笼罩着绝大多数印度人民。另外,印度人民过度关注家庭和后代的传统,消淡了人们对于社会公共生活的关心。朱莉·费希尔也指出南非的种族隔离政策、中东的宗教文化冲突对其当地的公民社会发展产生了严重的阻碍作用。学者们对不同地区发展中国家进行分析后,都得出了社会文化传统是影响其公民社会发展的根本性因素,如果没有对社会文化积习进行改良,公民社会就很难得以顺利发展。加雅拉喀什·纳拉扬就此指出,"由于缺少对这种社会制度与社会实践的改革,也没有纠正各种悄然涌现的社会失常现象,我们所谓的民主已经沦为通过漏洞百出的选举来赢得多数选票的骗局,沦为肆意滥用毫无责任感和独裁权威来控制公民生活的骗局"。因此,公民社会如果要纳入正常的政治生活,得到政府及党派的支持,首先得有一个良好的社会基础[①]。

二 政治发展说:社会组织与专制政治体制的分开

然而,如何将社会发展的这一目的转变为有利于公民社会的决策或主

[①] 罗伯特·B. 奥尔布里顿(Robert B. Albritton)和泰威尔德·布里库(Thawilwader Bureekul)的观点参见其《公民社会发展与泰国的民主化》,约翰·弗里德曼(John Friedmann)的观点参见其《公民社会再认知:拉丁美洲与中国经验》;[印]加雅拉喀什·纳拉扬(Jayaprakash Narayan)的观点参见其《公民社会发展与治理结构演变》,以上作者文章均见于刘明珍主编《公民社会与治理转型——发展中国家视角》,中央编译出版社2008年版,第82、95、43页。[美]朱莉·费希尔的观点请参见其著《NGO与第三世界的政治发展》,社会科学文献出版社2002年版,第47页。

要任务，这还必须取决于政治体制好坏的问题。以政府、政党为主体的执政阶层只有实现良政，才能给予公民社会宽松的发展空间和发挥作用的平台。朱莉·费希尔认为拉丁美洲的公民社会的发展良好形势得益于"在NGO大量出现之前，拉丁美洲的政治体制是开放的和异质的"①，拉丁美洲如巴西、智利都积极进行政治改革，改良后的政府为公民社会发展出谋划策，从而促进了公民社会的开花结果。韩国学者韩相震（2008）分析了韩国政治发展与公民社会发展的"双重虚弱现象"②，首先韩国的军人干政，使得政治现代化受到了严重阻碍，其次政治派系斗争贯穿于韩国60年的政治生涯中，政治目的就是争名夺利，而公民社会等公共领域的发展受到冷落。美国学者杰克·波特（Jack Potter）也以泰国为例，"传统的庇护主义与现代政治结合形成了政治庇护主义（Political Clientelism），这种政治模式对于公民社会是解构性的，庇护的等级结构与公民社会组织中的普遍水平结构是不相容的"③。可见政治是实现社会向正方向健康发展的"必须"工具，公民社会的健康发展首先得有一个良好的政治体制，加雅拉喀什·纳拉扬指出："我们必须协同努力把国家政治机构转变为公正有效的实现社会变革的有力工具，甚至把社会转变为对真正民主更为有益的一片沃土。现代国家政体在塑造公民社会生活方面发挥着重要的作用。"④

三 公民社会发展说：社会组织与计划政治经济的分开

市场经济是社会组织发展的基本环境，这已经得到了大多数发展中国家学者的认同，世界银行（1981）在针对撒哈拉以南非洲发布的特别报告中指出，与政府相比，市场是一种更具效率（并更能直接发挥效率）的资源配置机制，因此需要发展市场经济意义上的公民社会参与。然而实际上，与南非洲相同的是，戈兰·海登（Goran Hyden）指出20世纪70

---

① [美]朱莉·费希尔：《NGO与第三世界的政治发展》，邓国胜译，社会科学文献出版社2002年版，第42页。
② [韩]韩相震：《当代韩国的社会转型——论迈向竞争化市民社会的三种主要推动力》，吴玉鑫译，《江海学刊》2008年第2期。
③ Jack Potter, Thai Peasant Social Structure, Chicago and London: The University of Chicago Press, 1976, p. 193.
④ [印]加雅拉喀什·纳拉扬：《公民社会发展与治理结构演变》，载刘明珍《公民社会与治理转型——发展中国家视角》，中央编译出版社2008年版，第43页。

年代的非洲、亚洲和拉丁美洲等发展中国家的经济是政府主导的发展计划，政府只管发号施令，却从来不聆听下情。因此，国家必须考虑以改变经济体制为社会组织发展让行。让·菲利普·贝亚（Jean Philippe Beja）研究了中国的成功经验，他认为与东欧国家急于改变政治来发展公民社会不同的是中国首先从经济体制改革入手，邓小平将农村商业流通、城市市场体系、对外开放政策作了大胆的改革，同时政府与知识分子群体达成了"新社会公约"，给予知识分子宽松的言论自由空间和研究的资金及政策支持，以取得对经济改革的支持。另外，学者同样研究认为新加坡、中国台湾地区、韩国也首先从经济改革入手，避开儒家政治文化环境的干扰，从而取得了公民社会的普遍发展①。

四 互动发展说：社会组织与阶级政治关系的分开

然而，让·菲利普·贝亚指出："中国知识分子与中国共产党的合作并没有形成西方某些人所期望的所谓香港式协商机制"，"香港式协商机制中，社会组织等群体得以在政府公众咨询中直接对问题提出意见，而且还可对政府官员的选择发表看法，从而二者做到了很好的互补。"Fernandez（1987）研究斯里兰卡政府与 NGO 之间的互动关系，他们在中央以及省一级都有固定的会议召开，共同讨论社会问题并寻求新的合作领域。印度在 1985—1990 年之间提供了国家与社会组织合作的 18 个领域。还有的学者总结了政社合作的方式，例如 Askoka（1988）对墨西哥农民水平经济网络，Anang（1994）对加纳社区服务，Thomas-Slayter（1992）对津巴布韦环境行动联合团体与政府达成的非正式协议的研究，他们将这些政社合作方式称之为"平行式合作"。另外，法瑞藤与薄冰藤（Farrington and Bebbington）对亚非拉等国的农业部门中的社会组织与政府合作项目指出，"相比平行合作，他们涉及共同计划和共同实施，且二者分工明确，这种更有实质性的合作称之为田野合作"。这些合作的基础前提是政府不应将社会组织视为"低等阶级"或者是"对抗阶级"，而这种情况恰恰是众多学者所认为的是当前发展中国家现实存在

---

① 戈兰·海登的观点参见其《公民社会发展面临的挑战与前景》，让·菲利普·贝亚的观点参见其《社会主义国家改革与公民社会发展》，以上作者文章均见于刘明珍选编《公民社会与治理转型——发展中国家视角》，中央编译出版社 2008 年版，第 3、25 页。

的，并且非常严重①。

第四节　对中国政社分开改革的启发

　　西方发达国家的政社分开关系演变是基于思想与理论的发展升华，二者相辅相成，互为因果。而发展中国家的政社关系则是在不断地障碍中，改革、突破，从而实现政社逐步分开。两种不同的演变路径是与其不同的国情相联系的，这就告诉我们，西方发达国家的成功经历了几个世纪的漫长探索，是在精神、思想、理论不断成熟、市场经济发展完善中逐步实现，而我们国家缺少前期基础要素铺垫，这就决定了必须是一个渐进长期过程。同时，政社分开是一个全面的改革，它不仅是国家与市民社会（社会组织）的分开，同时还应在经济、文化、体制等多方面的改革，否则改革是不彻底的，也必然导致失败。最后，政社分开还必须基于中国特殊的历史地理、人文传统、环境资源，因而中国的政社分开是在借鉴国外历史和研究基础上，从中国实际出发，坚持具有中国本土特色的政社分开路径，尤其是对中国市民社会的历史基础和发展情况、中国传统文化的要素积淀，新中国成立以来阶级斗争思想以及政党一元化体制的特殊政情，都对我国政社关系设置了复杂的环境条件，也为中国治理转型的真正实现增加了预期难度。

---

① 阶级政治关系视域中的政社分开观点有让·菲利普·贝亚《社会主义国家改革与公民社会发展》，载刘明珍《公民社会与治理转型——发展中国家视角》，中央编译出版社2008年版，第25页。Fernandez. Aloysias. P. 1987. NGOS in South Asia: People's Participation and Partnership. World Development 15 (supplement): 39 – 49; Anang, Frederick. T. 1994. Evaluating the Role and Impact of Foreign NGOS in Ghana. In The Changing Politics of Non-Governmental Organizations and African States, edited by Evesandberg. Westpert, conn: Praeger; Askoka, N. d. The Evidence: Profiles of Eary Ashoka Fellows. Unpublished paper. 1988. Profiles of the Ashoka Fellows: Thomas-slayter, Barbara, 1990. Implementing Effective Local Management of Natural Resources: New Roles for NGOS in Africa, working papers in African studies, no. 148. Boston: African Studies Center, Boston University. 1992. Human Organization 51 (2): 136 – 143; Farrigton, John, and Anthony Bebbington. 1994. From Research to Innnovation: Getting the Most from Interaction with NGOS in Farming Systems Reasearch and Extension. Gatekeeper Series No. 43. London: International Institute for Enviroment and Development.

第二章 权治结构转型下的政社分开路径选择

"权治"是以权力作为主要手段的治理方式。追求权力是人类的基本目标和动机，同时权力是人类集体生活所不可缺少的，因为它是构成社会秩序的基本要素。权力对于政治犹如货币对于经济的关系。"从某种意义上说，政治研究就是关于权力分配方式和权力运行机制的研究，政治学也就是关于权力的学问。权力是政治的基础，是政治学的核心概念。"[①]因而，无论从传统统治还是到现代治理，其中起着决定性作用的仍是权力，治理的发展就是对于权力的利用方式的不断改革的过程。本书结合我国实际，分别从权力结构转型、权威结构转型与权变结构转型三个方面，以历史发展的视角分析我国政社分开的发展过程。

第一节 权力结构转型：家产化权力—人格化权力—体制化权力—社会化权力

一 家产化权力

中国传统权力政治形态对政社分开的演变历程有着重要影响，权力是传统政权中的核心要素，由此而衍生或派发出庞大的国家权力统治体系。相比西方国家权力体系在封建时代，中国的权力形态是以"家"作为支撑框架，"溥天之下，莫非王土，率土之滨，莫非王臣"[②]，这就形成了天下皆为皇帝一家所有，而当时所谓的国家也即皇家的管辖范畴。这种封建制的特点，是以"小农经济"作为前提条件，土地属于皇帝一人，农民

[①] 俞可平：《政治学教程》，高等教育出版社2011年版，第23页。
[②] 《诗经·小雅·北山》，参见《诗经》，程俊英、蒋见元译，岳麓书社2000年版。

只有使用权而无所有权,农民对自己生命价值趋向没有支配权,皇帝的"国家"和农民的"小家"合二为一,天下只有一个"家"。中国在物质上实现了"国(皇)家"与"小(农)家"的合一以后,在精神上也通过"罢黜百家,独尊儒术"的方式将思想上的"道家、法家、墨家、阴阳家、名家"等,先是集中到"儒家"一家之下,并提出"三纲五常"的"治家"理念,到北宋时期,程朱学说进一步将"三纲五常"上升为"天理"学说,正式将"儒家"思想确立为官方学说,从而实现了"国(皇)家与儒家"的合一。这就是中国的封建制为何称为"家产制"的缘由。西方的封建制与中国则有着本质上的不同,以"庄园主经济"为特征的西方封建生产关系体系,是以"法"作为保障机制,土地及财产不属于皇帝一人,而授权于庄园主或有功之臣,世代可以相传。"庄园主经济"以及西方的地方封建割据制度,使得"分权结构"成为当时西方权力体制的主要特征,因此马克斯·韦伯认为中国的封建制度与西方截然不同,中国严格意义上没有经过封建社会,它实行的是高度中央专制的"家产制",西方则实行的是完全意义上的分权式的"封建制"[①]。

二 人格化权力

对"家产化"权力首先造成冲击的是明末时期王夫之、顾炎武等知识分子对封建集权的有力抨击,以及商品经济开始萌芽和科学技术的发展都开始瓦解封建"家产化"权力大厦。然而清朝政权的确立是以较中原农耕文化落后的游牧文化作为执政基础,面对中原广袤的土地山河,以及庞大的中原人口,满族统治者最有效也是最直接的办法就是采取较以往更为严酷的军事控制和严刑酷法制度,以更加残酷的中央专制绝对化集权主义来压制已经稍有起色的中国新式思想和经济技术的兴起,这种观点或许也可以解释为何中国封建专制要甚于西方的原因之一。中国的"家产制"真正受到影响始于洋务运动,维新运动采取的"开明专制"改革,清末新政中的"君主立宪制"改革,以致辛亥革命后"多党议会制"改革,然而以上三项政治选择皆因"法不当时,制不合律"而先后夭折。之后无论是孙中山党的高度一致和效忠来深化其统治权威,还是袁世凯的"新权威主义权力体制"都是沿用中国传统"家产制"的有效影响而推动革命或中国现代

---

① [德]马克斯·韦伯:《儒教与道教》,洪天富译,江苏人民出版社 2010 年版。

化的选择，亨廷顿认为："现代化对一个分散的组织薄弱的和封建的传统体制的第一个挑战，典型的是集中必要的权力以在传统社会和传统经济中造就变革"①。这种于"家产化权力"有继承之处，却又有着目标任务不同的权力结构，有学者称之为"人格化权力结构"。陈红太指出"当代中国政治过程中还有一个重要特性，就是非法定的体制化结构之外的人格化结构对于决策和执行过程的影响，人格化结构是指政治过程中与政治角色之间的个人关系紧密相连的政治权力结构，它的影响在毛泽东时代基本起着决定作用的因素"②。胡伟也认为"在人格化结构中政治权力在很大程度上依附于政治体系中的人际关系，而不是取决于法定政治机构的职位，而政治体系中的人际关系又基于不同政治角色的人格因素"③。这种人格化权力结构与马克斯·韦伯所讨论的"权力合法性基础中的克里斯玛型统治即魅力型统治方式"一致。它虽然较之于"传统型统治方式——皇权专制"已经有了较大进步，但毕竟还属于由传统向现代"法治型统治方式"的过渡阶段，遗传有传统方式的很多专制色彩。

三 体制化权力

人格化权力是与大一统的计划经济模式相符合，遵从的是服从、一致与高效。当承认私有制和注重个体权利的市场经济模式兴起之后，高效集中的人格化权力结构便开始瓦解。亨廷顿认为继权力在现代化第一个挑战中的必要作为之后的接着第二个问题是在该体制中扩大权力，以吸收新近动员起来的参政国体，从而创立一个现代体制④。陈红太也认为，"随着中国改革开放和法治进程的不断推进，人格化结构正向体制化结构转型"⑤。这种转型的开始，首先是由个人的权力向某一代理统治机构转移，在决策层这一块是向党（基层组织）转移，在执行这一块则是向"单位"（国有企事业单位）转移，所以在中国权力政治过程中，中央便通过党的基层组织和国有企事业单位"两条腿"来完成决策的运作和执行。因而

---

① ［美］亨廷顿：《变化社会中的政治秩序》，王冠华等译，上海人民出版社2008年版，第121页。
② 陈红太：《中国传统政治与现代公民政治》，《文史哲》2004年第1期。
③ 胡伟：《政府过程》，浙江人民出版社1998年版，第139页。
④ ［美］亨廷顿：《变化社会中的政治秩序》，王冠华等译，上海人民出版社2008年版，第121页。
⑤ 陈红太：《中国传统政治与现代公民政治》，《文史哲》2004年第1期。

整体化分散治理

权力由传统向现代转型中,由于还难以完全实行西方式的纯粹的多党议会制,在这一过程中,取而代之的是政治权力合法性代表机构——党和社会权力合法性代表机构——国有企事业单位,所以对于党组织来说,中央将党的基层组织看成是"党在社会组织中的战斗堡垒,是党的全部工作和战斗力的基础"。而国有企事业单位亦在政治社会化、政治沟通、政治动员、政治调控等诸多政治生活领域发挥着社会政治整合的功能。党和政府依靠这些单位"牢牢"将"单位人"控制和包围在党的统治影响力之内(见表2-1)。

表2-1　中国共产党基层党组织发展情况(截至2014年底)

	总数	已建立数	占比(%)
城市街道	7567	7565	99.97
乡镇	32756	32753	99.99
社区(居委会)	93018	92581	99.53
建制村	577336	577273	99.99
机关	23.7万	23.6万	99.6
事业单位	54.6万	50.6	92.7
公有制企业	21.3万	19.4万	91.0
非公有制企业	297.3万	157.9万	53.1
社会组织	43.9万	18.4万	41.9

注:据《2014年中国共产党党内统计公报》,《中国组织人事报》2015年7月1日第5版。

四　社会化权力

如果说这种权力控制模式适应了革命年代的"一致对外,纪律强政"的需要(尤其指党组织),那么随着市场经济的进一步完善,这种模式开始消解。对于党组织来说,一是党政分开的呼声开始出现,在学界内,许多学者从理论与实践角度进行论证,并积极呼吁改革。高放指出:"可以说,这一点上我们改革是没有多少前进,甚至党政企职能交叉、互相扯皮的问题,在某种程度上说比七八十年代更严重了。"[1] 而从体制内发出的最大影

---

[1] 《关于加快政治体制改革的若干问题》,爱思想网(http://www.aisixiang.com/data/35860.html)。

第二章 权治结构转型下的政社分开路径选择

响的声音是1986年邓小平指出政治体制改革的内容，"首先是党政要分开，解决党如何善于领导的问题。这是关键，要放在第一位"。① 十三大报告进一步指出："党政分开即党政职能分开。"二是党开始由"革命党"向"执政党"的转型，由于市场经济新经济要素，社会阶层的结构改变以及文化意识的多元化发展，都促使了这一转型实现，围绕这一转型，中心议题是私有企业者是否可以入党？这种学界和社会上的争论最终导致2001年纪念中国共产党80周年大会上江泽民对私有企业主的定论"他们与工人，农民，知识分子，干部和解放军团结一起，他们也是有中国特色社会主义事业的建设者"，2002年，中国共产党第十六次全国代表大会通过了《中国共产党章程（修正案）》正式规定和允许私有企业主入党，并以"三个代表"的理论作为这一转型的支撑依据。这种基础性变化也对党通过基层组织和国有企事业单位传统模式造成了冲击，最终结果是，党政分开虽未真正实现，但却促使了党内民主和党向政府的权力转移，党与政府的分工是"掌舵"和"划桨"的角色区别，主要起着组织、政治和思想三方面的领导，党的执政方式也开始向依法执政、科学执政和民主执政转变，而国有企事业单位，也由于国有企业改革，城乡户籍改革和农民工、大学生等流动人口的大量出现，而开始削弱原有执政功能。但是，至此人格化权力结构向体制化权力结构转型还未完全实现，即转型后权力运行的新载体未出现。

这就是要发现或创造政府下放权力后所接收权力和继续运用这个权力的对象，这个对象生存于社会，是社会运转的主体，即公民与社会组织。公民是分散化的、孤立的个人，以实力难以很好地承载这种权力，因而重任便寄托于社会组织身上。王颖等在《社会中间层》指出社会组织正介于国家与公民之间来承担社会职能的重要载体。俞可平提出"公民社会与善治"，何增科提出"公民社会与治理"，刘明珍提出"公民社会与治理转型"等命题②都反映了社会组织作为权力新主体参与社会治理的重要角色，这就是亨廷顿认为在权力体制阶段确立后，"在此后一个阶段的该体制就面临着参政团体进一步要求分散权力并在各团体机构之间确立相互

---

① 《邓小平文选》第3卷，人民出版社1993年版，第177页。
② 王颖、折晓叶、孙炳耀：《社会中间层——改革与中国的社团组织》，中国发展出版社1993年版；俞可平：《治理与善治》，社会科学文献出版社2000年版；何增科：《公民社会与民主治理》，中央编译出版社2007年版；刘明珍：《公民社会与治理转型——发展中国家的视角》，中央编译出版社2008年版。

整体化分散治理

制约的制度"①。但是载体及其权力的真正良好运作,并不是一蹴而就,第一步即要推动实现政社分开。政社分开理论与实践已经时有久长,其真正开端于国家政策层面是2002年全国各地进行的政府与行业协会分开,这也是与市场经济发展要求紧密相连,使行业协会这种经济色彩的社会组织率先与政府分开,从而为市场经济的自由市场形成和公平竞争提供中间力量,之后随着改革的深入,政治与社会层面的需求也开始呈现出来,2007年,重庆、上海、北京、广东等地先后开展了政府与除行业协会以外的专业性或联合性社会团体实现分离。然而第二次分离并不顺利,原因有二:一是在分离中,未能照顾到社会组织的本身成长规律,忽视了未成熟或发展初期的社会组织的弱势性,从而导致社会组织发展受阻;二是分离只强调了政府层面,而广义上的政府还应包括政党,且政党在中国的特殊重要位置,决定了如无政党与社会组织的有效分离,则政社分开的改革并不完全彻底。因而在政社分开第一步后,第二步则应加强社会组织的培育,这是社会权力的主要载体,郑琦在《论公民共同体:共同体生成与政府培育作用研究》中认为政府在政社分开后社会组织发展中起着重要的积极推动作用,是"发展中社会组织"或"后发展社会组织"的重要发展模式。并且还应改善社会组织与党的关系,促进党的科学有效放权。② 第三步则开始实施党政机关向社会组织放权,因为通过政社分开,社会组织已经可以自由且独立地运用这个权力,而不受行政方面的干涉,通过培育进而壮大的社会组织也有能力和实力来承担这种权力的正常顺利运行,康晓光在《权力的转移——转型中国权力格局变迁研究》中研究了1978—1998年20年来的权力转移进程,这段时间转移的不足或主要问题,即是1998年前中国社会组织发展还刚刚起步,还不具备承担权力转移的能力,因而这种转移是不成功的③。时至今日,我们重新面对这一问题,局面已经好于当时,但问题仍不能忽视。至此我们可以认为转移后的权力可以称之为社会化结构权力,它是与政府权力相对应的另一种权力,不是复制,而是变体,郭道晖为此提出了"社会权力"命题,在其《社

---

① [美]亨廷顿:《变化社会中的政治秩序》,王冠华等译,上海人民出版社2008年版,第121页。

② 郑琦:《论公民共同体——共同体生成与政府培育作用研究》,中国社会出版社2011年版。

③ 康晓光:《权力的转移——转型中国权力格局变迁研究》,浙江人民出版社1999年版。

会权力与公民社会》一书中专门论述了"社会权力"的概念含义特征以及与社会组织的关系,并分析了权力历史分化、国家权力社会化以及权力多元化与社会化的意义等,为社会化权力结构奠定了理论基础[1]。另外,社会权力不仅成为社会职能运作的重要力量和工具,也是用来"制约政府权力"的有效机制。[2] 然而理论往往超前于现实,如何实现理论与现实的真正接轨,还应建立社会化权力结构有效运行的制度保障,这是未来我们面对的主要任务和重要挑战。

第二节 权威结构转型:专断主义—权威主义—复调主义

如果说权力是左右他人的能力或影响力,那么权威则是权力如何更好或更有力地控制和影响他人的合法性基础。在俞可平主编的《政治学教程》一书中如此解释权力与权威:"权力:政治秩序何以可能,暴力的;权威:政治秩序何以持久,非暴力的,或称之为合法的权力。"[3]

一 专断主义

在古代中国,权威基本上与权力是同一含义,因为皇帝的权力至高无上,君权神授,不允许任何质疑和贬低,权威也自然同样具有绝对性,不可颠覆,这种高度的至上性和集中性的权威形式,我们可以称之为专断主义。专断主义的第一种表现形式或形成路径是政教合一。在春秋战国时期,思想上百家争鸣,领地上封建割据,至秦始皇灭六国,中国实现了地理意义上的统一,至汉武帝时期,董仲舒罢黜百家、独尊儒术,儒家思想成为国家正统统治思想,从而中国实现了精神上的统一,而到隋炀帝时期建立了科举制度,儒家思想正式用制度的方式得以确立和巩固,即从制度上实现了统一。专断主义的第二种形成路径或表现形式是政经合一,中国封建社会实行的是地主经济,其特征是土地归君主所有,这就使得土地的使用者地主或农民不愿在土地上过多地投入,因而粮食难以高产,用于交

---

[1] 郭道晖:《社会权力与公民社会》,译林出版社 2009 年版。
[2] 张新光:《论社会制约权力》,《浙江师范大学学报》(社会科学版) 2006 年第 4 期;宋鑫华、周玉琴:《公民社会:制约政府权力的第三道防线》,《学习与实践》2007 年第 5 期。
[3] 俞可平:《政治学教程》,高等教育出版社 2010 年版,第 45 页。

整体化分散治理

易的多余粮食较少,并且由于土地不属于使用者,他们也不乐于将粮食用于交易,因为土地说不准在什么时候突然被统治者召回,因而他们更愿意将其储存。由于粮食作物不能上市交易,也就产生不了商品,没有商品也就没有货币的必要,也就没有商品交易的市场,没有市场就产生不了市场的载体——城市,没有城市就无市民,也就没有市民社会。中国的封建社会为什么一直屹立不倒,就是因为没有瓦解强大封建基础的异质力量——市民社会,从而就难以在中国实行资本主义。从洋务运动、维新运动、清末新政到辛亥革命历次资本主义革命都失败的根本原因也都是没有革命的基础。这种失败的结局造成了当时中国资本市场的劣根性,即封建色彩浓重,资本主义经济带有严重的官僚色彩,以行政方式或者专制的方式运营经济,这种经济上的专断主义即政经合一,也使得传统权威至高无上,不可动摇。专断主义的第三种形成进路或表现形式是家国合一。由于中国封建经济是典型的小农经济,小农经济的特征就是自给自足,生产分散性,无竞争性,生产关系薄弱,无组织力。弱小、分散化的农民无以与强大的国家相对抗,广而博大的国家将小而分散的小家完全淹没,农民在得以保全小家性命之外,生活中的全部意义也只有国家了。然而,没有公民社会为民请命,民众何以保持与国家的不平等关系,也即农民何以在高压制的国家屋檐下得以生存,钱穆对此深有见解,"中国古代的人生是唯理,是一切前定的,因此人生只许有公,即群众与阶级,而不许有私,即个人和小社团。公的便是理,私的便是欲。以公克私,以理克欲,是宋儒提出来的。但宋儒是要每个人从其内心中代表公的理的部分,自己用力,来克服内心中代表私的欲的部分。那仍是属于个人自身自心事,属于个人之道德范围、自由范围内。现在则在人的外面,用群众来抑制个人,这是一种社会的、外力的、从高压下的。因此宋儒仍不脱宗教性,而近代西方唯理(物)论者,则转成政治性。"[1] 这也就是说,面对如此强大的外部国家专制压力,中国人唯有从内心深处自我消解和释然,内心有一种"自由"的自我解脱的方式途径,而不被外力完全控制。或者说封建社会的中国皇帝的专制权威不仅表现于残酷和森严的等级控制,它更是将这种权威主义通过"君君、臣臣、夫夫、子子"而化之于人的内心深处,如果假设暂时撤掉国家这种外力,人的内心中也自有一套权威主义来控制着自己的举

---

[1] 钱穆:《中国思想通俗讲话》,生活·读书·新知三联书店2005年版,第240页。

止言行,思想倾向。钱穆所说的封建社会中国人心中的自我释化的方式,并无真正自由含义,与真正的公民社会的前提"自由"是截然不同的,公民社会的自由精神必然基于人的身体与心灵的双重独立性自由,不受统治权威所左右,它遵循的只有法律的权威。这种专断主义权威模式下所形成的民众只能称之为"臣民",是绝对产生不出现代意义上的"公民"。

二 权威主义

专断主义权力模式第一次冲击,是"洋务运动"和"维新运动"时期进行的开明专制制度,所谓"开明"的专制,是在保留皇帝绝大部分权力基础上,因经济与社会的发展需求,在教育体制、机构改革、实业振兴等方面,向社会进行了适当放权,这次改革因触动封建顽固势力,且无力自保而失败。接着,清政府又进行了一次政治努力,即进行"君主立宪制改革",然而在改革中,清政府将学习的对象日本,换为同样实行君主立宪制的英国,但问题是日本的君主立宪制是保留了天皇的大部分权力,而英国实行的是分权制,皇帝几无实权。这同样使得清末宪政改革因走得疾速,不合时宜,也遭失败。之后,辛亥革命的多党议会制,更是反映了在学习美国先进民主政治制度时,鼓励党派、社团在中国的大力发展并参加政治议会,但中国因缺乏"民主规则"的传统,纷乱的政治社团运动却导致了政治与社会的无序状态。如何解决权力下放而带来的权力滥用和失序状态?历史又一次选择了向传统回归。但这次回归并没有还原绝对的专断权力主义,而是袁世凯的军事强人权威主义模式。这种权威主义政治模式虽然还具有封建专制主义色彩,但在中国前几次政治选择而造成的混乱无序状态,是一次稳定性整顿。邓正来等指出:"政治变革导致权威的合法性危机,进而引起社会结构的解体、普遍的失范、甚或国家的分裂;作为对这种失序状态的回应和补救,政治结构往往向传统回归,借助军事力量并用原有的或改造过的象征性符号系统来解决合法性危机的问题,这又使政治结构转型胎死腹中。"[①] 萧功秦认为权威主义政体不同于专制政体的一个重要特点在于,"它承诺它的使命就在于通过稳定政治秩序,发展经济,并为未来的民主政治打下基础"。"新权威主义通过铁腕

---

① 邓正来、景跃进:《建构中国的市民社会》,《中国社会科学季刊》(中国香港)1992年第1期。

的手段实现了政治稳定,通过政治稳定来吸引国内外投资来发展本国市场化的经济,通过经济发展来促进社会利益的多元化,通过社会利益的多元化,在各利益集团与阶层之间,形成了契约型的法制为基础的人际结构,在多元利益主体互相之间,形成'讨价还价'(bargaining)的协商机制。正是这种协商机制与契约型的关系,才是现代民主政治的真正基础。"[1]但是从另一方面来说,袁世凯的军事强人权威主义其专制统治程度却由于高度集权而压制了社团的发展。相反在之前,由于清末几次政治改革,国家权力下降,强力政权又未建立,社会往往得以发展。正如章开沅为虞和平著《商会与中国早期现代化》一书撰写的序言所说:"中国商会稍能奋发有为并体现独立品格的岁月,多半是在中央政府衰微或统一的政治中心已不复存在的时期,及至相对稳定与统一的中央政府建立以后,它反而堕为附庸,湮没独立品格,很难有大的作为。前者如清末立宪运动时期、北洋军阀混战时期,商会在经济、政治、文化生活中,均曾扮演过相当积极的角色。"[2] 因而袁世凯的权威主义政治客观上为民主政治的现代化发展起了导向作用,但也由于短期的强权效应,也为刚刚兴起的社团发展带来了压抑困境。这种权威主义对社团的控制并未随袁世凯政权结束而终止,及至国民党的统治时期,采取的"党国权威主义",其强权统治更为严厉。蒋介石用"一个领袖、一个主义、一个政党"三位一体的国家主义权威政治,以新型军事力量,"类列宁主义政党"和国家主义意识形态,来加强自己的权威统治基础。在国民党权威政权建立后,首先是取消地方自治,强令解散各种民间自治团体,旋即又采取种种措施加强对民间社会团体的监督与控制,力图使民间团体丧失原有的独立性与自主性,成为其御用工具,"如南京国民政府成立以后,曾经对辛亥革命、肇建民国乃至所谓国民革命有所贡献的商会,反而只能仰承政府的鼻息,甚至连仅仅具有象征意义的商团武装也被解除了。这是由于中央集权乃是中国的传统政治体制,统治者注意加强归于一统的各级政府,却无意(甚至害怕)扶植各种社会团体的独立、健康发展"[3]。1930 年 7 月,国民党中央常务委员会发布了"修正人民团体组织方案",严格规定任何民间团体必须"接

---

[1] 萧功秦:《20 世纪中国的六次政治选择》,《领导者》2007 年第 16 期。
[2] 虞和平:《商会与中国早期现代化》,上海人民出版社 1993 年版,第 3 页。
[3] 同上。

受中国国民党之指导，遵守国家法律，服从政府命令"，另外对民间团体的集会也作出了强制性规定："除例会外，各项会议，须得当地高级党部及主管官署之许可，方可召集。"① 国民党还下令对同业公会与商会进行整顿。"据当时全国商会联合会1930年10月报告的国内外商会数，国内共有2246个，国外中华商会也有50个。整顿之后的商会数，截至1933年8月底，国内正式向实业部备案的仅407个，海外中华商会23个，暂准备案的国内商会173个，海外23个"②。新中国成立后，建立了社会主义制度，民主制度从形式上有了历史性进步，然而由于历史的局限，先进的制度却因社会和文化等因素发展滞后。民主程度本质上还处于较为初期阶段，权威主义仍是这段时间主流，为了维护刚刚成立的还较为脆弱的政权和不太稳定的社会秩序，并迅速摆脱封建社会和官僚资本主义以及外来侵略所留下的国家衰败景象，国家采取了比以往任何时候都更为全面性的控制和渗透。

三　复调主义

然而，权威主义结构的社会发展模式，并不是纯粹由一个阶段进入另一个纯粹的阶段，每一个阶段的艰难过程中必然隐含着积极的因素，而顺利的过程中也滞留着消极的因素。这就是马克思所指出的，当新的事物出现时，旧的传统还未完全消失，而旧的事物盛行时，新的要素已经在悄悄酝酿。这是历史的复合发展规律。乔耀章将这种复合社会形式称之为"多质态社会"即"指某一个特定社会由多种性质、多种本质、多种特质和状态构成的极其复杂的社会有机体"③。这种特征在一个国家由传统向现代化过渡的时期，表现得更为明显。权威主义结构发展严格划界来说，在中国近现代、当代先后经历了专断主义、权威主义和民主主义三个阶段。这三个阶段对应地也正如马克斯·韦伯对权威的三种划分，即传统型权威、魅力型权威和法治型权威，而如果从社团发展角度分析，则可称之为国家主义、法团主义和多元主义三个阶段。然而这是人为的划分，目的是为了更清晰地发现其发展的特征和内在规律，以及有利于学术话语的沟

---

① 黄逸峰等：《旧中国的民族资产阶级》，江苏古籍出版社1990年版，第372页。
② 同上。
③ 乔耀章：《多质态社会管理中的共同性与差异性》，《甘肃社会科学》2012年第4期。

整体化分散治理

通。但历史并未给出严格的界限。在以国家主义为主的民国时期及新中国成立初期（改革开放前），法团主义也在一定程度上扮演了国家主义的辅助工具，或者说也是国家主义者未来或有时一定程度上追求的间接目标。从国家主义的概念来看"国家主义是指以国家的意志、需求、规则为理念中心，统治领域内的一切事物，必须以国家为运行原则，国家主义一定程度上反映了统治者的专断专制，另一方面也是社会由传统向现代过渡中所付出的'保护费'代价，国家主义维护的统一和秩序，同时也为社会的发展提供了和平的保障"。因而国家主义又客观上成了社会因素进一步发展的导向或保护者。而从施密特对法团主义解释来看，"法团主义将公民社会中的组织化利益联合到国家的决策结构中"，"这个利益代表系统由一些组织化的功能单位构成，它们被组合进一个有明确责任（义务）的、数量限定的、非竞争性的、有层级秩序的，功能分化的结构安排之中。这些功能单位得到国家的认可（如果不是由国家建立的话），它们被授予本领域内的绝对代表地位，作为交换，它们的需求表达、领袖选择、组织支持等方面的行动受到国家的一定控制"[1]。可见，法团主义一个很重要的原则，即是"强国家"思想，社会（社团）发展必须是在国家的掌控之中，为国家的需要服务，遵循国家规则。法团主义保留了国家主义的痕迹或作用，是对国家主义的继承和发展。从改革开放以来，国家对社会能量的释放和培育，也是基于"稳定压倒一切"的渐进式改革中，"一切以经济建设为中心"的基础上的文化、社会发展都是不能过度触动政治国家这一基础的统治根基。但这都不能阻挡更先进的民主主义在中国的萌芽。经济的发展，必然需要破除重组市场道路上的一切政治障碍，市场经济运作的基本载体——公民社会也必然登上历史的舞台，这就是民主主义发展的历史动力。也就是说，法团主义的内部也滋生着民主主义的萌芽，沃夫冈·斯特里克曾指出："传统的定式界定公民社会结束的地方是国家的开始的地方，已经丧失了实用性，……实证的图片是一个多元主义与法团主义要素混合在一起的复杂局面，国家和协会都有时将自己界定为

---

[1] Schmitter, Still the Century of Corporatism? In Frederick B. Pike and Thomas Stritch (eds.), The New Corporatism: Social-Political Structures in the Iberian World, University of Vortre Pame Press, 1974, pp. 85 – 131.

多元主义的，有时又界定为是法团主义的"①。如果我们把每一个阶段进一步细分，这种复调发展谱系则会更明了。首先，中国自近代以来经历了洋务、维新时期的开明专制改革，清末新政时期的君主立宪改革，辛亥革命时期的多党议会改革，袁世凯时期的军人权威政体，民国时期的党国权威政体，新中国成立初期的全能主义国家政体等等，这一系列发展阶段有一个清晰的脉络就是国家主义，但也有一个过程，那就是对国家主义的变革，每一次变革，都为前国家主义模式注入新的要素，都有着向更高、更先进制度的追求。法团主义亦是如此，按照法团主义本身发展阶段，则有着国家法团主义、社会法团主义和民主法团主义三个阶段。国家法团主义强调自上而下的政府对利益集团的控制，社会法团主义则强调利益集团自下而上的参与，民主法团主义则更注重国家引导下的国家与社会合作。改革开放以来，中国采取的社团发展战略，一定程度上可视之为国家法团主义，21世纪以来，则更证显了社会法团主义模式，当前随着"社会管理创新"战略的提出，简政放权改革的进一步推动，民主法团主义也开始崭露头角，而无论国家法团主义、社会法团主义还是民主法团主义三者的发展也并不是全然前后相续，而是存在发展中的相互依续，相互砥砺状态，再者民主主义政权模式，也体现了从多元主义向协商主义再向自由主义的发展历程。这一历程是权威的不断消解和异化的过程。多元主义第一次将权威较为彻底地去中心化、去主体化，权威被分解为多个中心主义，社会组织也由此具有了社会权力的合法性，但是多元主义只是在具有垄断地位的国家、精英利益集团或个人之间进行的分化，普遍公民并未从中得到权威分解后的分配。因而协商主义则以体现民众话语权为诉求，对多元主义进一步瓦解和改进，协商主义为草根公民或社会组织提供了话语空间和制度平台，同时也为自由主义的兴起埋下了伏笔。

但是这种复调主义的分析并不能全面解剖中国的权威结构演变路线图，或者说将复调主义的含义放到世界范围的视野中来，或许看得更加分明清晰。首先是从法团主义向多元主义过渡，还是多元主义向法团主义过渡。西方法团主义的建构前提是个体权利基础上的利益团体分化，进而以公共责任来约束个人自由。"作为社会人，每个个体对结社权的使用结成

---

① Wolfgang Streeck, Between Pluralism and Corporatism: German Business Associations and the State, Journal of Public Policy, Vol. 3, No. 3 (Aug., 1983), pp. 265 – 283.

不同的利益团体，其中，对宏观经济发展和社会公共利益有影响的利益团体被结构化为政治社会团体，纳入国家的公共利益提取制度渠道中来，这些利益团体被政府赋权，如某一领域的唯一代表身份等，相应地也承担着一定的公共责任，对公共政策的绩效有所贡献。"[1] 而我国"社会组织的官民二重性并不是建立在利益团体分化基础上，而是建立在政府权力分化的基础上"，因此"我们需要的首先是国家权力从社会组织中剥离出来，在划清政府与社会组织的功能的基础上，在社会横向组织发展相对稳定的基础上，来探索利益组织化表达和公共利益提取制度化的通道。否则，如果我们在价值取向上还没有搞清楚政府职能和社会组织功能的定位、在国家权力和社会领域私权利还没有形成相互制衡的原则和机制，就转而提倡法团主义模式的话，对处于社会深刻变革过程中社会组织的健康发展是有不可逆转的损害的"[2]。同样在由自由主义向多元主义再向协商主义过渡，还是反而行之。西方国家是沿用了前者路线，即先确立了自由的先天性前提，然后加入民主元素，发展成多元主义和协商主义，而我国反之且不尽其然。新中国成立以来，中国共产党领导思维一直是民主集中制，中国政治的突破也是集中下的民主化进程，即由基层民主向顶层民主推进，由党内民主向大众民主演进。综上所述，复调主义有着纵向上的前后交叉继承，横向上也有着左右包含融合，它不仅是一种总体上的由传统向现代的发展，甚至短期内还有着隐退复现。同时复调主义，也因不同地域，甚至小到不同空间都可产生出不同的色彩叠峦。

第三节　权变结构转型：策略—战略—发展观

权变管理理论（contingency theory of management）是 20 世纪 70 年代在美国形成的一种管理理论。这一理论的核心就是力图研究组织的各子系统内部和各子系统之间的相互关系，以及组织和它所处的环境之间的联系，并确定这种变数的关系类型和结构类型。它强调在管理中要根据组织所处的内外部条件随机而变，针对不同的具体条件寻求不同的最合适的管

---

[1] 褚松燕：《政治社会团体之法团主义分析框架评析》，《国家行政学院学报》2010 年第 5 期。

[2] 同上。

理模式、方案或方法。① 权变管理理论一般是应用于企业或微型组织,如果将此理论扩大至国家范畴来分析,它则体现了一个国家组织在外界环境和系统要素变化时所采取的不同方案或策略,而这种权变含义不仅包含了最基本的"随机应变"理念,同时因为国家的特殊主体角色,而带有了国家以"权力"的工具或手段来应对"随机应变"中的特殊作用。即"权力影响下的权变策略"。将这种理论来分析国家对社会组织的权变管理历程,可以总结为从策略到战略再上升到发展观的渐进演变轨迹。

一 策略

策略是具体化的技术路线,是短期时间内的目标需求,以实现应时的效应,中国在对社会组织发展的应对中,策略是一种很重要的治理方式。首先是对社会组织的区别,新中国成立后,为了以最短时间恢复和新建,学习了苏联的治国模式,高度集中的计划经济体制,在政治结构上则是实行严格多级的层级制管理,即中央—省—市—县(区)—乡镇—村社六级,甚至还在省市之间派出机构——地区,区县一级派出区公所,这种严密的层级体制适应了高效集中发展的需要,但却严重阻碍了社会自我结构运行的系统机制。取缔或取消了一切与当时政府体制不相符的社会自治组织,如农会。新中国成立前的农会起到了革命运动的重要作用,但因为"一切权力属农会"的口号,在新中国成立后与国家层级权力产生了冲突,而遭关停。除了国家以政府层级控制社会之外,社会内部也建立了高度行政化的管理体制——单位。国家通过资源所有关系、资源供给关系和权力支配关系来控制单位,单位也通过资源供给关系、身份认定关系、社会地位关系来控制"单位人",从而实现了国家对人的间接控制,由于单位并不是真正独立的利益主体和资源主体,而是国家分配资源的工具和渠道,因此,成员对组织的依赖只是一种表现形式,对国家的依赖才是实质,在传统社会主义模式中,社会成员通过依附于单位组织而高度依附于国家。② 如果说这是国家对人的控制,在社会人的内部也划分了严格的层级:干部—工人—农民。干部掌握着国家的行政权力,在福利待遇、社会

---

① 《权变管理理论》(http://baike.haosou.com/doc/6031142-6244143.html)。
② 孔令栋:《权威与依附——传统社会主义模式下的国家与社会关系》,《文史哲》2000年第6期。

整体化分散治理

地位、权力支配等方面具有优先权或决定权。工人则因其责任和革命贡献也享有了较高的二次分配收入，最底层则是农民，无权、无势、无钱。这种三层级别是普遍分法，在民间还有十级分层，即"十流"：一官、二吏、三僧、四道、五医、六工、七匠、八娼、九儒、十丐。① 层级体制、单位体制和等级体制将社会严格限制在每一层级的牢笼内，很难上下或左右流动，其实这一形式的背后是国家采取的"所有体制"实质。在西方国家土地的所有者（庄园主），资本的所有者（资本家），劳动力的所有者（工人），在中国这一切的所有者只有一个——国家。因而正是由于这种"所有体制"使得国家中的一切人与物，必须在国家体制内生存与发展，社会没有自我生存与发展的空间、政策甚至能力。在这种体制下，社会组织也就没有了存在的可能和必要。改革开放之后，市场经济作用的释放，社会组织表现出其经济中的本能作用，国家基于政策方针的变化对社会组织也开始转变策略，王名等将其形容为"水瓢模型"控制模式。"水瓢模型"认为成立的社团和参加社团活动是公民结社自由的体现。具体来说这种"模型"是通过两条路径来实现的，一条路径是政府的"对社会组织双重管理体制"，1989年颁布的《社会团体登记管理体制》要求任何社会组织必须同时接受同级民政部门登记管理和主管单位的双重管理，这种体制将大量没有资格、没有挂靠单位和没有合法基础的社会组织排除在外。另一条路径是党的"吸纳—渗透"策略。1998年中央组织部与民政部联合下发《关于在社会团体中建立党组织有关问题的通知》，规定"社会团体在筹备过程中就应建立党的组织问题，业务主管部门或挂靠单位应了解和掌握社会团体的情况，对应当建立党的基层组织而没有建立的，要帮助其尽快建立"。2000年中央组织部又单独下达了《关于加强社会团体党的建设工作的意见》，规定："凡经政府社会团体登记管理机关核准登记的社会团体，其常设办公机构专职人员（包括长期聘用人员）中有正式党员三人以上，即应及时建立党的基层组织，正式党员不足三人的，可与同一业务主管单位所属的其他社会团体或其他邻近单位建立联合党支部，对暂不具备建立党组织条件的社会团体，上级党组织可以向该团体选派、输送、推荐符合条件的党员，为社会团体单独建立党组织创造条件。"如果将国家对社会组织管理用更具体的指标来描述，如表2-2所示。

---

① 三教九流（http：//www.baike.com/wiki/）。

第二章 权治结构转型下的政社分开路径选择

表2-2　　　　　　　政府对各类社会组织的管理策略

	登记管理	治理结构管理	日常活动管理	资源管理
工会组织	国家自上而下强制组建，并颁布《工会法》予以规范，具有工会组织的组建权；基层工会要接受上级工会及同级党委领导，总工会接受党中央领导	工会主席由同级党委副书记兼任；工会副主席由所在企业党政部门任命；重大活动由上级工会系统及党政部门安排	国企基层工会日常活动以执行上级工会布置的任务为主，并接受上级工会组织的监督评估，外事活动需经同级党政部门审批；合资、民营企业工会日常活动以文体活动为主，主要接受资方领导	人员编制、福利待遇由所在企业的党政部门或资方决定，工资由所在单位发放，办公设施由所在单位提供；《工会法》对活动经费来源作出了明确的规定，以所在单位拨付为主
协会组织	组织成立受到政府鼓励，但成立时需经业务主管单位同意，并在民政部门登记注册；具有社团法人资格，需接受年检	设有理事会，但理事会不是决策机构，而是"通过"机构；协会重大活动事先需经主管单位审批；主要负责人由组织与主管单位协商后提名、并经理事会通过后产生	日常活动由秘书处自主开展，但需告知主管部门，并接受有关部门检查；外事活动需经主管单位审批；需要接受理事会的监督	部分协会的人员编制、员工福利待遇受到有关单位的控制，沿海地区部分协会的人事、人员的福利待遇由组织自主决定；经费主要来自会费和各种服务性收入，有偿收入要按规定交纳税费
宗教组织	组织成立需经政府部门审批，取得社团法人资格，并纳入三自教会，接受年检；政府对未经审批的教会进行打击、取缔	主要负责人由教会任命，但与政府关系良好，并少有更换，有的负责人被吸纳为政协委员；重大活动由教会决定，但须经政府审批	聚会地点需经政府审批，聚会时间、内容需在政府部门备案；外事活动需经政府部门审批，并受到严格限制；需要接受政府部门的监督检查	专职人员的情况需在政府部门备案；经费主要依靠教会自筹，政府没有给予资助；政府严格限制教会接收海外资助
社区组织	政府自上而下强制组建，并颁布《居民委员会组织法》予以规范；居民委员会的工作要接受人民政府或其派出机关的指导，其职责是协助人民政府或其派出机关开展工作	普通居委会人员由居民代表选举产生，但选举过程基本在上级部门的控制之中；单位制居委会人员以单位任命为主；重要活动由上级部门布置	政府法规对居委会的日常活动作了明确规定；日常活动以街道布置的任务为主，并接受街道的监督检查	普通居委会的人员编制、福利待遇由街道决定，工资由街道发放，活动经费以街道拨付为主；单位制居委会的人员编制、人员的福利待遇由单位决定，工资由单位发放，活动经费以单位和街道拨付为主

· 55 ·

整体化分散治理

续表

	登记管理	治理结构管理	日常活动管理	资源管理
官办NGOs	由政府发起筹建，具有社团法人资格；被纳入"双重管理体系"，每年要接受民政部门年检	设有理事会，理事会是由政府官员及社会名流组成；组织实行会长领导下的秘书长负责制，会长的产生需要与政府部门反复商议后决定，并且会长多为前政府要员；重大活动须经业务主管单位审批	政府有关部门经常对基金会活动作出指示；项目的实施与管理多靠各级行政系统完成；需要接受有关政府部门的监督检查	组织的负责人、理事多为前政府要员担任，主要负责人有国家编制；成立之后组织的经费来源受到政府部门的强有力支持；开展的活动得到国内主要官方媒体的广泛报道
草根NGOs	组织自发产生，政府限制组织取得社团法人身份，组织只能注册为企业法人，接受工商部门年检	组织负责人由组织自行决定；重大决策由负责人决定；部分组织设有理事会，但对组织的影响不大	按照工商部门的规定定期上报组织的财务状况，接受工商部门的监督检查；日常活动由组织自主开展，很少受到其他政府部门的干预	人员编制、员工福利待遇由组织决定，工资由组织发放；没有受到政府部门的财政支持，收入所得要按照工商部门的规定交纳税费
非正式组织	组织自发产生，成立时没有受到政府部门的直接控制（单位、社区内部的组织需在本单位、社区内登记）；组织没有法人身份，也没有年检	组织的负责人由组织内部自发产生，没有受到政府部门和所在单位的干预；重要活动由组织自身决定	日常活动由组织自主开展，很少受到其他部门的干涉	活动的组织者义务性为大家服务，没有报酬；单位、社区内部的兴趣组织受到单位的资助

资料来源：据康晓光：《分类控制：当前中国大陆国家与社会关系研究》，2010年4月5日（http://www.rujiazg.com/article）。

从表2-2可以发现，除了国家对社会组织采取严密的控制措施外，对不同类社会组织所采取的控制方式又有所区别，这就是国家在控制社会组织发展基础上的又一政策选择"选择性限制"。康晓光认为政府对具有不同挑战能力的社会组织采取了不同的控制策略，比如对工会和社区居委会组织（具有较强的潜在挑战能力），政府的策略是将其作为"准政府组织"；对宗教组织（具有较强的潜在挑战能力），政府策略不限制发展；对协会，商会和官办 NGO（潜在挑战能力较弱），政府的策略是鼓励和支持；对草根 NGO 和非正式组织（潜在挑战能力较弱），政府的态度是不加干预；而对政治反对组织（表现出公开的现实挑战），政府的策略是禁止和取缔。① 以社会智库为例，曾经在 20 世纪 90 年代，中国社会智库有了一次较大的发展，如中国经济研究中心、北京大军经济观察研究中心等，然而在 2005 年上半年，国家工商总局对注册企业名称进行了一次规范化行动，许多社会智库因此而先后注销，智库专家仲大军说："大多数民间研究机构的学者往往不能上电视，不能出镜，不能成为政府机构的座上宾，难以成为社会热点人物"。"目前中国社会智库数量占智库总数的 5%，规模很小，最大的也只有 20 人左右，年运作资金仅约 200 万元（人民币）。"② 我们还可以通过数据来分析这一现象（见表 2-3）。

表 2-3　　1988—2015 年中国民间组织数量和年增长量

年份	社会团体（个）	民办非企业（个）	基金会（个）	社团年增长率（%）	民办非企业年增长率（%）	基金会年增长率（%）
1988	4446					
1989	4544			2.2		
1990	10855			138		
1991	82814			662		
1992	154502			86.6		
1993	167506			8.4		
1994	174060			3.9		
1995	180583			3.7		
1996	184821			2.3		
1997	181318			-1.6		
1998	165600			-9.0		
1999	136764	5901		-9.0		
2000	130668	22654		-4.6	28.3	
2001	128805	82134		-1.6	25.6	

---

① 康晓光、韩恒：《分类控制：当前大陆国家与社会关系研究》，《开放时代》2008 年第 2 期。

② 苏劲松：《中国智库生存调查》，《侨报》2009 年 7 月 3 日。

整体化分散治理

续表

指标 年份	社会团体 （个）	民办非企业 （个）	基金会 （个）	社团年增长率（%）	民办非企业年增长率（%）	基金会年增长率（%）
2002	133297	111212		3.1	35.4	
2003	141167	124491	954	6.8	11.7	
2004	153359	135181	892	7.7	8.9	-6.9
2005	171150	147637	975	11.8	9.2	9.3
2006	191946	161303	1144	12.3	8.8	17.3
2007	23（万）	173915	1340	10.4	8.1	17.1
2008	229681	182382	1597	8.5	4.6	19.2
2009	23.5（万）	18.8（万）	1780	6.8	5.6	11.4
2010	24.5（万）	19.0（万）	2200	4.3	1.1	23.6
2011	25.5（万）	20.4（万）	2614	4.1	7.4	18.8
2012	27.1（万）	22.5（万）	3029	6.3	10.1	15.9
2013	28.9（万）	25.5（万）	3549	6.6	13.1	17.3
2014	31.0（万）	29.2（万）	4117	7.2	14.7	16.0
2015	32.9（万）	32.9（万）	4784	6.1	12.7	16.2

注：a. 本表根据1988—2013年《中国民政统计年鉴》制作；b. 2002年以前的基金会含在社会团体内（http://www.chinanpo.gov.cn/2204/22369/yjzlkind-ex.html）。

从表2-3中可以看出社会团体1997年至2002年间是负增长，2006年至2011年增长率呈逐年递减态势，而民办非企业却从2000年来一直保持较高增长率，基金会也是从2002年的0个到2013年的3549个，这就明确表明了政府限制了意识形态或政治倾向较浓的社会团体，而鼓励和放开经济类、服务类的民办非企业组织发展。基于市场经济发展和社会政治等改革的需要，国家也开始重视社会组织的作用，并开始有意作出对社会组织"放松管制"，这主要表现在中央层面对社会组织政策的被动回应，地方政府开始对社会组织的积极改革，如温州市从1999年起授权市工商联（总商会）为温州市行业协会的业务主管部门；2000年上海市出台文件大部分市区承认街道可以作为社区社团的业务主管单位；2002年上海市在原有双重管理体制框架下，又增加了行业协会发展署；同年，四川省绵阳市设立中介组织发展局。2004年深圳市成立了市政府直管行业协会服务署；2005年，广东省出台《广东省行业协会发展条例》，规定行业协

第二章 权治结构转型下的政社分开路径选择

会的设立可直接向登记机关申请。邓正来等将这种"中央冷，地方热"的改革现状，称之为国家"机会主义"立场，是一种"制度明确、实践宽松"的"可纠错性框架"。根据这一框架，中央根据不同时期的形势、任务需要而不断调整相应的策略，并经由地方努力而在一定程度上满足社团发展的基本需求，这种改革是基于"体制内"的自我调适，也是国家对社会发展的改革"生存性智慧"的发挥。[①] 另外，政府对社团的放松管制还体现在"政社分开"改革的策略路线上，1999 年国务院首先明确要求经济鉴定类中介组织同政府有关部门脱钩，2007 年，又开始了对社会团体的政社分开改革。这种"松制"策略是渐进地、逐步地进行。由较易的经济层面逐步向社会文化层面深入。在脱钩上只是涉及对"人员、设施、经费、利益、业务等"方面的分离，还未真正涉及政治权力层面。然而无论是压制、控制还是限制，都不利于社会组织的健康发展，也不利于社会建设的真正意欲宗旨。2011 年，胡锦涛在省部级主要领导干部社会管理创新研讨班开班式上强调了社会管理的创新意义，并积极肯定了社会组织在社会管理中的积极作用。同年 5 月，中央又召开会议，研究加强和创新社会管理问题，指出"加强和创新社会管理，要坚持以人为本，服务为先，多方参与，共同治理，关口前移，统筹兼顾，协商协调，依法管理，综合施策，科学管理，提高效能公共原则"，从而为社会管理确立了"治理"的基本精神，为政府社会管理向"善治"提供了政策支持，也为社会组织发展的制度环境"善制"明确了方向。表 2-3 数据显示，我国民间组织增长速度 2011 年出现拐点，2012 年增速大幅提升。自 2005 年以来，民间组织增长速度持续走低，2010 年增长速度更是创下了历史低谷。2011 年与 2010 年相比，虽然只有微幅增长，但却有一定程度的历史意义。在社会管理创新成为国家战略目标的强力推动下，民间组织增长速度终于扭转了连续六年增速下滑的低迷状态，为此后增长发力奠定了一定的基础。2012 年召开的党的十八大，又指出"坚持基层各类组织协同作用，实现政府管理和基层民主的有机结合"。当前中央及地方都积极愿意改革，为社会组织发展以及社会建设更优化的制度空间和机制平台。

[①] 邓正来、丁轶：《监护型控制逻辑下的有效治理——对近三十年来国家社团管理改革的演变考察》，《学术界》2012 年第 3 期。

二 战略

如果说策略是党政部门采取的细节化的具体的可操作的技术手段，那么战略则上升到了宏观层面，是一种全局性、规划性和阶段性的综合平衡，并一定程度上将策略的手段上升到制度化层面的过渡，从而为改革明确正确的方向，提供可资利用的发挥空间以及规范化的行动逻辑。关于我国社会组织发展的战略论，邓正来、景跃进曾经指出："采取理性的渐进的分两步走的办法，亦即我们所主张的'两个阶段发展论'。第一阶段为形成阶段，其间由国家和市民社会成员共举：国家在从上至下策动进一步改革的同时，加速变更政府职能，主动地、逐渐地撤出不应干涉的社会经济领域；社会成员则充分利用改革的有利条件和契机，有意识地、理性地由下至上推动市民社会的营建。这一阶段的活动主要集中和反映在经济领域。第二阶段为成熟阶段，其间社会成员在继续发展和完善自身的同时，逐渐进入'公域'，参与和影响国家的决策，并与国家形成良性的互动关系。"[①] 王名等则将我国现行社会组织管理体系的制度因素总结为：第一，执政党与政府宏观的政治路线和发展方略；第二，固定的行政管理机构和规范性的法律法规文本；第三，执政党与政府具体实施的政策措施。基于以上制度因素，王名等总结出党和政府对社会组织管理的三种战略思路和制度安排，即（1）发展型战略：这种战略基于执政党与政府的政治理想，执政党与政府对社会组织的基本态度是"发展"；（2）管制型战略：这种战略基于现实执政过程中的危机应对，执政党与政府对社会组织的基本态度是"管制"；（3）规范型战略：这种战略基于执政合法化的动力，执政党和政府对社会组织的基本态度是"规范化管理"，即以规范管理社会组织的发展为导向的战略思路，并形成了与规范社会组织的发展相关联的一整套法律法规、管理体制、宏观政策及相应的制度安排。[②] 邓正来、王名等的国家对社会组织发展战略强调了在发展社会组织中，国家的引导作用或者说主导作用，国家利用既有权力有步骤、有秩序、有层次地展开思路和规划。如果将这种战略思路进一步细分，我们认为可分为：体制改

---

① 邓正来、景跃进：《建构中国的市民社会》，《中国社会科学季刊》1992年第1期。
② 王名、孙伟林：《社会组织管理体制：内在逻辑与发展趋势》，《中国行政管理》2011年第7期。

革、治理转型和法治建设三个方面。

首先从体制改革角度分析。从国家整体发展背景来说，经历了经济体制改革→社会体制改革→政治体制改革逐步深入的过程。

这种整体全局性战略，必然影响了对社会组织发展的改革和认识。社会组织的发展也紧紧融入了整个大的发展背景中去。从经济体制改革来说，党对社会组织的认同以及政策的放开首先是对于经济类社会组织，从20世纪90年代中期以后，党和政府开始对行业型组织给予法律上的保障，并肯定了它的积极作用。2005年民政部工作要点中指出"积极培育和发展行业协会，农林专业经济协会，公益性民间组织和社区民间组织"。这表明行业协会等民间组织成为政府重点扶持的对象，并且采取的是一种先培育发展、后规范管理的路径，在登记管理中放宽手续，简化登记管理的原则。2004年《中国保监会关于加强保险行业协会建设的指导意见》中指出："中国保监会及其派出机构要支持行业协会、资助办会，保障其按照法律法规和章程规定独立开展工作。"对行业协会，政府还采取会费免征企业所得税和营业税等政策。在民政部制定的《关于加强农村专业经济协会培育发展和登记管理工作指导意见》中，也指出简化农村专业经济协会登记的条件和程序，如注册资金标准为2000元，不必筹备成立即可直接申请注册登记。尤其是在社会组织"去行政化"改革中，行业协会更是先行一步，2002年国家即下文试点行业协会与党政机关的分开改革，至2007年全国范围内基本实现了"政会分开"，为行业协会独立健康地发展奠定了较充分的条件。然而仅仅在行业协会方面扶持与"去行政化"改革，已经难以满足市场经济发展所需的社会整体配套机制的发展要求，以及也难以适应社会、经济等全面协调发展的总体布局，因而在"实施政会分开"基础上，民政部于2007年又试点除"行业协会以外的专业性、联合性和学术性社会团体"与党政机关的分开。然而政社分开改革并没有如前"政会分开"顺利，遭到了各方面的批评质疑。《人民日报》指出"分开"不但不利于新成立的或弱小的社会组织发展，反而如同"断了奶"的孩子，新社会组织发展更加艰难，而有的学者则从"分开"的彻底性角度分析指出"政社分开"所涉及的无关痛痒的"五个方面"，而未涉及社会组织"双重管理"体制这一根本性制度障碍。并且有的"政社分开"改革是名义上的分离，实际上的"离而不分"，或者变相地更改了原有的"政社隶属关系"置换为较模糊的或潜在的"政社附

整体化分散治理

属关系"。甚至有的学者指出"政社分开"只是针对"政府"与"社团"的主体关系，当政府退出社团后；另一政治主体"党"却又以"合法"的名义进入社团。这种"分开"只是进行"去行政化"的工作，却又加强了"政治化"色彩。因而"政社分开"如果要彻底实现，还应进行到"党政分开"这个层面。这就由社会体制改革推进到了政治体制改革。实际上"党政分开"，作为战略来说，我们还应理性、冷静和智慧地面对这一问题，这种分开需要一个渐进过程，首先是在社会组织加强党建基础上，我们还应建立党与社会组织的良性互动关系，充分发挥合作互动共助的优势，使其认识到合作的目的，并在合作中形成分工、定位、角色以及各自任务的权限边界。继而，我们还可以采取有区别的社会组织党建模式，对于新成立的或有争议的，以及涉及国家重要事务的社会组织，我们积极成立党的组织，对其进行扶持、引导和规范，而对发展成熟的、中立的、公益性的、服务型的社会组织可以适当放开党建要求。并且在党对社会组织领导方式上，我们还可以转变思想、政治和组织领导方式，或者采取有选择性的领导方式，比如重视思想方面的领导，而在政治和组织上则进行原则性的控制，实际社会组织运作中，可充分发挥其独立性。其实，党政机关与社会组织的关系，不仅受市场经济的推动，科学技术的发展也正深刻地从另一个角度施加它的影响，促使政府和党必须转变对社会组织的管理方式。如网络技术在社会交往中的作用，触发了网络公共论坛、网络交友、网络公民社会的兴起，这种虚拟的、无实体的、分散化的组织形式和多向化、互动性和扩衍性的传播模式给党政对社会组织的传统领导方式带来了挑战，针对这些新的变化和问题，党和政府必须积极采取有效措施，以开放积极、长远的眼光对待这一新事物，并适应这种变化，转变领导方式，改进领导水平，从而使自己"权变"管理始终发挥社会和国家发展的主导作用。再者，国际化发展趋势也深刻地带来了新的变化，许多问题不是单纯某一个国家或地区所能解决的，它上升到了全球化的问题，因而需要全球治理方式，这也倒逼党和政府正确利用国际性社会组织的作用，并建立二者的良性合作关系。

以上国家从经济体制、社会体制和政治体制的发展顺序为社会组织发展打开空间。这是国家层面的深刻改革，同时对于社会组织本身来说，也有一个现代社会组织体制的构建战略过程，即政会分开是构建现代社会组织经济体制，政社分开是构建现代社会组织社会体制，党社分开是构建现代社会组织政治体制。而在三个序列中还贯穿着一条直线：现代社会组织文化体制改革。经济体制培育了企业文化，社会体制改革培育了日常文化，政治体制改革培育了公民文化等，从而为社会组织的现代文化体制奠定了宏观背景基础。

在国家的"权变"思想和实践中，还体现了战略的"二重性"或"二重路径"，即国家在牢固控制社会的情况下，有序地实施管控开放，从而整个社会管理发展趋势是以"螺旋"方式回旋前进，这种"一收一放"的发展战略，很好地适应了经济、社会和政治的承受力，是渐进调适的改革路径。第一个阶段是"思想渗透"。新中国成立初期，百废待兴，政权新立，最主要的任务就是进行"改造"工作，即由官僚资本主义制度社会改造为社会主义制度社会，其首当其冲的就是"思想"上的改造。这一时期，社会组织被严格限制在体制内活动，带有浓重的政治色彩，并且成立的数量极少，仅限于人民团体和少量学术研究团体，而到"文革"时期，仅有的这点"社会组织""家底"也被取缔或停止活动。直至改革开放，这种态势开始有所好转，"实事求是，解放思想"的路线提出后，国家先后在"实践标准""市场经济""姓资姓社"和"科学是第一生产力"等方面打开思路，以及对传统马克思主义的"中国化、时代化发展"，促进了社会管控压力的释放。社会组织获得了合法的生存与发展空间。1979年成立社团60家，1980年成立社团有58家，大多以学术社团为主，这一时期还出现了社会团体以外的民间组织形式，即民办非企业单位和基金会。为适应需要，1988年国务院颁布了《基金会管理办法》，1989年又颁布了《外国商会管理暂行规定》等。然而，社会空间的大量释放和社会组织数量的飞速增长，以及社会组织形式的多样发展，使中央认识到形势的复杂性，而对一系列新的事物和新的问题的出现，中国共产党开始着手采取措施应对，这就是"三个代表"出现的背景因素之一，也就是，要想控制住局面，又不影响改革发展的进程，必须从党的自身入手，"改变自己、顺应潮流、与时俱进"，党需从"革命党"转变为"执政党"，也即党所代表的阶层由革命的主体"工农兵"扩展为整个社会建设层，此时的党已经不是"阶级斗争"的先锋队，而是"代表先进文化、先进生产力和最广大人民群众利益"的集中代表者，由此，只要拥护党的领导，坚持四项基本原则，不论其是何种成分，都可以加入中国共产党，这就是党的"政治吸纳社会战略"。这一时期各种行业协会组

整体化分散治理

织、慈善组织、服务型组织、基金会、民办非企业等多种形式的社会组织纷纷成立,党也有效地将其纳入体制范围内活动,以此来控制这些社会组织所代表的群体,另外,村委会和居委会以及职工代表大会等准行政基层组织也在全国范围内全面成立,有效地管理了所有农村、城市和企事业单位的基层百姓。截至1986年底,全国共建立村民委员会和居民委员会952929个,共有村民委员会干部365.9万人,居民委员会干部36.2万人。[①]

这一时期少量社会或政治权利诉求类社团也开始成立,如环保协会、法律援助组织、社会智库等都开始涉入国家公共政策的讨论和制定。"政治吸纳社会"有效地将社会大多数吸引到党的一方,增强党的支持力量,扩大了党的范围。但是如果再沿用传统,全面渗透方式已经难以适应社会自我发展的需要,党开始积极转变执政方式,实施政治退让战略,由全面领导和实际操控,转为主要"思想、政治和组织"三个方面的领导。从而可以抽身转而在国家大政方针决策制定等宏观管理方面更有效地发挥作用。

然而,2000年"法轮功事件"以及大量跨国组织入境,使党和政府必须对社会组织进行严格管理,使其有序发展,以防因过激失控,干扰社会秩序,影响改革大局,甚至危及政权稳定。1989年国务院颁布的《社会团体登记管理条例》规定了社团双重管理体制和统一登记管理原则,1996年中央办公厅、国务院办公厅又联合下发《关于加强社会团体和民办非企业单位管理工作的通知》,进一步加强了"双重管理体制"分级登记和统一归口登记的管理规定。规定的执行,提高了社会组织登记门槛,限制了社会组织数量增长,并加强了党与政府对社会组织的有效管理,这一阶段可以称之为"行政控制社会"。但是随着市场发展和社会建设需求,"双重管理"体制已经严重制约了社会组织的健康发展,社会组织在市场经济以及社会管理与服务中的作用日益明显,督促党和政府必须转变执政方式和职能角色,因而"去行政化"改革应运而生,1998年,中央办公厅和国务院办公厅下发《关于党政机关领导干部不兼任社会团体领导职务的通知》,2002年至2007年国务院先后进行了"行业协会与党政

[①]《1986年民政事业发展概述》,民政部财务和机关事务司网(http://cws.mca.gov.cn/article/tjbg/200801/20080100009434.shtml)。

机关分开""社会团体与党政机关分开"两项"去行政化改革"。这种转变我们可以认为是由"行政控制"向"行政包容"转变，体现了党和政府对社会组织加强控制后的第三次解放。主要表现在三个方面：一是党政与知识分子建立了"社会公约"。为了保障改革开放的顺利进行，并获得广大知识分子的支持，党政部门采取了包容态度与知识分子达成默认的社会公约即政府给予知识分子在地位、待遇、工资、福利以及课题资助等多方面的照顾和优惠，从而赢得知识分子的拥护，至少不干扰党的改革政策。单以课题项目来看，国家从最高级别的"国家基金"以至到学校的最初级课题，并在国家层面课题中涉及东西部地区、边疆地区和少数民族地区的考虑，尤其是近几年加大了青年项目的支持，体现了国家对"社会公约"的战略趋向的改变。这种订约也使得知识分子囿于职称评定（共十三级）和课题申报的"阶层式晋升"而无暇或无力再关涉与公共或民生有关的以及更敏感的社会问题，而是疲于自己的升迁大事。

二是政府简政放权。鉴于政府自身专业、能力、精力、人力等的有限，以及市场经济和社会事务的内生需求，政府加大了职能转变和权力下放，还权于社会，让社会很好地进行自我管理、自我服务、自我监督等，据统计自2002年以来，中央已经进行了12次简政放权（见表2-4）。

表2-4 国务院取消和下放行政审批权一览表（2002.11—2015.5）

批次	时间	取消项数	改变管理方式项数	调 整 项 数	下放管理层级项数
一	2002.11.1	789			
二	2003.2.27	406	82		
三	2004.5.19	385	39		46
四	2007.10.9	128	8	21（合并同类事项）	29
五	2010.7.4	113			71
六	2012.9.23	171		143	
七	2013.5.15	133			20
八	2014.2.15		63		19
九	2014.6.4		36	凡没有法律法规依据和各地区、各部门自行设置的各类职业资格，不再实施许可和认定	52
十	2014.7.22	48	31	8	16

整体化分散治理

续表

批次	时间	取消项数	改变管理方式项数	调 整 项 数	下放管理层级项数
十一	2015.3.13	190		21（调整前置审批为后置审批）	20
十二	2015.5.6	49（非行政许可）		20（调整为行政许可）	
合计		3155	2412	257	213	273

资料来源：《中国简政放权再动真格》，2013年5月17日，《人民日报》（海外版）；《国务院关于取消和调整一批行政审批项目等事项的决定》，新华网（http://news.xinhuanet.com/politics/2014-08/12）；国务院印发《关于取消和调整一批行政审批项目等事项的决定》，新华网（http://news.xinhuanet.com/politics/2015-03/13/c_1114630811.htm）。

从表2-4来看，简政放权不仅仅是取消项目，还有对权力下放后的管理方式、管理层次，以及权力的实施范围、对象等都作出了相应改进，以充分体现行政机关对社会组织的权力结构调整向合作、互动的良性关系转变。

三是政府购买社会组织服务。"从2003年以来，上海、北京、无锡、杭州、深圳等地方政府向民间组织购买公共服务的探索不断增多，形式也较多样，购买领域涉及教育、公共卫生、艾滋病防治、扶贫、养老、残疾人服务、社区矫正、社区发展、文化、城市规划、公民教育、环保、政策咨询等诸多方面。"[①] 2005年，国务院扶贫办亚洲开发银行，江西省扶贫办和中国扶贫基金会在北京启动"非政府组织与政府合作实施村级扶贫规划试点"项目是第一个通过规范程序招标进行的公共服务购买，标志着服务购买开始进行规范化试点。以上是购买服务实践层面，而在政策层面，国家先后在《中国农村扶贫开发纲要（2001—2010）》、2006年《关于城市社区卫生服务补助政策意见》、2007年《关于加快推进行业协会商会改革和发展若干意见》中都先后提出建立政府购买社会组织公共服务，鼓励和帮助社会组织通过合法渠道与政府合作。各地也相继出台相关政策文件，2005年上海《浦东新区关于政府购买公共服务的指导意见（试行）》，提出"政府承担，定项，委托，合同管理，评估兑现"的公共服

---

① 苏明、贾西津等：《中国政府购买公共服务研究》，《财政研究》2010年第1期。

务提供方式；2006年宁波市《关于大力推进公共服务实行的政府采购工作意见》，将社会保障等纳入政府采购范围；2014年重庆市发布《重庆市政府购买服务暂行办法》，并先后试水法律购买和公共交通购买等社会服务。然而这种"政退民进"的"行政包容模式"，对党的领导权威造成了挑战，当政府从社会逐步退出后，削弱了党对社会的控制能力，特别是越来越多的新社会组织及非公企业飞速增长，且形式多样化发展，甚至出现网络、电子等虚拟组织形式，更加重了党的管理难度，因而1998年中组部与民政部联合下发《关于社会团体中建立党组织的有关问题通知》，2000年中组部下达了《关于加强社会团体的建设工作意见》。2002年十六大、2007年十七大报告又先后强化了这种规定，2009年中央作出了《关于加强和改进新形势下党的建设若干问题的决定》更是将社会组织党建要求达到了一个新的高点。因而，当前面"政退民进"改革后，却又出现了"政退党进"的局面①，这种路径的演进将导致两个方面的问题产生：一是"政退民进"削弱了社会组织"行政化"，而"政退党进"却又加强了社会组织的"政治化"，与社会组织发展的独立性、民间性等特征不相符合，违背了改革的目的。二是"政府退出和政党推进"，使得原先"政府与民众的直接关系"转变为"党与民众的直面关系"，从而将矛盾转移到党与民众之间，影响了党的威信，不利于党的执政基础，并且也与党的执政方式民主化、科学化发展不相符合，不利于二者的健康发展，以及党群关系的建立。目前主要任务就是改进社会组织党建形式，创新党领导社会组织的方式。民政部民间组织管理局局长王建军指出："做好社会组织党建工作，明确社会组织党组织功能定位，理顺党建管理体制，落实党建工作责任制，完善党组织设置方式，提高社会组织中党的组织和工作覆盖率。发挥好各级党委在社会组织改革发展中总揽全局、协调各方的领导核心作用，把坚持党的领导与社会组织依法自治有机统一起来，使社会组织党的建设与社会组织业务建设同步加强，把社会组织培育成党领导下的中国特色社会主义事业重要建设力量。"② 总之，这一阶段的治理转型应吸取前面"一收一放，一放一收"的教训，从而引导"权变管理"

---

① 王栋：《民主化与公共危机显性化趋势及治理——以公民社会视角分析》，《甘肃理论学刊》2013年第5期。
② 王建军：《推进社会组织改革发展要着力解决十大问题》，中国社会组织网（http://www.chinanpo.gov.cn）。

整体化分散治理

模式改革正确发展。

从法制建设角度分析，我国社会组织经历了从"政治合法性→社会合法性→行政合法性"的演变历程。

民间社会组织在新中国成立初期从国家层面并没有得到认可，允许成立的社团，基本上以"人民团体"类为主，如工青妇等官办社会组织。尤其是在"文革"时期仅有的"人民团体"和少量民间组织也基本停止了活动，因而当时社会组织首先从政治上就缺乏合法性可言。美国政治社会学家安东尼·奥罗姆将政治形式分为"常规政治"和"争议政治"，"这两种政治形式通常有许多相同的特性。两者都管理有序，都是以民众可介入的组织与社团为基础。而常规政治与争议政治这两者之间最主要区别在于，二者在对待自身的方式以及一个社会中现存的政府当局和制度的方式上存在着根本性的不同。一般而言，争议政治的形式被现存的政府当局定义为处于社会常态制度之外。"[①] 由此可知，社会组织在新中国成立初期政治合法性状态是"争议政治"的性质。随着改革开放的开始，社会组织作为市场经济的重要载体，日益体现出其对于经济、社会发展的重要作用，另外在慈善救助、公益服务、扶贫开发等方面发挥着重要作用，尤其是汶川地震和奥运志愿服务中，显示出社会独有的声音和力量，从而得到国家和社会的认可。逐渐确立了社会组织在公众心目中的积极形象，因而社会组织"社会合法性"便取得了一定地位。然而，这种"社会合法性"状态，还只是国家与社会关系上的一种界定，这种"界定"某种程度上还带有由上而下单向的同意，或者说这种认可，还处于二者较量争议中形成的一种"妥协"，社会组织的"社会合法性"得到社会的支持后，在政府那儿获得的却是"被受法"，因而社会组织难以主动地、独立地参与到国家和社会事务中去，只是协助性的、附议式的组织力量，因而可以称之为"协议政治"形式。因而这种形式是有其落后性，社会组织参与社会治理的状态是"消极"而非"积极"的，如何将这种状态实施转化，使社会组织真正能以平等、独立、民主的角色参与到政府和社会事务中去，是未来社会组织及政府积极改进的一项课题。这就是要增加社会组织的"行政合法性"，当社会组织参与到政府与社会事务中时，不仅得

---

① ［美］安东尼·奥罗姆：《政治社会学导论》，张华青、何俊杰、孙嘉明等译，上海世纪出版集团 2006 年版，第 233 页。

到行政授权,同时还能以政府的运行状态和模式,甚至以政府的技能形式来处理社会事务,从而与政府合作中,二者能够形成工作上的"同性"状态,双方都得到互相认同感。这种政治形式我们可以称之为"合议政治",二者是平等、民主合作的状态,不存在主从、上下级关系。只是在工作形式上有一定的一致性,从而社会组织取得了行政上的合法性,即政府的认同,但由于各自的独立状态,社会组织仍须保持着自己所代表的普众利益和自由取向,因而能够以独立的声音来与政府合作、竞争甚至制约政府的不规范行为。具体来说,则是能够有效参与并决定特定公共事务管理,特别是针对社会组织内部及会员切身利益有决策权,能够与党政机关平等谈判和交涉相关利益问题,能够保护并捍卫自身利益不受侵犯,然而有学者指出:"我国社会组织的自治权行使,无法用公法和私法区分它。中国行政法学界讨论行政主体的目的,主要是为了解决行政诉讼中'被告确认'的问题,不同于德国等国的行政法学讨论本问题的目的在探究谁可以行使行政权的问题。"①"行政法学界似乎达成了这样的共识:公共行政组织(此指社会组织——笔者注)如果能够得到法律法规及规章的明确授权,可以成为授权性的行政主体。换言之,如果公共行政组织可以通过法律法规的授权,参与行政管理活动,在一定的条件下可能成为一种积极的法律主体,介入行政法律活动过程,发挥其公共行政管理的功能。但现有《行政诉讼法》及其司法解释并没有专门对此作具体规定。"② 目前我国社会组织行政合法性的来源缺乏法律依据,社会组织行政权力行使缺乏自主性,以及缺乏法律权益保障机制等。因而,还需从法律制定,健全互信互动的行政协商沟通机制,确立行政法制多中心治理机制以及构建宽容行政法治氛围等措施入手,从而保证社会组织行政合法性的真正落实。

因而我们在分析这种"法制建设"路径,在国内是一种政府主导的,因时而变的"权变理路",而在西方资本主义国家却是相反的。在那里,社会组织先于国家而存在,社会组织首先取得了民众的认可、肯定,即"社会合法性",随后当国家发展强大后,社会组织为了维护自己的权益

---

① 陈新民:《中国行政法学原理》,中国政法大学出版社 2002 年版,第 84 页。
② 肖磊:《自治到合作:公共行政组织自治性问题研究——以温州民间商会为考察视角》,《政治与法律》2009 年第 10 期。

和地位便与之斗争、夺权，从而又确立了其"政治合法性"，这种路径与中国先有国家后有社会组织的不同背景和不同结构有关。同样，在西方资本主义国家，社会组织首先是获得社会权力，其次是经济权力，最后是政治权力，而在中国，社会组织首先是获得"政治权力"，只有取得了"政治上的合法性"，政府允许它的存在了，才开始谈及其他社会、经济、行政等权力，因为如果不取得政治上的认可，其生存都是无法实现，更没法谈其发展了。但是就是这种"政治权力"，也不是严格意义上的，或者是民间社会组织所属的，它仅是适用于官办的"人民团体"，是政府机关的代行机构，或"二政府"，因而这种权力仍是属于政府的，委托人民团体实施，真正意义上的社会组织政治权力，在法律上还未得到确立，它的获得相对社会权力来说在中国要更为艰难。

三 发展观

策略、战略的"权变治理"思想，是国家对社会组织发展的短期计划或规划，它仍限于"问题解决方法"，注重"问题意识"，这种改革模式，可能是忽视对问题的历史性分析和未来的长期思考、忽视关键问题或敏感问题的先行规划，另外，还缺乏以旁观者的姿态来审视体制之外的合理或客观因素的存在和作用。因而"策略—战略"权变模式还需上升到更为客观性、历史性或前瞻性的高度，以规律性和本质性分析为切入点，谋划改革的长期发展轨道。也就是将"策略—战略"权变模式提升至"发展观"的高度，用哲学的思维、历史的眼光和经济的头脑，分析和研究政治的问题，使权力成为服务性、公共性或非强制性的工具，而不是狭隘的政治较量和利益纷争。"发展观"的模式，将从三个方面对比分析。一是发展的内生性和外设性思考。社会组织的发展，除了国家与政府给予积极的政策支持和制度保障外，还应充分发挥其自身的内在发展动力。内生性（规则）"指人们在交往的进程中在群众内部随着经验的增长而逐渐形成和演化出来的一系列规则"，而外设性（规则）"是指由统治共同体的政治权力机构人为设计出来并靠政治行为自上而下强加于社会付诸实施的一系列规则"①。因而二者都是社会组织可持续发展的必要条件，但是

---

① [德] 柯武刚、史漫飞：《制度经济学：社会秩序与公共政策》，韩朝华译，商务印书馆2004年版，第119—120、130—131页。

第二章 权治结构转型下的政社分开路径选择

如何真正实现由内生向外设的两种作用的平衡协调,关键问题是将外设性这种强制的或权力的手段弱化,而将部分权力下放给社会组织,让社会组织具备自我控制和参与社会公共治理的有力支撑,并且在与政府强势机构对话合作中也处于平等、民主的地位。因而权力是实现这一图景的关键要素。总结权力的形态学演变,可以说经过了三个阶段。第一个阶段是皇权至上,一切权力的发出者是皇帝,通过层层管束机构和派出机构的人员以及严厉的刑法体制,构成了一个管控森严、疏密不漏的权力统治网络,从而使天下被牢牢掌握在皇帝一人手中,这种权力模式,如同同心圆一样,由圆的中心向外层,不断地且单向地扩展,或可称之为"权力统治学"。第二阶段即到当代,权力形态已经发生了很大变化,国家或政府已经不是唯一的治理参与者,社会组织、企事业单位甚至个人都可能在治理中发挥着不可替代的作用,"治理"理念深入人心,形如多中心治理(王兴伦,2005)、整体性治理(胡象明,2010)、分散化治理(经济与发展组织,2004)、网络治理(李洪佳,2011)、网格治理(竺乾威,2012)、协同治理(燕继荣,2013)、合作治理(张康之,2013)等治理模式应运而生[①],不断更新着治理的前沿观念,然而这种治理都没有达到完全的主体对等原则下的治理,即"善治"的境界,它还是隐藏于执政者之后的一种权力延伸,权力被模拟化为各种治理角色,但这些角色作用,也只表现于舞台之上,而未真正进入现实,这种权力模式或称之为"权力治理学"。那么怎样达到权力的本源动能,则是权力形态发展的第三阶段,这就需要从社会组织或公民等政府相对者的内生性规律、内生性要求出发,本体自我必须有自我控制、自我调控、自我免疫的内在本能,当这种本能与外在合法性空间及制度结合在一起时,它将发挥出自己最大的积极作用并反馈或影响于整个外在环境的良性发展。当多个权力中心相互作用,当产生合作或竞争时,则会创造出"1+1>2"的更大能量,并可能产生这种能量产生

[①] 王兴伦:《多中心治理——一种新的公共管理理论》,《江苏行政学院学报》2005年第1期;胡象明:《整体性治理:公共管理新模式》,《华中师范大学学报》(人文社科版)2010年第1期;经济与发展组织:《分散化的公共治理:代理机构、权力主体和其他政府实体》,中信出版社2004年版;李洪佳:《合作型信任——构建网络治理模式的路径选择》,《中国行政管理学会2011年年会研讨会论文集》,2011年;竺乾威:《公共服务的流程再造:从"无缝隙政府"到"网格化管理"》,《公共行政评论》2012年第2期;燕继荣:《协同治理:社会管理创新之道——基于国家与社会关系的理论思考》,《中国行政管理》2013年第2期;张康之:《论共同行动中的合作行为模式》,《社会学评论》2013年第6期。

的有效机制,从而使其可持续化。这种权力模式或称之为"权力动力学"。

从权力统治学到权力治理学再到权力动力学,很好地体现了社会组织由外在力量作用到内在自发作用的演变轨迹,但这只是一种学术愿望,不过,愿望随着时代的变迁,人们的努力必将越来越接近于它,在这种接近过程中,需要处理好内生性和外设性规则的相互关系作用。因为内生变迁有一种惰性,它是在长期积累和演化中形成的,并潜移默化于人们心中和世俗风俗之中,它难以形成,也难以打破,而外设性作用产生时,其作用对象已经从外部开始产生了变化,并且因强度不同,而表现出变化不同的程度,但总之是非常迅速,因而在二者对于社会或社会组织产生影响时,两种变迁都在发挥着作用,由于时效不同,变化速度的不一致,难免产生一定的紧张关系,这就需要我们把握好速度和进程。特别是社会组织由于在我国发展时期比较短,没有经过长期的社会选择过程,还不成熟完善,如果在权力下放和权力重配中,设计不当,可能造成适得其反的效果,权力的演变应遵循历史发展规则,在内生与外设的张力之间,设计好适当的力码,从而科学、有效地利用好权力在社会组织发展中的积极作用。

二是共生性和差异性是发展观中的另一关注问题。所谓共生性是指事物发展中的相互依赖和联系性,差异性则是事物发展中各自的自主性和相互区别以及发展程度的不同。当前,社会组织的发展是社会生产力发展,市场经济完善,以及社会政治文化体制深刻变革的产物。它的出现弥补了政府在市场经济中的"失灵问题"以及社会服务中的"失效问题",弥补了个人能力在重大事务和问题面前的"失手问题",这就是它们的共生性所在,它们都是人类社会需要选择的必然结果,各自发挥着不同的价值和作用,相互补充,互通有无,赋予人类战胜灾难和困难的强大生命力。然而,这种整体性实力形成的背后,却在经历着自然物竞天择的法则,这种竞争中发展的博弈状态,使得弱者淘汰,强者更强,人类因此又获得了生命的重生和升华。市场经济与社会发展促使政府部分退出,责任过程由社会组织或企业来完成,不过,政府仍掌握着宏观调控和应急指令等强权性行为,无论社会如何与政府争权夺利,政府也严格地保留着自己必要的对社会和国家的控制性权力,这就是政府的自主性权力,如果这种权力也被让渡,那么政府也就没有存在的依据了。这种权力的博弈将一直在进行并

第二章 权治结构转型下的政社分开路径选择

不断深入，这就是政府与社会组织的发展自主性差异。同样党的发展也需要保存自己强大的国家控制力和社会统筹力，这与社会组织的不断权力获得资源互成犄角，二者存在着自主性差异。家庭亦是如此，家庭是中国特有的传统生活模式，它兼有血缘、亲情、宗族等多种紧密关系集合。而社会组织则是由一群基于共同目标和追求的成员组织，这就与"家庭"的联系要素截然不同，社会组织的作用扩展和空间扩大都必然压缩着家庭在社会中的地位和位置。公民同样也不能避免社会组织带来的影响，过于保守传统的公民被社会组织感化或影响而不断成长，过于自由激进的公民也受社会组织的规则原则性、纪律性或大众公共的需求而有所收敛。这就是社会组织发展而给其他多种主体的自主性权力造成的差异性影响。另外，从各主体的外在权力分析，共生性与差异性问题同样存在。政府主要的权力有政治权力，社会组织主要是社会权力，企业主要是经济权力，这是与各自的属性有关的。但是社会组织也有政治权力，"政治权利是公民和社会组织的基本权利。当他们以集体的活动方式共同行使的时候（如公民集体上访、联名上书请愿、进行集会罢工、游行示威），形成强大的影响力或压力，促使对方接受其意志和诉求，从而事实上具有强制力，亦即由政治权利转化为政治权力"。[①] 而政府也具有社会权力，当前政府仍是社会政策主要制定者，社会服务和公共产品的提供者，社会发展主要引导者，因而必然具有与这些责任相一致的社会权力作为支撑或依据。企业某种程度上也具有社会权力和政治权力，这就是各主体外在权力的差异性，在这些差异的背后，也存在着共生性，政府的经济权力主要是起到对国家整体的经济发展宏观调控和中长期规划，企业的经济权力主要是以市场经济微观运作和生产调配等方式体现，二者层次不同，但目的归旨相同，共同目标都是实现经济利润最大化和社会生产力发展。政府的政治权力是实现对国家秩序和稳定的掌控，对国家各机关各行政领域的政治运作起到调控作用，而社会组织的政治权力则是对国家政治权力的运作起到监督、听证、提议和检举等作用，二者都是为了国家实现政治民主发展。因而这就是各主体权力的共生性，互补作用。以上论述的是不同主体间的共生性与差异性。如果从社会组织本身来说，社会组织因代表行业和利益不同可以划分为各种类型，如经济类、法律类、环保类……又因各自目标和功能不

[①] 郭道晖：《社会权力与公民社会》，译林出版社 2009 年版，第 203 页。

整体化分散治理

同也可以划分为服务类、维权类、兴趣类或因性质和成分不同划分为行业协会、社会团体、基金会、民办非企业等。另外，在不同发展时期社会组织在不同时代也表现出不同的特质和性质。如"文革"前突出人民团体作用，"文革"中则注重革命团体形式，改革开放后则更注重经济类社团发展。再者不同地区也因经济社会发展程度不同，社会组织之间也带有发展程度上的差异。社会组织发展的差异性是社会组织发展过程中的必然选择或必然过程，是在与国家或政府不断博弈中而成长壮大。在这个过程中，政府、党及其他主体也因此而得到改进和转变，从而整个社会取得进步。

三是从"寄生性"向"能促性"发展，反映了我国社团本身发展的渐进过程。完整来说，即经过了"依赖性→自主性→能动性→能促性"四个阶段，当前正在进行的工作还处于"依赖性→自主性"阶段，而"自主性→能动性"、"能动性→能促性"两个阶段，是未来我国社会组织需要发展的目标，是党和政府在制定社会组织发展规划和改革目标中所需要注意的问题或者是一种理论参考。由"依赖性→自主性"阶段过渡，是当下社会组织正在改革的任务和目标，"依赖性"，是指社会组织在财产、人员、办公场所、业务等方面严重依赖于党政部门的支持，社会组织虽然获得了生存与发展所需的资源和改革保障，然而却失去了"独立自主"的本质属性，只能"寄人篱下，听人使唤"，难以发挥社会组织为普通弱势民众代言的本质使命。这种情况的产生，是由我国特殊国情造成的，为了维护政权稳固以及计划经济体制的特殊要求，国家将社会一切组织力量容纳于自己旗下，以"收买"和"领养"的方式将其牢牢控制在自己的掌控之中，这就形成了当前我国社会组织主要以人民团体及其他准政府社团为主，其他社会组织虽未直接隶属于政府，但也在党建、双重管理和挂靠机关等方式下过着"半独立，半寄生"的生存状态。

根据有关数据显示，八大人民团体数量+其他准政府社团数量占全国社团总数的83.6%。鉴于社会组织"行政性"问题以及市场经济的自由属性，行业协会与社会团体先后进行了试点性的去行政化改革。2007年5月，国务院办公厅发布了《关于加快推进行业协会商会改革和发展的若干意见》，意见要求"实行政会分开，行业协会要严格依照法律法规和章程独立自主地开展活动，切实解决行政化倾向严重以及依赖政府等问题"，国家开始将"政社分离"改革首先从"行业协会"入手，涉及全国

第二章　权治结构转型下的政社分开路径选择

所有地区范围，然而改革并不顺利：一是社会组织与政府脱钩后，由于社会组织自身的资金、人员、办公场所等方面的严重匮乏，反而增加了社会组织的困难；二是改革未触及社团双重管理体制，培育社团发展的规章仍未出台，社团的职能、定位依旧不明确。因而，"自主性"并不是目的，关键是从社团内部自身与社团外部制度环境进行完善，提升社团管理水平和服务能力，创造社团发展的良好外部环境支持，从而由"自主性"社团向"能动性"社团转变。所做的主要工作有：完善社团内部管理制度，构建民主、透明、激励的社团选举、监督、决策和管理制约机制；加大政府对社团的政策扶持办法、资金扶持力度等，健全保障社团发展的法律规章；再者政府还应积极进行职能转变、党的执政方式转变等。通过以上改革，增强社团自我管理、自我服务能力以及社会竞争能力，才能使其真正由"政府选择"向"社会选择"转变。但是"能动性"社团仍不是其发展的最终目的，社团不仅要实现自我能力提升，同时还应在自我价值实现的同时，促进社会的发展，尤其是带动和影响其他社会治理主体的发展。这就不仅仅是资金、能力等的问题，而是赋权于社会组织，使其真正能够在社会事务或治理中发挥主人翁角色，从而影响公共政策，并且以其权力的影响力和支配力，对党和政府及公民也产生积极的改进作用。郭道晖在《社会权力与公民社会》一书中，提出"社会权力"概念[1]并指出社会权力的核心主体即是社会组织，"一般说来，非政府组织作为民间社团，大多是法人，除享有宪法和法律确认的自然人和公民享有人权和各种公民权（政治权利）、民事权利、诉讼权利外，也应承担与一般法人相同的民法与刑法上的禁令、程序和制裁。作为公益社团法人，非政府组织还享有和一般法人不同的特权、权力和豁免。非政府的权力主要有政治权力，社会治理权力（包括非政府组织受政府的委托或授权行使的公权力和非政府组织自身拥有的社会权力）"[2]。但是问题在于我们承认了社会组织的权力法律性存在，但都无从找到它的现实存在，因而有学者开始呼吁党与政府应向社会组织"赋权"或"还权"，康晓光在其《权力的转移——转型时期中国权力格局的变迁》一书中指出，"自1978年以来，国家与社会关

---

[1] "社会权力"概念请参见郭道晖《社会权力与公民社会》，译林出版社2009年版，第6页。

[2] 郭道晖：《社会权力与公民社会》，译林出版社2009年版，第146—161页。

整体化分散治理

系演变的实质则在于发生了权力从政府向经济领域和社会领域的重大转变",顾昕在《公民社会发展的法团主义之道——能促型国家和社会的相互增权》一文中,更是提出了国家不仅应向社会组织赋权,同时还应实现社会组织向国家增权的概念,以上学者的观点[1]从权力的角度来阐发社会组织的发展的最高阶段的社会权力的实现,从而由"能动性社团"转变为"能促性社团"。

---

[1] 康晓光:《权力的转移——转型时期中国权力格局的变迁》,浙江人民出版社1999年版;顾昕:《公民社会发展的法团主义之道——能促型国家和社会的相互增权》,《浙江学刊》2004年第6期;高奇琦:《国外政党与公民社会关系——以欧美和东亚为例》,中央编译出版社2011年版。

第三章　政社分开的权力逻辑进路

当前我国政社分开的论述与实验基本还留滞于表层的探索。如2007年重庆进行的党政机关与社会团体在"人员、资产、办公场所、利益、业务"五个方面的分离改革，2005年上海浦东在"主体、机构、人员、职能、财务、住所"六个方面的政社分开改革，虽然都取得了一定层面的成效，但改革并未涉及政社二者关系的核心问题——权力。权力是政社分开真正实现的最后一道门槛，也是最关键的一道门槛，如果权力未能在政社分开中实现一定程度的分立与变通，那么其他一切分离工作将会流于形式，并无实质性的意义可言，任何时候这种表面的分离成果都会被权力拥有者以"合法"名义随意践踏。因而我们所做的政社分开工作，不管是前期的准备阶段还是过程纠正阶段，以及最终实现阶段都应围绕"权力"这一核心问题，逐步展开和深入探究。但是"权力"并不是简单的一个名词称谓或者是静止的标体存在，或者它也不是一个只任其安排和设置的零件要素。综其精神，权力是在人类社会关系中，因其主体与客体发生相互作用中，所衍生的但又作为自我作用体系的一套有机"系统"，它离不开外界的影响和作用，但又绝非只受外界摆布的"工具"，如果我们没有从权力本身的哲学范畴和"生命"体系中去发现或利用它的内在生成和发展逻辑，以及未能建立一套符合权力与外界相互良性互动的机制，这种因权力而确立的政社分开关系，也将是简单的物件组合，而没有自我运动的内在动力，也无法促使这一"组件"启动运转。基于以上分析，我们将从三个层面对政社分开的权力进路，逐一深入分析。

第一节 从权力下派到权力下放

一 权力下派

"权力下派"简单来说就是党政机关为了某项任务、某个领域或某个层级,在它们没有直接的行政管辖的情况之下,临时以派出机构的方式进行接管。这种派出机构或者称之为正规权力主体的分支机构。如已经取消的"地区"这一临时行政层级就是省向地方派出的机构,权力和管辖范围介于省与市之间。牵涉到政社分开的权力下派,则主要是中央对权力的分派(有关社会组织接纳,分管),政府部门(民政部门)在省、市、县及乡等各级设立的机构(涉及社会组织管理的职能),以及机关官办社会组织职能机构设立等。

首先,各级各类人民团体的设立:组织权力下派。人民团体主要有共青团、工会、妇联、科协等组织,就其本体职能——以代表本团体成员为原则来认定,它们也应属于社会组织的范畴,但由于我国体制背景造成了这些组织的特殊性职能——官方的公派职能部门。乔耀章比较国外部门设置功能将我国的人民团体称之为"非国家机构政府"[①],形象地反映了我国目前人民团体的政治功能性质。在《中华全国总工会关于加强和改进新形势下工会自身建设的决定》(以下简称《决定》)中指出"坚持党建带动工建,工建服务党建,推动把组织工会纳入党建考核目标"以及《企业工会主席产生办法(试行)》中企业工会主席由同级党组织与上级工会双重领导,以同级党组织领导为主导,确立了工会是由党向企业派往的组织化机构,用以代管企业的相关事务。并且将工会建立到所有涉及领域,《决定》指出,"继续推进非公有制企业、社会组织、社区(村)等基层工会组织建设,广泛吸纳包括农民工、劳务派遣工在内的职工加入工会,进一步提高单位建会率与职工入会率,坚持组建工会的同时建立工会女职工组织""积极推进建立区域性、行业性基层工会联合会,切实加强县(市、区)以下行业工会建设,加强机关和事业单位工会组织建设",从而将党和政府的行政权力触角伸入工人或工事所在所有行业部门、领域。以重庆为例,全市所有乡镇(街道)均已建立工会工作委员

---

① 乔耀章:《论作为非国家机构的政府》,《江苏行政学院学报》2004年第2期。

第三章　政社分开的权力逻辑进路

会或总工会,现在区县及经济开发区,工业园区也要求逐步建立工会组织。同样共青团作为党和国家向社会派出的管理机构,也加大了对相关领域的影响和控制,《共青团工作五年纲要(2009—2013)》指出:"要大力加强自身建设,力争使团的基层网络覆盖全体青年,使团的各项工作和活动影响全体青年。"2011年团中央发布《关于全面推进乡镇、街道团的组织格局创新工作的指导意见》则进一步指出:"紧跟党的步伐,全面推进农村、企业、社区、机关、学校等领域团的基层建设,积极推进在非公有制企业、社会组织等领域和青年农民工中建立团的组织,不断扩大团的覆盖",并要求"摸清本乡镇28周岁以下青年情况及团组织关系,建立档案,摸清本乡镇40周岁以下青年从业分布情况,对青年能人建档立案",至2011年底,全国已有80%以上的乡镇团委完成了组织格局创新工作。2012年6月底,全国所有乡镇完成任务。针对经济社会新形势给团员青年造成的流动性和分散性的新问题新情况,各地进行了团建工作创新探索,使团建工作不留死角,如重庆市试验打破地域单位界限,推动互补性强、有共同利益关系的区域(单位)联合建立团组织;依托产业(行会)协会,组建以产业(行业)为纽带的产业(行业)团组织;采取单建、联建、挂靠等形式,在流动团员相对集中的地方设置流动团员团组织。妇女联合组织也不断加大其在全国覆盖力度,2008年全国妇联、民政部下发《关于充分发挥妇联组织在基层群众自治制度建设中积极作用的若干意见》指出:"依法培育发展以妇女为主体的农村经济合作组织和非盈利、公益性城乡妇女社会组织,建立基层妇联组织与妇女社会组织的联系机制,完善基层妇联组织网络。"并先后下发了《妇女联合会农村基层组织工作条例》《妇女联合会城市街道,社区,基层组织工作条例》和《妇女联合会机关、事业单位基层组织工作条例》和《妇女联合会团体会员工作条例》等。以工会、共青团、妇联为代表的人民团体,基本上实现了党以群众团体的名义,将自己的权责职能社会化,从而使群众工作得以组织化和程序化,这种权力下派的方式综其特点,有以下共性:(1)必须坚持党的领导,遵循党的方针;(2)接管党的工作职能,代替党对社会各领域各群体进行引导、教化、管理;(3)坚持党管干部原则,各人民团体的主要领导负责人由党任命、选派或推荐;(4)各人民团体的主要领导干部也纳入党或行政编制,享受国家公务员或党务系统领导干部的同等福利和晋升待遇。因此党和政府向人民团体的权力下派,不是简单的"权力挂靠",而是权力的"嫁接",使党和政府的权力在社会这个大系统中设置其代理人,从而形成了二者任务目标的"生命共同体"。

其次,加强社会组织党的建设——党的权力下派。加强社会组织党的建设,不仅是有利于党和国家对社会组织的领导和控制,保证党的领导不留死角,同时也利于党通过社会组织来管理所代表的领域社会。管廷莲认为:"加强和完善社会组织中党组织的建设,是解决政党对社会组织联结功能和对社会组织协调统筹功能不足问题的最好途径。"① 胡兵进一步指出,"这样一来,国家与社会两层结构得到重新构建,处在顶层的执政党将与处在最底层的公众结盟,较好地连接了国家与社会,并且可以有效地弥补某些领域,某些地方已经出现的'断裂'现象"②。社会组织党的建设是党加强对社会组织及社会基层领导的重要方式,而实现这一目标任务的主要途径就是党的权力下派。自新中国成立以来,党的权力向社会组织下派经历了五次大的转变。一是从顶层向基层转移。在对社会组织管理的最高层面,逐步确立了政府部门对社会组织的管理角色和功能。1968 年 12 月,负责社会团体的内务部被撤掉,1998 年 2 月,成立民政部接管原内务部的大部分业务,但民政部登记社会团体职能没有明确。1950 年、1951 年先后领导的《社会团体登记暂行办法》及《社会团体暂行办法实施细则》也基本失效。直至 1988 年国务院机构改革,"三定方案"明确了民政部门登记社会团体的职责,这样原来由党高度接管,无规范管理部门的情况退出历史,然而党对社会组织的管理职能并未削弱,在加强全局领导和决策定调的基础上,党加强了向基层权力延伸,逐步细化自己的权力任务和扩展基层管辖范围。1996 年,中共中央办公厅、国务院办公厅联合下发《关于加强社会团体和民办非企业单位管理工作的要求》,1998 年 2 月,中组部与民政部下发《关于在社会团体中建立党组织有关问题的通知》、1999 年 2 月《中共中央办公厅、国务院办公厅关于进一步加强民间组织管理工作的通知》以及 2016 年 9 月《民政部关于社会组织成立登记时同步开展党建工作有关问题的通知》都明确要求在社会组织中按相关要求建立党组织的规定,并制定了建立党组织的具体细则和要求。二

---

① 管廷莲:《社会组织中党的建设研究——基于温州的实证分析》,知识产权出版社 2012 年版,第 69 页。

② 胡兵:《探索民间组织最佳生存环境——政党对民间组织的影响》,《学会》2007 年第 9 期。

是组织覆盖向工作覆盖强化。社会组织具有分散性、不确定性，尤其大量规模小、性质不突出的民间组织广泛存在，遍布和深入群众中间，加之新的社会组织和组织形式不断涌现，党如何实现全面组织覆盖已成为一个现实问题，特别是一些经济色彩浓厚，对于政治干预较为敏感或者一些政治功能较为弱化的社会组织，在党建上更是存在着实际困难，因此在没有建立或者即将建立的社会组织中，应首先实现工作覆盖，在功能工作中积极引导和培育党员和党组织。例如浙江省《关于进一步加强社会组织党建工作的意见（试行）》的通知指出，"对未建立党组织的社会组织，根据实际情况可通过选派党建工作指导员、确定党建工作联络员、建立健全工青妇组织等方式，积极开展党的工作。发挥枢纽型社会组织党组织的孵化辐射作用，加强社会组织负责人教育培训，积极做好入党积极分子培养和党员发展工作，推动社会组织建立党组织。规模较小、人员较少的社会组织，以区域化党组织为主组织开展党建工作。对无经常性工作、每年仅组织一两次大型活动的社会组织，可在开展活动时建立临时党组织，发挥正确导向作用"。三是从传统领域向新领域转移。党在传统领域如基层自治组织、人民团体、国有企业、事业组织等已经建立了较为完备的党组织体系，并收到了良好的管制效果，但随着形势的发展，各种新的社会组织应运而生，规模不断扩大，因而如何加强对新社会组织的领导和管控成为党新时期的重点任务。1994年《中共中央关于加强党的建设几个重大问题的决定》第一次指出，"各种新建立的经济组织和社会组织日益增多，需要从实际出发建立党组织，开展党的活动"，之后，党的十六届四中全会《中共中央关于加强党的执政能力建设的决定》要求，加大在新经济组织、新社会组织中建立党组织的工作力度，探索党组织和党员发挥作用的方法与途径。党的十七届四中全会《中共中央关于加强和改进新形势下党的建设若干重大问题的决定》指出："探索完善基层党组织设置形式，推广在农民专业合作社、专业协会、产业链、外出务工经商人员相对集中点建立党组织的做法，抓紧在非公有制经济组织建立党组织，加大在中介机构、协会、学会以及各类新社会组织中建立党组织力度。"然而由于新社会组织的意识形态分化，组织结构分散，又加上自身非政府性、非营利性、自主性、自愿性特点，以及不同的组织纪律、组织性质都给党的建设带来了一系列新的挑战，党向新社会组织的权力下派，如何实现派得出、稳得住、见成效是新时期党应对新问题必须解决的。四是从思想向业务转移。党最初对社会组织的认识和运用主要是加强对社会组织的管理，使其不至于成为独立于党统治之外的异质力量。1996年《关于加强社会团体和民办非企业单位管理工作的通知》要求对社会组织做好思想政治工作，保证党的政策和国家法规的贯彻执行。特别是1989年政治风波和1998年"法轮功"事件，党对社会组织进行了清理、整顿和限制，从政治思想上严格保持党的一致性。2000年7月《关于加强社会团体党的建设的工作意见》，强调要使"社会团体的政治地位提高，政治功能增强"，这都表明党在社会组织管理初期重点工作是对社会组织的思想政治控制。1998年《关于在社会团体中建立党组织有关问题的通知》指出"监督社会团体负责人贯彻党的路线、方针、政策，遵守国家法律、法规"。但是鉴于党在市场经济工作方式的转变，社会任务的加重以及维稳和治安问题的突出，都促使党重新认识社会组织的功能和作用。2004年9月，中共十六届四中全会《中共中央关于加强党的执政能力建设的决定》指出："发挥城乡基层自治组织协调利益、化解矛盾、排忧解难作用，发挥社团、行业组织和社会中介组织提供服务，反映诉求，规范行为的作用，形成社会管理和社会服务的合力。"2005年6月《在省部级主要领导干部提高构建社会主义和谐社会能力专题研讨班上的讲话》，以及2011年2月《在省部级主要领导干部社会管理及其创新专题研讨班的讲话》中胡锦涛总书记先后强调研究新形势下党如何更好发挥城乡基层自治组织、人民团体、社会团体、行业组织、中介组织的积极作用，并最终形成党委领导、政府负责、社会协同、公众参与的社会管理格局。政策的转变，反映了党开始从管控社会组织向利用好社会组织转移的工作方向。五是从行政向党政转移，这主要体现在基层社会组织"去行政化"和加强社会组织"党建"的双向任务中所产生的悖向路径问题，一方面党和政府要求与社会组织实现分离，政府开始逐步退出社会组织；另一方面都加大了党对社会组织的管控力度。2007年5月，国务院办公厅即下发了《关于加快推进行业协会商会改革和发展的若干意见》，要求政府与行业协会脱钩分离，而《意见》同时指出"行业协会建立健全党的基层组织，充分发挥党组织的监督保障作用"。2009年9月中共十七届四中全会《中共中央关于加强和改进新形势下党的建设若干重大问题的决定》要求，扩大党组织覆盖面，加大在中介机构、协会、学会以及各类新社会组织中建立党组织的力度。使党的权力牢牢扎根于社会组织之中，从而维护党的权威，遵守党

第三章　政社分开的权力逻辑进路

的决定，完成党的任务。并在社会组织党建工作中纳入本地党政部门领导业绩考核标准，对完不成任务的实施"一票否决"。

农村社区的基层政治，国家权力的下沉，在农村（社区）的严格意义上来说，应该隶属于社会组织范畴，可称之为"社会自治组织"。根据我国1982年《宪法》规定，我国最基层的政权在城市是街道办事处，在农村是乡镇政府。设在城市的居民委员会和农村的村民委员会是基层群众自治组织。因而我们把它列入广义的社会组织范畴。蒋永甫从四个方面阐释了村庄自治的民间性，"第一，自治的主体是农村广大群众，而不是地方；第二，自治的决策内容是村民根据国家法律自主管理本村事务，其范围是与自治单位人民群众利益直接相关的村务，而不包括政务，即国家的政令法规和政策；第三，自治组织本身不是政权机关，不向国家承担财务责任，只行使单一的自治职能；第四，群众自治组织的领导人不属于国家公职人员，而是从自治体成员中直接选举产生，且不脱离生产劳动，只能根据协商享受一定的经济补贴"①。农村（社区）的政治运行也是由"权力"这一"牵引器"从中传动，然而乡村政治中的权力属于一种社会公共权力而非国家公共权力，由此决定了村庄中的政治属于广义的社会政治范畴，具有不同于国家政治的草根性和自治性等特征，但是村庄自治又是属于具有"中国特色"的群众性自治，"在现代化进程中，国家政权建设导致国家权力下沉，传统的乡村政治逐步瓦解"②。总结国家权力的下沉路径主要有三个方面。一是党政牵制行政。根据《村民委员会组织法》，农村党组织在村庄自治制度中处于"领导核心"的地位。此外，根据《中国共产党农村基层组织工作条例》的规定，村一级的决策权，属于本村经济建设和社会发展中的重要问题，需由党支部讨论决定。但是这种名义上的宏观引导角色，却在现实工作中常以执行者的身份干预"村委会"的具体事务，从而使二者产生矛盾。由于农村与高一级的政府部门的领导结构不尽相同，在乡及以上等级的政府部门，党的领导地位十分稳固，党政之间的关系比较协调，然而在农村，由于"自治性"凸显，党的地位没有严格保障，往往被村委制约。"河北省迁安县有关部门的调查显示，

---

① 蒋永甫：《行政吸纳与村庄"政治"的塌陷——村民自治制度的运行困境与出路》，《湖北行政学院学报》2011年第6期。
② 同上。

整体化分散治理

全县 417 个行政村中'两委'明显不团结、不协调的约占 7%。"湖南省委党校的毛军吉和陈远章通过对湖南省 500 个村的调查显示,"两委"关系能够协调运作的占 40.1%,村支部完全包揽一切;村委会纯粹是个摆设的包揽型关系占 39.8%,村支部书记和村主任各自有一套人马、互不理睬的游离型关系占 5.8%,"两委"对着干的对立型关系占 3.5%,村支部书记和村主任由一个人担任的一体型关系占 10.8%。在调查范围内的 500 个村庄中,如果把一体型关系和包揽型关系排除在外,能够确定很好协调"两委"关系的只占 40.1%。① 二是乡政控制村治。湖北省潜江市自 1999 年 9 月 28 日到 2002 年 5 月 1 日,全市 329 位经选举产生的村委会主任中,有 187 位被乡镇组织及个人撤换(含免职、停职、降职、精简、改任他职等),占总数的 57%。除此之外,还有 432 位村委会成员被撤换。接替他们职位的人均非村民选举产生。其中重要原因就是村委会干部"不听话",据中南财经政法大学研究生社会实践课题组对湖北省《村民委员会组织法》实施状况调研报告,在被问及乡政府与村委会关系时,被访者回答"领导,被领导关系"的占 41.5%,另有 32% 的村民和村委会干部认为村委会主要执行的是乡政府的工作任务。蒋永甫具体分析认为,"在'乡政村治'的乡村基本制度安排下,以乡镇政府为代表的行政体系对以村民自治为内容的村庄政治的吸纳,主要表现为'控制'与'同化'。'控制'就是各级地方政府不受所谓村民自治制度的束缚,采取了多种多样的措施来控制村政,包括对村干部的控制和对村级财政的控制两方面。'同化'就是改变村民委员会的群众自治组织性质,把村民委员会变成自己的下属组织,实现村民委员会的行政化"。"控制"和"同化"强化了国家对基层的统治,但却又与村庄自治力量产生了矛盾,自治的活力受到了压制,自治的范围受到了限制。从而导致了村庄政治的"塌陷",一是权力的塌陷;二是民主的塌陷;三是自治的塌陷。② 其实乡政

---

① 白程明、陈晓莉:《对村民自治权的法律救济的思考》,《求实》2003 年第 9 期;王一程:《改革开放以来的中国基层民主建设》,《政治学研究》2004 年第 2 期;毛军吉、陈远章:《农村"两委"关系现状及对策——对湖南 500 个村的调查》,《中国党政干部论坛》2001 年第 1 期;许志永:《农村政治文明建设要有新突破》,《中国改革》(农村版)2003 年第 2 期。

② 黄明、何红卫:《三年撤换了 187 名民选村官》,《中国改革》(农村版)2003 年第 2 期;中南财经政法大学研究生社会实践课题组:《湖北省〈村民委员会组织法〉实施状况调研报告》,载刘茂林《公法评论》(第 2 卷),北京大学出版社 2004 年版;蒋永甫:《行政吸纳与村庄"政治"的塌陷——村民自治制度的运行困境与出路》,《湖北行政学院学报》2011 年第 6 期。

第三章 政社分开的权力逻辑进路

与党政都是处在村民自治组织之外的约束力量,而最大的问题是其内部的村民委员会与村民之间的矛盾冲突。村民自治的内涵一般包括民主选举、民主决策、民主管理和民主监督四个方面,然而由于原子化的农民缺乏集体行动的能力,当遇到乡政支持的村委会后,显得力量十分薄弱,权力也无法真正得到实现。再者村民委员会的"准行政"特征,使得村委会难以完全站在"村民"的立场,以独立的身份为民说话。

最后,民办非企业单位,行政权力的编外嫁接。根据1998年国务院颁布的《民办非企业单位登记管理暂行条例》的规定,民办非企业单位,是指"企事业单位的社会团体,和其他社会力量以及公民个人利用非国有资产举办的,从事非营利性社会服务的社会组织"。截至2015年底,全国共有民办非企业单位32.9万个,已经成为我国社会组织的重要组成部分。民办非企业单位是在改革开放的大背景下,适应社会主义市场经济体制要求出现的一种新生事物,当前比较有代表性的有民办学校、民办医院和民办科学研究机构、民办福利院、民办各类文化、研究院(馆所)等。由于这类社会组织是民办的,不使用国有资产,且又是经营性的(非营利)与市场经济联系最紧密,所以国家对其延伸的权力体制应该是弱化的或边缘的。但事实并非如此,国家权力体制仍以不同方式将其纳入统一约束范畴,在某些领域还比较严格,具体表现在以下几个方面。一是民办非企业单位管理体制可概括为"归口登记、双重负责、分级管理",从而确定了国家权力以政府名义下派到各级部门来管辖民办非企业单位:(1)"归口登记",是指所有民办非企业单位统一由以上各级民政部门登记,其他任何部门无权登记民办非企业单位;(2)"双重负责",民政部门作为登记管理机关,负责登记管理、年度检查和处罚监督。国务院有关部门和县级以上地方各级人民政府有关部门,国务院或者县级以上各级地方人民政府授权组织,是各类民办非企业单位的业务主管单位,负责民办非企业单位遵守宪法、法律法规和国家政策,依据章程开展活动,以及指导和管理民办非企业单位的思想政治工作、党的建设、对财务和人事管理、研讨活动、对外交往和接受境外捐赠资助等事项负责;(3)"分级管理",民办非企业单位要按照行政层级管理分层设置。二是民办非企业单位的党建、团建以及工会、妇联等建设。《中共中央组织部,民政部关于在社会团体中建立党组织有关问题的通知》《中共中央组织部共青团中央关于加强新形势下基层党建带团建工作的意见》以及《关于充分发挥妇

· 85 ·

整体化分散治理

联组织在基层群众自治制度建设中积极作用的若干意见》等都明确规定了党、共青团和各类人民团体在社会组织中的设立要求，民办非企业单位当然也属于规定之内。三是民办非企业单位在财务、人事方面还受制于某些行政部门，以人事为例，很多民办学校、民办医院、博物馆、图书馆、民办科研院所等人事的任命一定程度上还应遵从相关政府部门的意见，有的还直接进行委派或委任，尤其是相关事业单位、人民团体创办的民办非企业单位更是如此。有些民办非企业单位本身也以公共行政权力的方式进行管理，民办非企业单位有设立主体、固定工作人员和工作场所，并有着执行章程和执行手段，由于我国的特殊国情，很多民办非企业单位在内部管理上，也存在行政色彩。当然行政管理是所有组织或机构管理的基本通用方式，然而，当这种行政管理如无严格的制约监督机制，那么它就可能形成为一种权力滥用的行政强制。由于民办非企业单位没有严格意义上的议事机关，基本上是依据章程进行约束，因而内部监督就缺乏必要的执行主体，这就为内部治理的不规范留下空隙。而有的规模较大的民办非企业单位如民办学校、民办医院则俨然有一套内部的行政管理体系，与政府部门或公用事业机构相似，这就是外部环境在新生事物中的权力嫁接，从而与社会传统相一致，但不利因素的影响也显而易见。有些民办非企业单位如社会智库受到了行政权力的直接干涉，使之"腾笼换鸟"。智库研究专家安德鲁·里奇将智库定义为："独立的，无利益诉求的非营利组织。"[1]因而社会智库属于社会组织范畴，如果对其严格归属划分的话，应属于民办非企业单位。国内三略观察智库认为社会智库是指"一种专门为公共政策和公共决策服务、生产公共思想和公共知识的社会组织，它的基本特征包括思想创新性、政策影响力和公众关注度。它的主要功能包括提供思想产品（政策、建议、公共知识等）、搭建交流平台（举办论坛、报告会、碰头会等）、培养公共人才（提供大学、企业、政府之间的人才流动平台）、引导社会舆论（为权威媒体提供思想素材等）。"[2]因而从社会智库的组成结构、工作任务到目标宗旨等都可归为民办非企业单位范畴。然而2005年国家工商总局对注册企业名称进行的规范化行动，社会智库在

---

[1] ［美］安德鲁·里奇：《智库、公共政策和专家治策的政治学》，潘羽辉译，上海社会科学院出版社2010年版。

[2] 徐晓虎、陈圻：《智库是什么——关于智库研究的新观点》，《中国社会科学报》2011年第191期。

这次"规范中"必须要求以"公司"名义在工商部门登记。从而将其排除在社会组织之外，这使得大量社会智库夭折，能够生存下来的社会智库也因工商部门税收而困难重重，甚至导致社会智库转向与自身并不相符的任务追求，从而与社会组织宗旨相形渐远。这就是国家行政权力对民间社会权力的强力干涉，虽无直接的接任方式管理社会智库，但却以"否定"的方式予以"排除"，从而使国家权力间接地在行政、思想等方面对社会智库进行强力控制，这是一种间接的权力下派。

以上对权力下派的论述并不能概括所有社会组织领域，只是其中比较典型的集中或代表性类别，其他如事业单位等领域仍有这些问题存在，它们同样影响着我国权力民主化、制度化进程，它们的情况可能更为复杂，需要多层深入分析。

二 权力下放

人民团体虽然必须自觉接受党的领导，在党的统一领导下开展工作。但是各人民团体由于性质和代表群体的层次范畴有所不同，所代表的特定利益和目标也存在客观上的差异，因而各人民团体也应有自成体系的运作机制和权限界定。以工会为例，《中华全国总工会关于坚决纠正在企业改革改制中撤销工会组织，合并工会工作机构问题的通知》（总工发〔2009〕48号）（以下简称总工发〔2009〕48号《通知》）指出，"由于工会与党的性质不同，其群众性与党的先进性要求不同，工会必须要有相对的独立性，不能等同于党委的一个工作部门，否则不利于加强和改善党对工会工作的领导，也不利于充分发挥工会组织的作用"。《工会法》第四条明确规定，"工会必须坚持中国共产党的领导，依照工会章程独立自主地开展工作"；第十二条明确规定："任何组织和个人不得随意撤销、合并工会组织。"《中共中央关于加强和改善党对工会、共青团、妇联工作领导的通知》明确指出，"党组织应当支持工会按照法律和章程，执行上级组织的决议，独立自主地、创造性地开展工作。不得把工会的机构撤销、合并或归属于其他工作部门"。总工发〔2009〕48号《通知》还指出："一些国有企业在改革改制过程中，出现了工会组织被撤销、工会工作机构被合并到党群工作部、工会专职工作人员被大量裁减等现象。这种做法，严重削弱了企业工会组织，严重影响了企业工会工作，致使企业管理者与职工群众的沟通渠道不畅通，劳动关系矛盾得不到及时调处和化

整体化分散治理

解，成为导致群体性事件发生的重要原因之一，严重影响了企业和社会的和谐稳定。"因而总工发〔2009〕48 号《通知》在肯定党的领导外，还必须遵循工会自身的工作特性和工作路径，在具体工作事务和机构设置，人员配备方面应给予积极支持，尤其是开展独立工作方面应充分信任，放手工作。除此之外，工会还应加强自身建设，《中华全国总工会关于加强和改进新形势下工会自身建设的决定》指出："一些工会组织存在机关化、行政化现象，有些工会干部作风不够深入扎实，服务大局，服务职工的能力和水平还不够高。"可见关于工会外界影响和自身建设两方面的放权原则，中央已经有了充分的认识和明确的规定，其他人民团体也同样享有这一权利，《中共中央关于加强和改善党对工会、共青团、妇联工作领导的通知》明确指出，党组织应当支持工会等人民团体按照法律和章程，执行上级组织决议，独立自主地创造性地开展工作。但是精神已定，具体权限划分和权力下放路径等具体要求都始终未能出台。早在 1983 年，中共中央就发布了《关于人民团体级别问题的几点意见》就规定："除了已经明确相当于中央部一级单位的人民团体外，其余的和以后成立的，不再确定它们相当于党政机关哪一级。"王名指出："人民团体的各种基层单位加起来有 700 多万家，是很大的一个数量。工、青、妇，包括残联，20 多家人民团体，各层的分支机构加起来数量是非常大的。人民团体也是提供社会服务，一般定义它为党和政府联系人民的桥梁和纽带，它也是社会服务、社会协调、社会沟通，所以也是社会组织。但是要把它纳入立法，就更荒唐了。可能我们要花 10 年或者更长的时间，来理顺一些体制。"[①] 不过我们可以参照当前其他社会组织的改革经验先行试点，比如可以在人民团体的责任趋向上，不仅向上负责，同样也应向下负责，向上负责的是遵从党和国家的领导和重大决议，向下则是代表所联系的单位群体和个人，为他们服务，并听从他们的"民意"。其次，我们还应改变国家（党）与人民团体一体化的组织结构形式，将人民团体独立出来，更多地以"中介"的角色，介于国家与民众之间，尤其是人民团体可以作为各类社会组织的"对上联系人"，将某些社会团体转化为某领域的社会组织联合会，枢纽性社会组织或社会组织孵化器，从而成为国家与社会组织的

---

① 《"婆家"难找，民间组织求解 20 年之困》，《南方都市报》（数字版）（http://epaper.oeeee.com/A/html/2008-03/16/）。

交流中介平台（见图3-1）。还有，人民团体还可以改变与国家"被控制"的关系，转变为"协同关系"，使人民团体不仅是在党领导下统一工作，同时还应更多支持人民团体自身积极性、独立性和自主性，人民团体还可以购买政府服务项目，可以与政府竞争，也可以合作，或者可以监督政府的行为工作等，但是其还有很长一段路要走，且在改革中必须差异化发展，避免沦为"二政府"，也同样不能完全等同于其他社会组织，应该显出自己的特色，明确自己的角色、功能和地位。

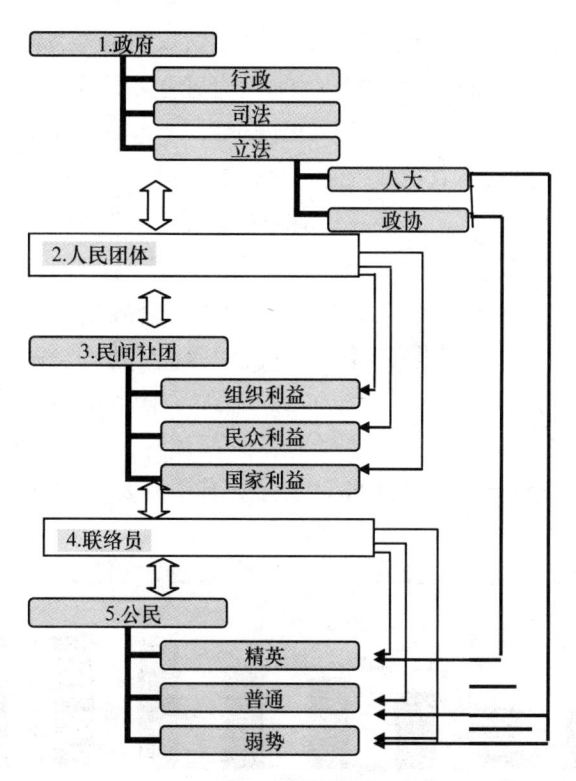

图3-1 中国政府与民间互动的"五级联动"图

注：在这个图示中，几个大层面之间是相互沟通的，实现了"五级联动"，这个系统以社团为核心，将其他主体连到一块，相互之间既合作，又分工不同，很好地实现了各主体之间的利益协调。甚至使得底层的民众的意见得到了表达和实现。而各个大层面内部，又因为阶层和代表的不同，从而也产生了相互制约、相互牵制的关系。因此，这个图示是循环的、系统的、协调的、开放的。

村庄社区自治权力是区别于国家权力的社会权力，"基层群众的自治，就群众个人即居民或公民而言，是宪法规定的自治权利；而对居委会（村委会）这个非政府组织而言，作为法人团体，其自治权对外也是一种法人权利，不受政府和其他人，其他组织的侵犯，也无权（无权利或权力）干预或侵犯他人和国家的利益；对本居民社区内部则是一种公共权力，即居委会受居民的授权，依法行使管理本单位居民区的社会事务的权力。这是一种非国家权力的社会公权力亦即社会权力，其性质特征，一是社会性、非政府性；二是公共性，非私域性。"[1] 然而这种认识还停留于理论上的认可，现实实践中这种目标仍试验在路上。总结向村民（社区）自治权力下放路径，主要有三条：一是法律法规的健全。自1983年以来，中共中央、国务院发布《关于实行政社分开建立乡政府的通知》（以下简称《通知》）开始，乡村自治真正拉开帷幕，《通知》要求："随着农村经济体制的改革，现行农村政社合一的体制显得很不适应。宪法已明确规定在农村建立乡政府，政社必须相应分开。要尽快改变党不管党、政不管政和政企不分的状况。"之后，1987年《中华人民共和国村民委员会组织法（试行）》，1990年民政部《关于在全国农村开展村民自治示范活动的通知》，2002年中央办公厅、国务院办公厅《关于进一步做好村民委员会环节选举工作的通知》，2004年，中央办公厅、国务院办公厅《关于健全和完善村务公开和民主管理制度的意见》都体现了这一精神。截至2015年底，基层群众自治组织共计68.1万个，其中村委会58.1万个，村民小

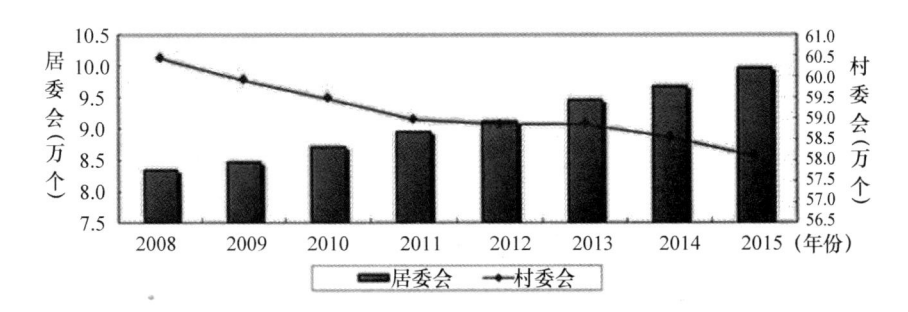

图 3-2 中国基层自治组织增长率（2008—2015）

资料来源：《民政部发布2015年社会服务发展统计公报》（http://www.mca.gov.cn/article/sj/tjgb/201607/20160700001136.shtml）。

---

[1] 郭道晖：《社会权力与公民社会》，译林出版社2009年版，第122页。

组 469.2 万个，村委会成员 229.7 万人；居委会 10 万个，居民小组 134.7 万个，居委会成员 51.2 万人。全年共有 16.5 万个村（居）委会完成选举，参与选举的村（居）民登记数为 2.1 亿人，参与投票人数为 1.6 亿人。

然而进步可喜，不足仍应警示，法律法规在一些关键地方未能实现突破，如村委会不是隶属于乡镇政府的一级政府机构，但村委会与居委会的设置却又是与人大和政府一并列入《中华人民共和国宪法》第三章"国家机构"的第五节"地方各级人民代表大会和地方各级人民政府"之中的。关于乡镇政府与村委会的关系，很多法律规定流于形式，止于内容，如《村民委员会组织法》（以下简称《组织法》）第五条明确规定："乡、民族乡、镇的人民政府对村民委员会的工作给予指导、支持和帮助，但是不得干预依法属于村民自治范围内的事项"。对于"两委"关系，《组织法》第四条规定："中国共产党在农村的基层组织，按照中国共产党章程进行工作，发挥领导核心作用，领导和支持村民委员会行使职权；依照宪法和法律，支持和保障村民开展自治活动、直接行使民主权利"。但实际上，在现实政治生活中，"两委"关系扯皮，乡政干涉村治的现象普遍存在。燕继荣指出"特别值得注意的现象是村民自治本身还需要国家制定村民委员会组织法来赋予合法地位，就连'村民委员会由主任，副主任和委员 3—7 人组成，每届任期 3 年，由村民直接提名和投票选举产生'，也是由国家法律来作出详细规定，这本身就与'自治'精神相悖"[1]。二是运行机制的构建。这主要体现于现实实践的创新发展。例如重庆市万州区黄梅村的"社日活动"，每月 20 日晚在村公共活动场所（村坝）举办村委领导与村民面对面交流、商议，这个活动已经坚持了 20 余年，从未间断，这种"协商机制"的设立，有效地保障了村民的权益表达权利，使村民能够参与到村中重大事务决策上来。而 2007 年江西赣州新农村建设理事会的产生，是对现有村庄"两委会"结构的有益补充，它承担了"两委会"行政事务以外的民间自治角色，并与"两委会"的工作良性互动，互补互助。2013 年 1 月，重庆市南坪街道公共事务中心成立，使社区干部从行政事务中解脱出来，专注于社区居民服务、管理，原社区承担

---

[1] 燕继荣：《中国的社会自治》，载俞可平《中国治理评论》，中央编译出版社 2012 年版，第 98 页。

整体化分散治理

的行政事务80%交给上级，社区事务由居民议事会讨论决定。机制的创新有效地解决了基层群众自治中的各主体间的矛盾，并将对民主自治的理解发挥出来。三是自治新生力量的培育。法律和机制是基层自治的客观外在环境，而自治运行的承担者应是群众自身，当前政府加大了基层组织的扶持力度。据贺更行研究，"上海市仅2008年就投入了3亿多元，培育社区公益性民间组织10418个，天津市通过制定管理备案机制和诚信自律制度，推动建立各类社区民间组织6506个，南京市通过社区服务机构纳入'民非'机构进行登记管理的办法，培育发展各类社区中介服务组织3500个，另外中国社区志愿者注册人数2000多万，参加社区志愿者活动的人数已累计达到3000万多人次。"[1] 截至2015年底，全国共有各类社区服务机构和设施36.1万个，覆盖率52.9%，其中，社区服务指导中心863个，社区服务中心2.4万个，社区服务站12.8万个，社区养老服务机构和设施2.6万个，互助型的养老设施6.2万个，其他社区服务设施12.0万个，城镇便民、利民服务网点24.9万个。社区志愿服务组织9.6万个（见表3-1、图3-3）。

表3-1 中国社区服务机构和设施（2008—2015年）

年份 指标	2008	2009	2010	2011	2012	2013	2014	2015
社区服务机构和设施（万个）	14.6	14.6	15.3	16.0	20.0	25.2	31.1	36.1
社区服务中心、站（万个）	4.0	6.3	5.7	7.1	10.4	12.8	14.3	15.2
社区服务中心、站增长率（%）	-32.9	58.4	-9.8	23.9	47.8	23.1	11.7	6.2

更具代表性的是业主委员会的创立与发展。业主委员会的权力基础是居民对其物业的所有权，它代表该物业的全体业主，对该物业有关的一切重大事项有决定权。根据政策规定，居住小区已交付使用并且入住率达到50%以上时，应当在该居住小区开发建设单位和居住小区所在的区县房屋土地管理机关指导下建立业主管理委员会。

---

[1] 贺更行：《城市社区建设》，载詹成付《基层政权和社区建设》，中国社会出版社2010年版，第172—177页。

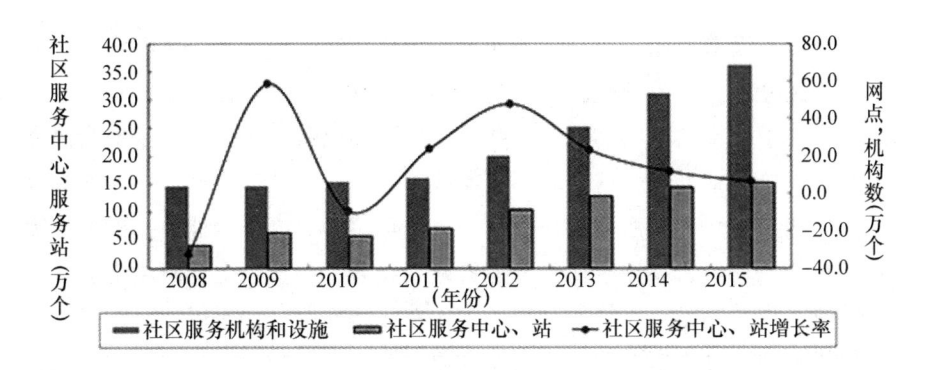

图 3-3 中国基层社区服务机构增长率（2008—2015 年）

资料来源：《民政部发布 2015 年社会服务发展统计公报》（http：//www.mca.gov.cn/article/sj/tjgb/201607/20160700001136.shtml）。

在处理好村民自治与乡级政府行政管理的关系的同时，党的组织领导与村民自治的关系还需进一步优化。金太军在《村民自治对国家与农村社会关系的制度化重构》一文中指出："权力过多地集中于党支部书记手中，反映了目前村委会与党支部关系的现状。"这种情况在我国基层政治发展过程中，有其客观必然性，但从长远来看，应必须进行渐进改革，针对党支部实际上是村级公共权力的支配者现状，应从三个方面进行改进："一是加强村民会议特别是村民代表会议的建设，真正发挥村民（代表）会议在村民自治中的最高权威。二是建立党支部向村级社区负责的机制。三是用法律来规范村党支部和村委会的关系"。① 通过制度设计和法律规范不断实现村委会与村党支部的良性互动关系，并达到职责分工，相互监督的局面。在保障党有效领导的基础上，实现体制内的不断突破。

民办非企业单位是新兴社会组织力量，在各类社会组织中代表着无政治色彩，经济性最浓的一种，因而对其是否符合社会组织本质特征的争议较小。但就是在此类社会组织中也难免留有阻碍或影响其发展的制度环境要素，因此除了我们对其放宽管理等级限制，采取更灵活、更科学的管理方式外，还需从以下几个方面对其改革放权。一是明确举办主体。民办非企业单位应由民间的资本举办，这样才能符合民办非企业单位的基本内涵。国家有关事业单位、人民团体，只是因为行业主管或指导的关系，没

---

① 金太军、王运生：《村民自治对国家与农村社会关系的制度化重构》，《文史哲》2002 年第 2 期。

有出资，也没有任命人员任职于非企业单位，就不应成为其举办主体。但是由于民办非企业单位是新兴社会力量，是社会主义建设的生力军，因而政府应给予政策法律上的扶持与照顾，但不能以各种理由和渠道成为民办非企业单位的举办者，这样既不能保证非企业单位的独立性，而且使具体的法律纠纷中法律关系复杂化。二是法律定位。民办非企业单位的名称需要重新定位，将公益性事业区分为公办和民办，在法律上或政策上有政改的意蕴，且我国已经承认各种经济主体在法律面前一律平等，以利用资产的形式不同区分为事业单位或民非企业，在法理上缺乏说服力。改革的目的，就是要民非企业成为独立的、自律的社会中介组织，事业单位或人民团体中或其创办的"民办非企业单位"也应回归真正的社会举办的，独立性的民间组织。另外，在身份上一直存有歧义的社会智库也应从工商企业类、经济类组织中分离出来，划属为民办非企业单位社会智库，社会智库在中国亦称体制外智库，它是相对于体制内的官方智库或政府智库而言的，指处于政府系统（党政系统）之外的专门从事政策研究和提供决策咨询服务的组织机构，其运作经费不是直接来自于财政拨款，而是来自于项目和课题研究、社会捐赠、企业资助及境外基金资助等。从组织身份来看，主要有四种类型：第一种是社团法人，如中国国际经济交流中心；第二种是民办非企业单位法人，如中国（海南）改革发展研究院、上海华夏社会发展研究院；第三种是企业法人，如零点研究咨询集团、北京安邦咨询公司；第四种是高校内的非法人研究机构，如北京大学经济研究中心、清华大学国情研究中心。[①] 其中第三、第四类社会智库，应分别脱离"营利性"和"行政性"，明确其民间组织的法律地位和本质属性，享有同样的民间组织的法律政策，鼓励以独立的、客观的、公正的视角和立场为社会和公众代言服务。三是民办非企业自身建设，我国现行《民办非企业单位登记管理暂行条例》没有明确规定理事会的具体职责，在民政部颁布的章程示范文本中有简单规定，因而应从更高的法律角度予以明确完善。另外民办非企业单位的监事会由内部产生，难以用局外人的立场进行客观性监督，导致监事会形骸化的缺陷，再者民办非企业单位的理事会应当通过理事会会议作出相关决议。从某种意义上说，理事会的议事规则是确保理事会决议效力，并有效发挥理事会功能的重要"阀门"，然而由于理事会

---

① 金家厚：《民间智库发展：现状逻辑与机制》，《行政论坛》2014年第1期。

会议的"人员到场——人事决议数"等方面在《民办非企业单位登记管理条例》中没有作出具体规定,应需立法完善,通过法律和自身治理结构和方式的改革,使民办非企业单位真正成为独立自主的民间组织。

三 转型与结合

一是组织化动员与社会化动员结合,在坚持组织化动员这一基本方式的基础上,探索和创新在新的经济与社会变革中进行社会化动员的有效途径。党的十六大以后,把社会建设列入与政治建设、经济建设、文化建设"四位一体"的国家战略框架。2004年十六届四中全会要求"发挥社团、行业组织和社会中介组织提供服务、反映诉求、规范行为的作用,形成社会管理和社会服务的合力"。2006年十六届六中全会"鼓励社会力量在教育、科技、文化、卫生、体育、社会福利等领域兴办民办非企业单位。发挥行业协会、学会、商会等社会团体的社会功能,为经济社会发展服务。发展和规范各类基金会,促进公益事业发展";2010年的十七届五中全会指出"发挥群众组织和社会组织作用,提高城乡社区自治和服务功能,形成社会管理和服务合力"。2014年十八届四中全会通过的《中共中央关于全面推进依法治国若干重大问题的决定》,全文8次提及"社会组织",在11个部分20余处,要求积极发挥社会组织在立法协商、普法和守法、推进法治社会建设等方面的作用。2015年6月习近平总书记在贵州考察期间指出:"要高度关注基层政权组织、经济组织、自治组织、群团组织、社会组织发展变化的特点,加强指导和管理,使各类基层组织按需设置、按职履责、有人办事、有章理事,既种好自留地、管好责任田,又唱好群英会、打好合力牌。"① 一系列讲话和政策文件的出台,明确了动员社会力量自我治理、服务社会的重要作用。截至2015年5月,我国共进行了12次简政放权改革,将权力下放给市场、企业与社会组织,进一步激发社会活力,增强经济社会发展的内生动力。从改革开放以来的社会组织动员方式演变来看,中央对于社会组织赋予的责任与角色已经由宏观向具体、由经济向政治、由服务向管理、由自治向共治的不断深化提升的过程。随着改革的力度加大,社会动员方式改革的步伐也必将更加坚定

---

① 习近平:《加强指导基层社会组织发挥积极作用》,民政部网站(http://www.mca.gov.cn/article/mxht/mtgz/201506/20150600837617.shtml)。

整体化分散治理

有力。

二是整体性治理与分散化治理结合。传统的国家治理结构具有组织紧密，控制严格，运作较有效率，我们称之为一体化或整体性治理。但是由于这种结构控制过于严厉，官僚色彩太浓，形式主义普遍存在，也带有结构僵化，发展滞后等弊端，在市场经济开放潮流下，愈来愈显出难以适应多样化需求的趋势。因而需要创造一个具有开创精神，能够迅速适应环境的变化，对服务对象的利益反应灵敏的国家治理体系。承担这一治理体系的是一些相对独立、类型多样、功能不尽相同的职能机构。这些机构可以政府的行政部门名义组建，也可以由立法部门组建；它们可以在公法、私法或者两者共同的框架内行使职能；它们的工作人员可以视为公务员的一部分，也可以被认为是按照普通劳动法雇用的雇员。这种治理结构在我国已经出现，尤其在基层农村和社区，已经呈现出不断创新、形式多样化的趋势。如2007年江西赣州农村成立的新农村建设理事会、重庆巫溪农村成立的村民矛盾纠纷协调小组、浙江宁波海曙区成立的社区公共服务中心等都是较有代表性的案例。而广东省深圳市创新成立的"法定机构"更是一种机构创新的新形式，它将成为当前事业单位改革分流的重要替代机构。"法定机构"是指"根据立法机构通过的专门法律或一部法律的某项条款而设立的，具体职责和主要业务范围由法律规定的管理社会公共事务或提供的公共服务的公营机构，依照国家有关法律、法规、规章规定对其监督，具有独立法人地位"。[①] 2008年6月，"深圳市城市规划发展研究中心"成立，成为深圳第一家法定机构试点单位，2009年9月，深圳市通过"三定方案"，目的是通过改革厘清政府、市场、社会三者的关系，法定机构正式提上政府改革日程。之后，广东佛山、广州等市也相继开展了法定机构试点改革。我们把以上新部门参与社会治理体系称之为"分散化治理"，它们有效弥补了传统整体性治理机制不足的问题，两者的结合是未来中国治理结构演变和改革的方向。

三是硬权力体系与软权力体系结合。"硬权力"与"软权力"的概念最早由知名的国际关系学者约瑟夫·S.奈提出，主要用来分析国际政治关系中与军事和经济力量那样的具体资源相关的"硬性命令式权力"和

---

① 杨秋荣：《事业单位向法定机构转型，面临什么问题》，《第一财经日报》2009年10月29日。

第三章 政社分开的权力逻辑进路

与文化、意识形态和制度等抽象资源相关的、决定他人偏好的"软性同化式权力"①，其实在国内政治治理研究中，这一权力概念同样适用。② 硬权力是指以国家法律法规、文件等正式的名义向下级或某一主体授予或委托行使某项权力的行为体系，它往往以军事、警察或法律的力量进行维持。而软权力不是通过硬性规定或正式授权的方式，而是无形中接受这一权力关系，主要体现为以文化的力量让社会服从某些法律或规则，久而久之形成的一种行为或习惯，它往往以说服、信任、价值和吸引来起作用。随着社会和科技的发展，以传统硬权力为基础的政治体系越来越受到以文化舆论等为代表的社会体系的挑战，郭道晖界定了各种区别于国家硬权力的社会软权力类型，如社会科学文化知识力量，其先进的科技文化知识已不只是社会生产与生活的被动反映，也不只是可转化为生产力，而且可以形成一种社会权力，具有调控乃至转变社会生活方式和影响国家行为的强大支配力。另外一些"民间法"也具有约束社会和他人行为的力量，如家规、族约、寺庙戒律、社团规章等，它们区别于国家法，以非正式的形式规范着"小社会"行为关系，还有社会道德权力，道德不只是属于个人的内在的心理，而是"良心"与"德行"的统一，是必然要表现于外的社会行为，影响社会并受社会制约。除此之外，社会宗教权力也属于软权力的范畴。③ 另外，以媒体为代表的公共监督，也成为约束和规范人们言行的重要社会力量，各种新闻评论、社会环境监测以及政界、企业界知名人士的报道，都有效地制约了社会不良行为和现象的发生。在西方国家，有学者将其称之为与行政权力、司法权力并列的第三种权力。而由于计算机网络信息技术的兴起，人们可以自由地在各种网络公共交流平台发布自己的观点和看法，打破了传统单向的仅由政府向社会发出的传播渠道。由此而带来的公民可以通过网络发表自己的政治见解和批评监督政府部门行为，这种权力我们可以称之为网络权力。因而在社会急速变化进步的时代，国家也应调整自己的治理策略，由传统的硬权力通吃向硬权力和软权力相互结合、相得益彰承担方式转变。

四是一般性与特殊性相结合。加强社会组织党建，是党与政府有效发

---

① [美]约瑟夫·S.奈:《硬权力与软权力》，门洪华译，北京大学出版社 2005 年版。
② 李凡:《治道变革：由硬权力向软权力过渡》，《领导文萃》2012 年第 16 期。
③ 郭道晖:《社会权力与公民社会》，译林出版社 2009 年版，第 208—217 页。

整体化分散治理

挥治理能力的重要内容之一，社会组织作为社会性要素的重要组成部分，代表着社会中较为宗旨明确、结构清晰和成果凝聚的特征，因而如何吸收成为拥护党和国家治理的有效工具或积极力量，成为党面临的迫切任务。然而党建与社会组织独立性要求都发生着价值趋向性冲突，特别是在当前中央提出加强社会管理创新，多次强调向社会放权的精神下，这种矛盾愈发显得突出，所以如何在二者之间找到一个平衡点，使其相互促进，合作共赢是我们必须解决的问题。首先，针对不同类社会组织的特性，我们对其提出不同的党建要求。党的十七届三中全会《决定》对基层党组织分别作出功能定位，其中农村基层党组织、街道社区党组织、高等学校党组织发挥"领导核心"作用；国有企业党组织，科研、文化、卫生、体育和中小学等事业单位党组织发挥"政治核心"作用；机关党组织发挥协助和监督作用；民族地区基层党组织发挥战斗堡垒作用；非公有制经济组织、社会组织中的党组织"要围绕贯彻党的方针政策，引导和监督遵守国家法律法规，团结凝聚职工群众，维护各方合法权益，促进健康发展等职能，探索发挥作用的途径和方法"。《决定》体现了党对各类组织或机构的不同党建要求，从高到低，对社会组织的要求最为松弛，相对宽松地给予了社会组织自我发展、发挥作用的空间，因而这是我们对社会组织整体党建的最基本标准。其次，我们同样可以学习《决定》对不同组织的党建标准，从而提出对不同类社会组织的党建要求，因为社会组织因其诉求、目标和任务的不同，分为政治型、倡议型、维权型、服务型等类型，它们分别对国家或党的政策或方针表现出不同程度的离合力，因而我们可以对这些不同类社会组织采取不同标准的党建要求，从而在维护国家社会稳定大局基础上，充分放权，激活社会组织。再次，党放权于社会组织还应循序渐进，逐步推进，对于较为成熟的、"讲政治"的社会组织或者服务类、经济类等中性社会组织率先放权，而对刚刚成立的、还不稳定的、未成熟的社会组织，以及维权类、倡议类社会组织要有效监控，使其沿着合法的渠道发展。另外，不同地区的社会组织由于其发展程度不同，尤其是发达地区的社会组织已经与制度接轨比较完善，自身发展也较为成熟，可以整体在地区上给予政策的倾斜，率先放开，而对落后贫困地区，由于社会组织力量薄弱，生存困难，党应积极给予亲自指导参与来扶持帮助，对民族地区党应从政治高度来保持社会组织的政治先进性，从而维护国家的稳定和社会的可持续发展。最后，党要转变执政方式，传统党的执政方式是在"思想、政治、组织"方面,这是我们党应坚持的最基本的领导方式,实践证明这种执政方式发挥积极的有益作用,比较于传统的强制性、一体化领导方式有了较大进步,然而由于新的市场要素发展和社会形式出现,加之人们自身素质和意识提升,人们已不满足于党的这种执政方式,需要进行补充和完善,尤其希望更加制度化、法律化或市场化的执政方式来领导,尤其是当前网络公民社会的兴起,正悄悄地改变着这种格局。网络公民社会是以网络为交流平台,自发的、民间的、非营利性的群体组织或公民个人,它们除了有着与公民社会存在共同的特性外,还有着一些不同的形式和特征表现,如分散性、隐秘性、虚拟性等特征,这都增加了党和国家对它们的影响和控制,加之这种群体数量发展迅速,规模庞大。2016 年 8 月 3 日,中国互联网络信息中心(CNNIC)在京发布的《第 38 次中国互联网络发展状况统计报告》显示,截至 2016 年 6 月,我国网民规模达 7.10 亿,我国互联网普及率达到 51.7%。我国手机网民规模达 6.56 亿,仅通过手机上网的网民占比就达到 24.5%,移动互联网应用向用户各类生活需求深入渗透。① 面对新兴的网络群体,不断新增的网络形式,普遍存在的网络安全问题,党应积极调整思路,转变观念,改进领导方式,用更为民主化的、人格化的或技术性的、科学性的领导方式代替,从而使党的领导永葆青春,社会组织也因党的放权而更具生命力。

第二节 从权力转移到权力变移

权力转移是指当前政府向市场放权,向社会放权的代名词。在康晓光的《权力的转移——转型时期中国权力格局的变迁》一书中,初步探讨了政治、经济、社会三大领域之间,权力分布格局的变化过程。② 这一研究从宏观历史演变的角度,阐述了国家与社会之间的权力结构变化,是对权力转移的理论先声,然而还未深入到更具体的实践前沿细节发生的改革过程。2013 年 3 月,《国务院机构改革和职能转变方案》发布,这是改革开放以来,我国推进的第七次简政放权改革,也是 2013 年以来短短一个

---

① 《第 38 次中国互联网络发展状况统计报告》,人民网(http://tc.people.com.cn/n1/2016/0803/c183008 - 28606650.html)。

② 康晓光:《权力的转移——转型时期中国权力格局的变迁》,浙江人民出版社 1999 年版。

整体化分散治理

月内第三次提出简政放权，改革取得了初步成效，但总结起来是"简政"较易，"放权"难。为何出现这种情况，一是放权更涉及权益的根本，推动较难；二是放权的方式较为简单，使权力下放效果并不明显，除了权力下放后管理上难以跟进以外，更重要的是，其下放的权力能否使社会接得住，用得了。这就涉及另一个问题，即权力在下放给社会（社会组织）以后，这些权力能否适用于社会组织。从 2013 年始，国务院先后出台多项放权文件，各地政府紧锣密鼓地进行简政放权改革，然而前置审批权下放给社会中介组织后，由于缺乏监管，造成乱收费、垄断经营、操作不规范等问题，吃掉了政府改革的红利。2015 年海南两会上，海南省人大代表邢诒川向简政放权"怪象"开炮："一个建设项目，从拿地到拿证，要经过 24 个中介机构的'关卡'、送审 48 个评估报告，要想加快审批，就得塞'加班费'！"[①] 2015 年 5 月，国务院批准《2015 年推进简政放权放管结合转变政府职能工作方案》，要求从减少审批向放权、监管、服务并重转变。

托夫勒（Toffler）在其著《权力变移》中较早地阐述了科技信息发展所带来的权力革命，权力开始不断向社会逆增和转移，其中"变移"也首次在该书中提出。[②] 国内学者包心鉴第一次论述了"权力变移"概念，在《改革高度集权的管理体制：权力变移的关键》一书中，指出"只有通过对高度集权体制的深度改革，实现公共权力在国家与社会之间的合理配置，逐步完善社会自我管理、自我发育、自我发展的良性运行机制，以及社会对国家权力的制约、监督机制，才能够创造社会逐步收回国家权力的条件，有效保证国家机器'社会公仆'的角色"[③]，然而包心鉴没有对"变移"具体内涵进行拓展阐述，其后吕庆春在《市场转型期经济与行政权力的变移》，王昉荔在《网络技术对权力变移的影响》[④] 中相继提出了"权力变移"的概念，但仍突出其"转"的含义，本书试图在以上研究基础上，着重以"变"的视角，观察当前政社分开的路径，探索适合社会

---

① 《人大代表炮轰简政放权怪象：一个项目 24 个中介"卡"》，新华网（http://www.ln.xinhuanet.com/newscenter/2015-02/13/c_1114367661_2.htm）。
② ［美］托夫勒：《权力变移》，周敦红等译，四川人民出版社 1991 年版。
③ 包心鉴：《改革高度集权的管理体制：权力变移的关键》，《文史哲》2000 年第 5 期。
④ 吕庆春：《市场转型期经济与行政权力的变移》，《理论探讨》2008 年第 4 期；王昉荔：《网络技术对权力变移的影响》，《北京邮电大学学报》（社科版）2011 年第 2 期。

(组织)运作的权力体系。变移的要素的构建包括以下方面的路径:(1)社会组织权力的法律基础;(2)社会组织权力的价值边界;(3)社会组织权力的市场契约;(4)社会组织权力的主体培育。

一 社会组织权力的法律基础

英国学者马克·尼奥克里尔斯在《管理市民社会》一书中指出"法律构建和调节的不仅是作为公民的个体主体,而且是作为阶级分立对立双方权力集体主体"。[①]可见,法律不仅是一种控制权力的工具,它还可以塑造一种权力,或一种权力主体,同时它也可以保障一种权力的行使,因而法律的功能是多样性的,对于社会组织权力的形成及维护有一种基础性作用。胡水君教授在《法律与社会权力》一书中也是指出中国应"从政治型社会权力向法律型社会权力转化"[②]。当前我国社会权力还处于萌芽,政治色彩浓厚,应在"去政治化"基础上,加强法律建设,为社会权力奠定成长基础。一是推进软法建设。软法在我国学术界还是一个比较新的词汇,目前还没有一个明确的定义,国外有学者将其描述成为一种没有拘束力的准法律法规体系,或者说约束力在一定程度上弱于传统"硬法"或者将其界定为与"硬法"相辅相成的行为规范体系,主要依靠共同体的威信、信誉和舆论来保障,其表达形式为"自我规制""志愿规制""合作规制"等。[③]如果说硬法是国家正式出台发布的法律法规文件,"软法"则是社会上非正式地隐性存在于社会交往活动中的规范约束或约定习俗。"软法"由于深根于社会,适用于社会群体之中,因而为社会权力提供了法律"效义"的制度规章,它对社会权力起到一种承认、保护和规范作用。但是当前我国"软法"还更多表现于宗族、家庭和村落,传统的家教、传统习俗等陈旧"案例",不具备现代性的契约或法律精神,因此在未来的软法建设中应注重以下原则:从主体上,软法规则形成主体具有多样性,既可能是政府,也可能是社会组织或公民,在效力上,一般

[①] [英]马克·尼奥克里尔斯:《管理市民社会》,陈小文译,商务印书馆2008年版,第185页。

[②] 胡水君:《法律与社会权力》,中国政法大学出版社2011年版。

[③] 罗豪才:《软法与公共治理》,北京大学出版社2006年版,第23页。罗豪才的相关著述还有:《软法与协商民主》,北京大学出版社2008年版;《软法亦法》,法律出版社2009年版;《软法的理论与实践》,北京大学出版社2010年版。

不具有硬法那样的强制制裁性法律后果，而更多是自律和激励性规定；在内容上，开放机制和协调机制是主要方式；在实施原则上，以"自由为体、为用"，兼顾公益与利益，公平与效率，建构适宜的社会权力成长的软法体系。在软法体系作为保障性基础以外，还应建构社会组织权力的实体法律，首先由国家出台《社会组织法》以代替现有的《社团管理条例》，从实体上真正实现社会组织的独有法律地位和国家层面的重要位置，在《社会组织法》中应明确社会组织的基本权力、权利，它们的性质，以及实施的程序原则等。由于社会组织分类多样，各类社会组织有着不同的背景、特征和组织形式，因而《社会组织法》还应在其中详细地规范各类社会组织的不同权力，甚或制定专门的"子法"，以明确不同社会组织的权力范畴。

除了将社会组织权力作为独立行使民主管理内部事务和作出决策的法律规范以外，还应考虑将其纳入公共权力范畴，也即将其纳入公法的规则范围，因为社会组织除了管理内部事务外，它还以公共（益）的目的与政府或企业乃至其他部门产生来往关系，这种关系的调整就超出了社会组织章程的约束范畴，需用统一的公共法律进行调节。同时它还有另外两种优点：一是通过公法对社会组织的权力进行规范，可以为其正确地行使权力提供法律依据和保障，从而保证社会组织在依据章程进行管理活动时的有效性和权威性；二是当社会组织参与社会管理，行使一定公权力，事实上造成了一种与被管理者之间的不平等关系，而公法（行政法）从中可以约束规范强者权力，保护弱者合法权益。当社会组织与组织成员或者社会公众产生矛盾时，可以通过行政诉讼的途径加以解决，同时由于社会组织与政府相对独立，故认为不宜通过行政复议的方式来解决，鉴于我国目前社会组织发展状况和司法效率等因素，可考虑在司法途径解决前，政府作为法律地位平等的第三方对当事双方争议实施调解。公法对社会组织权力的约束和规范以及与其他社会主体的关系协调，使社会组织权力有了法律基础依据，不至于因为与其他权力的冲突或争议而造成流变，这实际上是一种"约束下的保护"。当然社会组织权力还应有相应的救济机制，当这种权力受到侵害或者干扰时，有专门的救济法律或机构及时实施救助。

二 社会组织权力的价值边界

社会组织的权力有着深厚的价值基础，作为社会治理主体的社会组织

第三章 政社分开的权力逻辑进路

与其他主体一样享有共同治理社会的权力。权力的价值基础主要来自公民社会价值要素以及与之相关的自由、民主、平等、正义等价值要素。作为公民社会重要载体的社会组织有着国家治理中的重要权力位置,马克思在批评黑格尔"国家高于市民社会"理论基础上指出,"实际上,家庭和市民社会是国家的前提,它们才是真正的活动者"[1]。同时"家庭和市民社会是国家的真正的构成部分,是意志所具有的现实的精神实在性,它们是国家存在的方式"[2]。同样其他学者也相继提出了公民社会与国家的权力关系理念,托克维尔提出了"公民社会制衡国家理论",主张保持一个活跃的警觉的强有力的由各种非官方组成的公民社会来监督和制约国家。托马斯·潘恩与阿拉托提出了"公民社会对抗国家理论",并将东欧颜色革命中的波兰社会运动称之为"公民社会反抗国家"的兴起。另外,还有许多学者基于在国家与公民社会之间实现合理权力配置,二者独立自主运行基础上分别提出了"公民社会与国家共生共强"、"公民社会与国家合作互补理论"、"公民社会参与国家理论"[3]。在自由、民主、正义等价值观念方面,也为社会组织权力成长输入了新鲜的血液。西方马克思主义者认为社会组织及个人的真正自由或更大意义上的自由只是在取得对国家权力的主动性或自我优先发展权的时候,才得以真正与国家发生自由关系。伯林在《两种自由观》中提出"积极自由",积极自由要求社会组织在独立的前提下向国家嵌入,"使得国家必须挤出更多的权力让于社会组织,只有如此社会组织才不用沉浸于享受自由散漫性的醉欢而将权力拱手让给权威者"[4]。在自由为社会组织设置权力的基本前提条件下,民主也为这种权力多了一份制度保障,"协商民主"或"审议民主"的提出,要求社会组织可以在国家的重大公共政策中显示出自己的声音,而卡罗尔·佩特曼(Karole Patoman)与 C. B. 麦克弗森(C. B. Macpherson)的"参与民

---

[1] 《马克思恩格斯全集》(第1卷),人民出版社1956年版,第250—251页。
[2] 同上书,第251页。
[3] "公民社会对抗国家理论"([美]迈克尔·阿拉托:《公民社会对抗国家》,《目的》1981年第47期);"公民社会与国家共生共强"([美]迈克尔·伯恩哈德:《第一次转轨之后的公民社会——波兰及其他后共产主义国家民主化的困境》,《共产主义与后共产主义研究》,第307—327页);"公民社会与国家合作互补理论"([美]萨拉蒙和赫尔穆特·安海尔:《公民社会部门》,《社会》1997年第2期);"公民社会参与国家理论"([瑞]麦克莱蒂:《瑞典的国家与市民社会关系》,艾克伯格公司1995年版)。
[4] [英]以赛亚·伯林:《自由论》,胡传胜译,译林出版社2011年版,第3—4页。

· 103 ·

主"更是以社会组织直接参与到政府公务中来作为回应,其后的程序民主、宪政民主和平衡民主为社会组织参与政务和社会治理增添了更多的实际的制度上的操作与保障。然而自由与民主的理念要么使社会组织权力过于极端,要么过于保守,这就需要另一种理念——正义来进行平衡。罗尔斯提出的"公平正义"以"正义首要性原则"和"差异原则"①,纠正了边沁、密尔、休谟等人的"功利主义"的"最大化原则"及诺齐克、瓦尔泽的"正义"的"自由至上性原则",他首先提出"正义是社会制度的首要价值,正像真理是思想体系的首要价值一样。一种理论无论它多么精致和简洁,只要它不真实,就必须加以拒绝和修正,同样某些法律和制度,不管它们如何有效率和有条理,只要它们不正义,就必须加以改造和废除。每个人都拥有一种基于正义的不可侵犯性,这种不可侵犯性即使以社会整体利益之名也不能逾越"。② 同时,罗尔斯还赋予社会组织更多的期望,社会组织应以坚定的独立视角,为维护公众利益与国家保持一种公平的张力,从而体现社会组织为社会代言的重要角色。

然而,权力实施的基础是必须有相应的责任前提条件,亦即权力如何能够得到认同,保证它的合法性,就必须使其在一定责任要素和制度约束下阳光运行,社会组织虽然代表着普通民众利益,在追求民主平等,自由的公共价值方面具有重要意义。然而,社会组织也有着自身的利益诉求,当它代表组织成员或组织本身空间利益的时候,难免与公共利益产生错位差异,从而导致冲突和矛盾。这就要求社会组织的权力行使应更多地体现于"公共性"名义之下。廖月琴指出:"对于社会组织发展来说,如何在追求自身价值理想的同时承担具有公共性社会角色乃是一个不容回避的问题。"③ 因为,"公共性"是促成当代社会团结的重要机制,对于抵御市场经济背景下个体工具主义的快速扩张有着实质性的意义,是使个体得到超越狭隘的自我而关注公共生活的立基所在;还是形塑现代国家与民众间良性相倚,互为"监督"新格局的重要条件。④ 特别是在当前市场经济发

---

① 王栋:《批判与建构:罗尔斯正义首要思想发展论衡》,《理论与现代化》2013年第5期。
② [美] 罗尔斯:《正义论》,何怀宏等译,中国社会科学出版社2001年版,第1页。
③ 廖月琴:《转型期社会组织的价值诉求与迷思》,《南开学报》(社科版) 2013年第3期。
④ 李友梅、肖瑛等:《当代中国社会建设的公共性困境及其超越》,《中国社会科学》2012年第4期。

第三章 政社分开的权力逻辑进路

韧,政府向市场和社会组织大量放权,但相应社会组织制度以及维护公共利益的制度规则还没有完全建立起来,势必给社会组织权力非正常行使提供"空间",尤其科学技术发展后,以网络社会为代表的新公共群体的兴起,以自身的分散性、虚拟性、传播多向性和远程性等特点给政府和社会对其控制带来了挑战,在这种情况下,制度跟进和弥补将成为未来国家必须面对的重要任务。然而,社会组织权力的正确行使,除了加强社会组织管理制度建设外,更重要的是培育公民道德意识,尤其是权力范畴的公民政治道德。当前对于"官员"政治道德的要求,已十分重视与普遍,然而对于普通公民在参与政治或公共活动中的权力道德约束,却尤为贫乏,几乎还没有提到正规层面。然而随着民主进程的推进,以及民众利益诉求的扩大,这种公民政治参与的道德要求势必成为未来愈益重视的课题,比如在结社、表达、选举、监督、决策、管理乃至听证、陪审、信访、网络问政以及各种公共场所的社会活动中,各种非理性的参与问题和事件层出不穷,尤其群体性事件和网络中的诽谤攻击更是社会治安的焦点。因此加强公民的政治参与以及公共活动中的权力道德建设以适应政治民主发展和社会利益诉求多元冲突的化解,是当前迫切需

2014年我国群体性事件矛盾主体对比

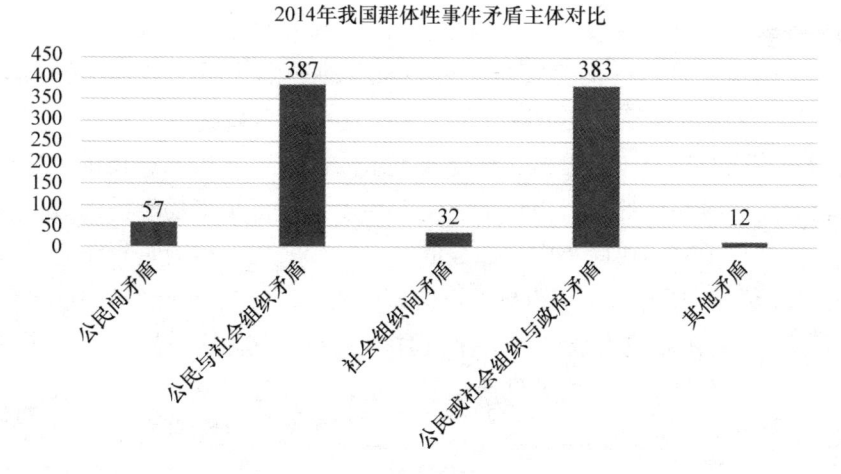

矛盾主体	数量
公民间矛盾	57
公民与社会组织矛盾	387
社会组织间矛盾	32
公民或社会组织与政府矛盾	383
其他矛盾	12

图3-4 中国引发群体性事件的矛盾主体分析(2004—2014年)

资料来源:a. 中国社科院法学研究所发布《2014年中国法治发展报告》,中国政府创新网,2014-04-27;b. 这里"社会组织"是企业、民间组织等,政府及事业单位等国家机关之外的组织统称。

要论证和完善的。①

三 社会组织权力的市场契约

经济学家卡尔·波兰尼在其《大转型：我们的时代的政治与经济起源》一书中指出，市场经济体系"意味着要让社会的运转从属于市场，意味着社会必须按照得以让市场经济体系良性运转的方式来形塑自身"②。市场经济成为了社会发展的前提，并且也成为社会运作的基本保障，它告诉我们：要么弃市场经济而亡，要么投身市场经济中去"学会游泳"。这种强大的市场力量，不仅对社会规则产生了影响，甚至对于社会政治的核心领域——"权力"亦起到了重塑作用。张铭等在分析各国权力演变路径时指出："一方面，中古社会呈离散的分割的权力格局，到近代之初出现了汇聚与集中化的趋势。而另一方面，在权力集中达到一定程度之后，政治上又往往出现对这种集中权力进行限制的反向运动。"张铭将这种现象称之为"权力悖论"，并指出，大凡能够及时化解"权力悖论"的那些国家，如英、美、北欧等国便在现代化之路上一路高歌，而在化解"权力悖论"中处置失当的国家，如法俄等国则承受着社会结构的长期反复震荡，至于德日等试图回避化解这一悖论的国家，则很容易导致内部政治"走火入魔"。而"权力悖论"的真正化解并不依赖于国家对政治的优化安排，它必须借助于市场经济的外在强大动力，"也正是市场经济在近现代的异军突起，才对以往时代中的一切呈现出碎片化的权力体系提出了整合与重组的要求，才对无法提供转型社会以稳定底线秩序的权力提出了强化的要求；也正是市场经济的进一步发展又提出了对于业已集中与加强的，走向专断化的权力进行了有效规制的要求"。③所有这一切市场经济的力量核心，便是市场经济中的"契约原则"，它在完成市场经济的使命时，也无形中将这一原则注入了社会的血液，并规制着社会的健康运转，也正是在这一要求下，社会组织权力才得以成为制约政府的强势权力，有效平衡市场中各种力量，以实

---

① 王栋：《中国"政治道德"主体性现代化进程与新范式探究》，《内蒙古社会科学》（汉文版）2011年第6期。

② [匈] 卡尔·波兰尼：《大转型：我们的时代的政治与经济起源》，冯钢等译，浙江人民出版社2007年版，第50页。

③ 张铭、刘洋：《市场经济时代与政治价值体系之调整》，《东岳论丛》2011年第2期。

第三章 政社分开的权力逻辑进路

现市场交易与合作的公平与效益。总结这一市场契约对于权力的重塑演变历程，可以发现存在一种国家的"自利→互利→民主→正义"的清晰脉络。

在"利"与"义"的取舍权衡上，"义"在我国历史长河中向来是占有绝对优势地位，"利"是低俗、卑下的小人作为，"义"则是忠诚大爱、君子之风。而这种利与义的比较，其实质是一种国家压倒个体的理论支撑，它将这种理论上的优势化作忠君、爱国的精神支柱和教导原则。近代以来最典型的一次启蒙运动——新文化运动，追求的是个体自由解放，民主文明的进步，然而仅有的一点"自由"光亮，却也被无限"救亡"的"国家至上""民族主义"所淹没。而改革开放后，市场经济的兴起，以"保护私有财产"为基准的市场原则和法律法规才正式确立了"自利"的合法性。尽管"自利"并未消除本身的劣性。正如马克思所说，"人真正才认识到自己是人"，这是一切国家或社会整体繁荣与发达的基础，也是维护个体幸福与自由的前提要素，然而，正如前述，自利有其自身的"劣性"，这种"劣性"并不会因人而异，它是每个人的特性，包括强势者，也包括弱势者，这就是自利的异化形式："优势自利"与"劣势自利"之分。二者的共同本质是有着"自利"之心，不同之处则是两种自利之体，由于占有资源、资本、权力或地位的不同，而在为"一己之私"谋利时，产生了强大反差，由此优势自利者较容易地从劣势自利者身上获得了利益，这也是马克思所描述的"阶级"的另一种政治化称谓。[①] 但劣势自利者并不甘心，除了没有绝对把握获取自己的应得之外，市场便从中起着一种均衡作用，因为市场它会以"劣势自利者"的不配合，不接受，或不交易或不参与来应对这种不公，从而社会总体效益就会下降，优势自利者无论如何加大投资力度，也难以挽回经济总量的下滑，这就逼迫优势自利者向劣势自利者作出让步。孙国峰认为："我们必须承认自利的存在，它是社会发展的'最终动力'，只不过应该在自利基础上建立完全互动的制度体系。我们可以将互利理解为自利追求最大化时的约束条件，没有这些约束条件，失去控

---

① 对于优势自利者——"政府"，金太军在其《政府的自利性及控制》，《江海学刊》2002年第2期中有着详细的论证，提出通过承认政府自利、划分政府自利范围、限制政府自利等方面对政府自利进行合理控制。

整体化分散治理

制的自利就将导致对整体社会资源的浪费。"① 因而市场经济要想实现最大效用函数,那就必须使每位参与市场交易之人都有利"可图",这就是"互利"对"自利"的发展。如果说"自利"为社会组织能够在社会治理或社会分配中占有一己之地,那么"互利"的提出,便为其提供了获得利益的途径和条件。市场正是以一种"无形之手"来拨平国家(强势权力)与社会或社会组织权力之间的差异,但这只是还处于不成熟状态,在中国改革的初期,市场经济仍未完善,所谓"自利"的原则往往成为自利者牟利的工具。首先是政府与社会组织合谋,大量政府官员或者退休官员在社会组织中兼任要职,某些社会组织成为政府或事业单位分化后的代理机构,承担着政府某些社会管理职能;其次"垄断性社会组织"的合谋,某些行业协会被少数国有大企业操纵,内部中小企业根本没有发言权,成为组织内大型企业牟利的工具。另外,某些社会组织的牟利合谋,"他们(协会)也许仅仅是将自治作为一种掩盖其自身利益保护的门面,自治通过限制进入而被使用作为反竞争的设置"②,王蓓蓓等就此指出:"行业协会就此掌握着'重复博弈'的惩罚性措施,更能克服'集体行动'的困境。"企业更趋向于合作,一旦企业处于激烈的市场竞争或环境影响之中,行业协会就立即把自身的协商功能转化为合谋行为,通过民主程序用自己的偏好来取代公共偏好,损害社会整体利益。③ 因而,互利真正体现其市场价值,还应用市场契约精神即经济民主中进行协调,"互利这种权力的完全回归,就必须形成拥有个体所有权的不同自利之间的力量制衡……换句话说,体现互利的公共权力必须要求国家这个载体独立于任何自利之上,它所面临的主要问题是如何设置一个控制其代理者自利向纯粹自利转化的机制"④。然而,民主并不是万能的,民主也有失灵的时候,它给予社会组织与国家及企业之间相互合作的平衡工具,但却成为实现真正平等的终极策略,尤其是以"多数民主"压倒"少数民主"的所谓"少数服从多数"往往成为民主

---

① 孙国峰:《论公共权力的异化及其向互利的回归》,《文史哲》2004年第2期。
② Margot Priest. The Privatization of Regulation: Five Models of Self-regulation, Ottau Law Review. 1998, 29: 233.
③ 王蓓蓓、张磊:《论行业协会民主价值的实现》,《南京工业大学学报》(社会科学版) 2012年第2期。
④ 孙国峰:《论公共权力的异化及其向互利的回归——以"交易成本"为视域》,《文史哲》2004年第2期。

体现的借口，而忽视或侵犯弱者利益，因而我们最后要做的是必须赋予弱者（社会组织）权力，使它具有与国家相抗衡，能够抵制住国家政策不当干预的能力。最后就是在民主机制内部注入"正义"的制度保障，在保证国家、企业、社会组织之间平等之外，还应对于弱者——社会组织给予适当的政策倾斜、法律保护以及制度救济。可见国家"自利→互利→民主→正义"的发展历程，逐步构建了市场契约精神的结果框架，亦成为社会组织权力存在以及完善的重要支撑。

四 社会组织权力的主体培育

权力的实施必须有"可靠"的主体保障，所谓可靠，在这里指的是主体本身有实际的能力，有一定的实力，以及对任务的承受力，对外界环境的适应力及对突发问题的反应力，这都是权力能够正常实施的必要条件。本书将从社会组织本体能力建设与客体外在环境要素，即政策激励、法律教化、制度保障、改革驱动、市场培育以及文化基础等方面展开探讨。首先是社会组织能力建设。"社会组织能力即社会组织利用资源形成和制定组织愿景、战略、使命和目标，并有效实施组织的愿景、战略、使命和目标，为社会提供非营利性质（包括公益性和互益性）产品和服务，形成组织与环境的良性互动，获得竞争优势，确保组织可持续发展过程中体现出来的潜能和素质。"[1] 一般情况下，它包含四个能力维度：一是使命、愿景与战略规划能力；二是治理结构与领导能力；三是行政及财务管理能力；四是资源管理能力。另外它还可能包括公益营销与公关能力、项目管理能力和公信力管理能力等。因而社会组织的能力建设也应围绕以上几个方面展开，这就需要一个社会组织应是学习型的、制度规范性社会组织，同时它还应是一个创新型和发展型社会组织，在塑造这些社会组织的同时，也逐渐建构起社会组织能力的基本构架并以此为基础不断得以提升。其次是法律教化作用。法律不仅有着规范作用，法律的精神和教义在其形成和实施过程中对社会组织起到一种引导和培育作用。法律本身就是一种对社会或国家制度的安排，在这种制度设计中，法律将以选择的方式对社会各种主体进行优化组合，以及关系调整或者存废取舍，这

---

[1] 马庆钰等：《社会组织能力建设》，中国社会出版社2011年版。

整体化分散治理

无疑都对社会组织的存在与发展以及角色定位产生了重要影响,至于其法律隐含的民主、自由、平等和保护作用,英国学者马克·尼奥克里尔斯曾经指出:"法律所构建和调节的不仅是作为公民的个体主体,而且是作为阶级分立对立双方权力的集体主体",法律因此从国家高度的名义在权力主体之间进行权力优化安排,并以权力的形式来塑造和扶持社会组织的壮大发展。他同时强调国家应将法律看作一种管理手段,以管理名义将法律作为培育和影响社会组织的重要工具。"法律和管理是一种媒介,通过这种媒介,国家建构调整编排和隔离市民社会的机体,无论是人的身体还是非人的机体。法律和管理之所以重要,是因为它们不仅仅是'上层建筑'。与粗鄙的基础——上层建筑分析方法不同,法律如同国家一样,最好理解为在一种总体性中的依存因素,但该因素建构了这种总体性特征,这是一种服从于持续斗争的总体性。"[①] 最后是制度保障作用,社会组织能够顺利成长以及其功能得以正常发挥,需要有合理的制度保障,这种制度从宏观层面来讲就是政治体制,这种体制允许并鼓励社会组织的存在发展,从微观层面则是针对社会组织的具体制度要求是否合理健全。从第一个层面来说,党和政府已经明确了社会组织在国家与社会治理中的合法地位,并承认其承担的重要职责。然而从具体微观制度层面看却不乐观。俞可平将其总结为"制度剩余与制度匮乏并存"。"一方面,关于民间组织的许多规定大量重复、交叉和繁琐,从国务院、民政部到各部委联合下发的社会组织管理规定,从中央到地方各级部门单独分别制定的对本区域管辖范围内社会组织的规定,从民政主管部门到业务主管部门规定,从政府到党委各级部门制定的管理规定,由此造成了制度多头制定,多层制定,制度间缺乏衔接沟通,不仅重复性强,而且有些地方还存在冲突,这无疑为社会组织管理带来了麻烦。"而另一方面,"在制度剩余的同时,民间组织的管理又存在着许多'真空'地带,一是缺乏管理民间组织的一般性法律;二是缺乏针对性和操作性的法规;三是现行的一些管理条例在实际生活中已经较难适用",制度的匮乏更不利于社会组织的健康发展,社会组织常常在工作中遇到复杂性、敏感性或者与其他主体发生矛盾调节时,而无相关制度可以遵循。甚至俞可

---

① [英]马克·尼奥克里尔斯:《管理市民社会》,商务印书馆2008年版,第185、213页。

第三章 政社分开的权力逻辑进路

平指出,"当前我国社会组织的实际发现空间已经远远超出了其制度空间(这里所说的'制度空间'就是按照民间组织管理法规合法存在的空间;'实际空间'即是民间组织现实存在空间),一个典型的例证就是,实际存在的民间数量,已经远远多于政府主管部门正式登记在册的数量。"① 可见在我国制度还未能起到真正的引导和培育作用,这就需要完善与健全相关社会组织的制度法规,理顺各管理主体间制度制定的系统性和衔接性,增强制度在社会组织发展中的指导性作用。尤其在社会组织的权力与国家权力之间,设计合作、平等互利的制度安排以及冲突解困的制度回旋空间。除制度性规范外,我们还应制定一些积极的政策,以政策的激励效应来鼓励和推动社会组织的发展。政策激励一般可分为合法性激励、资源性激励和选择性激励等。合法性激励又可分为政治合法性、行政合法性与社会合法性三种不同层次的要求,其中政治合法性是赋予社会组织政治上的认可,允许在现有政治体制内活动。行政合法性是认同社会组织在社会治理中的积极角色,认同其与政府目标的一致性,从而与政府展开合作。社会合法性则是民众、风俗、文化等方面对社会组织的心理认同,承认其是社会必要组成部分。因而合法性激励是对社会组织政策激励的首要前提,而不同层次的合法性要求是对社会组织逐步深入的促进机制。另外,资源性激励是政府用资金补助或招标购买等方式扶持激励社会组织发展的有效方式,当前这种方式已成为社会组织管理方式转变与政府职能转变的重要议题,各种形式的购买服务方式也应运而生,如苏州的"公益创投"项目,中央对农民工维权组织的"中央彩票基金项目"等都取得了显著成效。但是当前部分地区(上海、北京、重庆)政社分开改革,由于政府急剧从社会组织事务中撤出,致使社会组织的办公场所、人员构成、资金来源受到较大程度影响,尤其对于那些非经济行业类的社会组织,由于无一定资金支持来源,从而给这些社会组织带来了较大经济压力,因而在实施政社分开改革的同时,政府应保持对社会组织一定的资源性激励措施,使其在获得独立工作的同时,也有充分的资源来维持组织的可持续发展。以上法律教化,制度保障和政策激励如果说是政府的社会责任要求,那么另一种社会组织发展的

---

① 俞可平:《中国公民社会的概念分类与制度环境》,《中国社会科学》2006年第1期。

整体化分散治理

重要环境动力——市场,也起着不可忽视的作用。由于中西方公民社会发展历程的不同,一般情况下西方国家公民社会与市场经济同步成熟,且互为前提条件,而我国公民社会是在市场经济推动下萌然发生,因而市场经济对于我国公民社会的发展有着更为不同寻常的地位作用。在我国,一般市场经济发展较为快速的地方,社会组织发展也较为迅猛,如东部沿海地区,以温州市为例,"温州的重商和功利精神、社会自治传统是商会发展的重要社会基础。这种传统使民间组织拥有广泛的社会生存空间。而在历史上产生的重商精神和功利思想,奠定了温州人重实际、讲实利、求实效的思想文化基础,这种传统使温州企业家不但能够大胆地突破体制界限,作出理性的制度安排,进行行业组织创新"[1]。温州现象不仅体现了中央市场经济政策给予社会组织发展带来的利好,同时温州人的经济头脑、市场意识也无疑赋予其较其他地区发展更多主动性和先行性。另外还有一种"客家人"现象,历史上的客家人由于迁至南方后,在与当地居民资源分配中占有劣势,很多客家人土地欠缺,只有从事"生意"的行当,而当时中国对"经商"视为低等的行业,然而,改革开放后,中国政策形势转变,却给了以传统经商为生的客家人以重大的转机,在广东、福建、浙江等客家人聚集的地方,市场经济也在此先行发展,同样社会组织在此类地区也较为兴盛。如果说市场培育是市场组织重要的外在社会推力,那么文化环境的塑造也是社会组织能够顺利成长的重要因素。文化虽然在其推动发展中起到的是一种慢效应,但如果缺乏相应的文化支撑,或者有着文化上的冲突,公民社会则必然从根本上无法得到真正发展。因而基于以上的社会组织能力建设、政策激励、法律教化、制度保障、市场培育和文化基础的社会组织权力的主体培育,都必然起到相互影响、相互联系的有机互动作用,当前作为社会主导者和治理决策者的国家,在此定位上应该以改革的姿态,推动以上积极要素的形成和巩固,"改革驱动"将以上要素整体推进,起到联动效应,并在某些环节重点突破,引领发展。因而"改革"是社会组织培育各个环节及要素的当前重要路径选择,应该坚持不懈地推动前进。

---

[1] 徐令义:《温州实验区发展态势》,上海社会科学院出版社1988年版,第14页。

第三章 政社分开的权力逻辑进路

第三节 从权力分立到权力分衡

权力分立是国家民主思想的前提,其最终的效果是权力分衡,"分立"是第一步,社会权力与国家权力之间实现各自独立运作,互不侵扰,和平共处,这是最基本的先设条件,但是社会是一个有机体,各主体是整个生命系统中的"一元",各自之间必须相互联系协调运行,并以协作沟通的方式共同推进机体的发展。这就是一种"平衡"的作用。郭道晖教授指出"社会权力与国家权力"关系有着三个方面:一是分权,将本应属于社会主体的权力,从国家权力中分离出来,归为社会自主、自治权力;二是参权,通过公民和社会组织集中和反映不同社会群体的意见和要求,直接参与国家行政、司法以及立法活动,决策和执行过程,受委托或者被授权代行一些执法活动以及贡献智慧,提供实情和依法监督腐败等;三是监权,通过运用为社会所掌握或影响的舆论媒体,社会组织游说,公民集体行使公权力,去监督国家权力。[①]"分权"在郭道晖看来是权力体系结构的第一个要点,而参权与监权是对"分权"结构的重组与优化。没有制衡的权力结构只能是机械的、僵化的和无生气的,正如美国学者达尔在《多元主义困境》一书中所说,"为了防止多数人或少数人的暴政,重要的是社会上的多元制衡,而不是宪法上规定的分权制衡,尽管后者也是民主得以实现的重要条件",他指出:"一个多元的社会就意味着意见的多元性、利益的多元性和权力的多元性。"[②] 当前我国正积极推进简政放权改革,将政府不该管或管不了的权限下放给社会、市场。然而这种改革的目的,只意在单方面主导促进政府改革及廉政能力,以及激发社会力量的积极性,而缺乏或回避放权之后,社会权力对政府权力的制约与抗衡,即使提到,也仅限于口头描述,而无实际制度措施支撑,因而这种放权的意境还仍停滞于促进各主体的活力与动力,而未形成各主体之间相互补充、扶持、促进的局面,国家权力与社会权力缺乏沟通拉动,从而制约了权力体系整体效益的提

---

① 郭道晖:《社会权力与公民社会》,译林出版社2009年版,第69页。
② Dahl, Dilemmas of Pluralist Democracy: Autonomy US. Control, New Haven: Yale University Press, 1982, p.1, 也可参见[美]达尔《民主理论的前言》,顾昕译,生活·读书·新知三联书店1999年版,第205—230页。

整体化分散治理

升。纵观西方国家权力结构体系的演变,也是经历了从市民社会向国家争权,国家不断改革放权的过程基础上,权力结构逐渐达到平衡制约的局面。约翰·基恩在《市民社会与国家权力的型态》中,阐述了西方国家由"安全国家(托马斯·霍布斯:《利维坦》)→立宪国家(约翰·洛克:《论市民政府的真正起源,限度和目的》)→最小限度国家(托马斯·潘恩:《人的权利》)→普遍国家(黑格尔:《法哲学原理》)→民主国家(阿列克西·德·托克维尔:《论美国的民主》)"[1]。西方这一演变历程是漫长的,不仅是国家与社会相互交织斗争,其中政治、经济、文化等各种基础要素也同时储存发育。我国市民社会如果要取得与国家同样平等地位,也应在争取权力的同时,积极培育社会权力的相应支撑要素,在不断累积性发展基础上取得质的突破,从而建构社会权力与国家权力平衡共处,和谐发展的格局。"显而易见,中国市民社会与国家的良性互动乃是二者之间的一种双向的适度的制衡关系。通过这种互动,双方能够较好地控制各自的内在弊端,使国家所维护的普遍利益与市民社会所捍卫的特殊利益得到符合社会总体发展趋势的平衡"[2],本书将从结构、功能、机制三个方面系统阐述权力分衡的要素架构及运作机制。

表3-2　　　　　政社权力分衡与互动的内容及内在逻辑

	基础	手段	要素	原则
结构性分衡	● 具有自治与共治理念和能力的市民社会兴起	● 主体分衡:培育自治精神与能力的中产阶级 ● 机构分衡:设立统一代理机构、第三方机构、公民观察团等	● 社会治理的各主体,主要包括党政机关与社会组织 ● 参与治理结构改革的相关机构,主要是创新性机构	● 保持中立 ● 渐进改革 ● 文化铺垫

---

[1] John Keane. Democracy and Civil Society, Vesso, pp. 36-37,译文见约翰·基恩《市民社会与国家权力的型态》,邓正来、周勇译,参见邓正来《国家与社会——中国市民社会研究》,北京大学出版社2008年版,第235页(以上各代表人物书籍也可参见本书脚注)。

[2] 邓正来、景跃进:《建构中国的市民社会》,《中国社会科学季刊》(中国香港)1992年第1期。

续表

	基础	手段	要素	原则
功能性分衡	●实现社会组织与党政机关脱钩 ●增强社会组织能力	●理顺政社关系 ●政府职能转变 ●政府业务退出机制 ●事业单位改革 ●权力下放	●社会组织、政府、政党、事业单位、政协等在功能性分衡中的角色与作用	●市场性发展 ●政府简政且赋权赋能予社会组织
机制性分衡	●科学与管理技术进步 ●法制发展健全	●技术手段 ●法制手段	●电子政务利用与发展 ●法律与制度的利用及完善	●技术方面：设定成本和质量基准；制定各主体目标空间；商定沟通渠道；构建信息系统；明确责任 ●法制方面：合法性、民主性、科学性、程序性和协调性原则

一 结构性分衡

首先是主体结构，作为与国家相分衡的另一主体即市民社会，这一主体的建构过程是伴随着改革开放以来由计划经济向市场经济过渡过程中发展形成的。在计划经济时代的工人阶级首先成为市民社会培育的基本对象，因为工人阶级有素质、有纪律、有集体观并以国家作为基本依托，因而将其改造成市民社会，比较符合群体结构，也能够维护社会稳定。但是工人阶级仅仅代表着一部分人的利益，作为中国广大人民群众，它并不是大多数组成部分，况且市民社会应代表更广泛的社会多元，因而还应将工人阶级培育成中产阶级，这也是西方市民社会的经验（中产阶级是西方市民社会的主体组成）。因而中产阶级便又成为新时期塑造市民社会的中坚力量。问题是，以国家为主导的中产阶级在完成这一任务时，往往又难以以独立的视角完成自身自主性的精神任务，由于我国中产阶级是国家培育并以此作为主导国家治理稳定的主体，而不是市场经济自然发育并经过权利诉求与获取的过程而成长壮大，因此中国的中产阶级是国家的阶级而非市民社会的阶级，温铁军指出："中产阶级在政治上本来应该有倾向于市民社会的诉求，但后来逐渐趋向于保守，容易与政党利益一致——越是'中产'的群体越希望社会稳定。然而中国的中产阶级一方面范围跨度较大，职业众多，没有形成像大资产阶级或者少数富裕阶级那样清楚的阶级意识；另一方面他们难以跟统治阶级从中直接获取垄断资本收益的体系形成自然的利益结合，也无法对政策决策施加直接影响。所以，在国家垄断条件下的'亲资本'的政策体系中，不能得到与垄断资本明显一致的制度收益。"① 英国学者马克·尼奥克里尔斯分析认为英国市民社会形成过程中也同样有着类似遭遇，"正是通过斗争（阶级斗争）这一过程，工人阶级，而不是它的'贵族因素'，更确切地说是市民社会的工人阶级也发现自己的斗争被整合到国家中了，被转化成了管理结构，反过来对付工人阶级。所以，工人阶级在变为市民社会的一个阶级而奋斗的过程中，发现自己也变成了国家的一个阶级②"。不过，英国工人阶级并没有完全成为国家的附庸，因为英国的社会基础阶层并不是一时间形成，工人阶级也只是其中极小的组成部分，它们早就形成了与国家抗衡的传统，从最初的国家与教会分离斗争，教会附属于国家，为世俗国家统一发展提供了条件，而后贵族对国家分离斗争，国家附属于贵族精英为资产阶级开辟道路，再后市民社会与贵族分离斗争，市民社会获得与贵族精英平等的社会地位，这三次分离斗争，经历了漫长的历史演进过程，因而英国在十八九世纪的工人阶级向市民社会培育过程中仍依据传统的精神支撑，未被国家完全淹没，他们有着自己的斗争底线和既定发展方向，正如尼奥克里尔斯所说，"英国工人阶级既是由政治管理和国家权力建构的，也建构了政治管理和国家权力结构（换言之，我们既需要作为从属的工人阶级这一观念，而且也需要作为主体的工人阶级这一观念）"。因而中国正处于英国当时同样的情况，却无同样的历史背景，可能因此而在培育过程中更加艰难。以"社会智库"为例，不仅难以真正步入国家政策决策领域之中，同时也被国家挤压、排斥，2005 年国家工商行政管理总局注册规范化行动，便确立了部分社会智库难以被认定为社会组织，只能以营利组织存在，其参与政策决策的任务便未得到认可，反而被"弱视"。不仅是社会智库，同样是社会组织身份出现的"公民社会"也受到"冷落"，基本上在学界讨论，难以见于公共舆论空间。因而，中国的市民社会如何取得一定地位和

---

① 温铁军：《中国中产阶级崛起的社会影响》，中国社会科学网（http：//www.cssn.cn/shx/shx_ fcyld/201310.29）。

② ［英］马克·尼奥克里尔斯：《管理市民社会》，商务印书馆 2008 年版，第 143 页。

第三章 政社分开的权力逻辑进路

与国家对话位置,当前最大的挑战便是在"政治上"能否获得独立,这与中国历史传统有着必然的联系,当前中国的市场经济培育的,严格意义上说是具有经济利益诉求的"市民社会"而缺乏政治参与的"公民社会"①。

"分衡"除主体间性分立与平衡之外,还需在相应机构设置上体现这一原则。结合当前已有创新型社会组织,本书试图从中梳理权力在其中的联络作用和制衡角色,并探索转型与改革中的可能性趋向以及在原有经验上的突破提升。

一是中介性组织或机构,这类组织主要参与对社会组织的支持、培育,同时代表社会组织的意愿或利益与党政机构对话沟通。目前相应组织有北京的枢纽型社会组织,"枢纽型社会组织是由负责社会建设的有关部门认定,在对同类别、同性质、同领域社会组织的发展、服务、管理工作中,在政治上发挥桥梁纽带作用,在业务上处于龙头地位,在管理上承担业务主管职能的联合性社会组织"②,这里组织主要依托人民团体的作用,发挥人民团体作为党政延伸性群众组织的基层优势。一方面,人民团体按业务分类统一管理相关社会组织产生集约效应,减少目前多头治理的无效性;另一方面,将同领域内的公共资源得到集中共享,加强领域内社会中发展的战略规划,提升同领域社会组织的资源获取能力。另一种形式是在政府指导并策划下成立了公益组织孵化器,其初创于2006年的上海市,模式是"政府支持,民间力量兴办,专业团队管理,政府和公众监督,民间公益组织受益"。这类组织设有专门的董事会执行机构,通过筹措资金参与自主型组织建立公益创投合作伙伴关系,同时引入专家顾问团,借助管理咨询、会计、法律营销等手段向被孵化的社会组织提供多方面服务。还有一种形式是社会组织促进会,从2008年中国社会组织促进会成立到现在各省及各地市大部分已经成立了当地的社会组织促进会,它由社会团体、行业协会、基金会、企业或事业单位、民办非企业组织组成,几乎涵盖了所有社会组织或相关类型,主要任务为开展所涉区域内社会组织

---

① 俞可平指出,"'公民社会'强调'civil society'的政治学意义,即公民参与和公民对国家权力的制约","公民社会便是未来市场经济发展的方向,也是中国民主政治的发展方向"。参见俞可平《中国公民社会的概念、分类与制度环境》,《中国社会科学》2006年第1期。
② 《关于构建市级"枢纽型"社会组织工作体系的暂行办法》,通州社会建设网(http://shgw.bjtzh.gov.cn/n10512/c2177261/content.html)。

调查研究，向政府提供决策和立法建议、信息或资料数据，组织社会组织之间的合作交流，并在培训社会组织人才，代表社会组织与政府沟通对话提供渠道与平台。

二是统一代理机构或组织，目的是通过党、政、社会组织以及其他企事业单位或社会机构的联合，共同设立相关业务内的合作交流平台，对于同一问题可以多元出动，联合应对。目前这类组织有杭州的社会复合主体，是由党政界、知识界、行业界、媒体界等不同身份的人员共同参与，主动关联形成多层架构，网状联结、功能融合、优势互补的新型创业主体，这类组织目的是推动社会和公益事业发展，以社会效益与经营运作模式相统一，为社会组织参与多方合作的渠道与机会提供了便利。另一种形式是广东于 2008 年在广州、深圳、珠海等市开展的法定机构试点。法定机构是由政府或事业单位走出来，独立承担政府，社会组织，企业事业单位等多方涉及处理的事务，由于在某一部门内部难以完成多方交叉联系的事务，外部代理机构是解决这一问题的有效创新形式，法定机构重合同治理，对外与政府委托部门签订行政合同，形成合法关系，对内与聘用员工签订劳动合同，形成私法关系。同时它的运行原则是法定化，即内部运行机制必须坚持民主法制原则，另外所有处理事务必须依据一定的专门性法律、规章，彻底清除"行政化"特征。但是由于多元之间的能量不平衡性，党政机关的强势地位，很多工作并未照顾到完全公平透明，对于社会组织等弱势群体的利益没有完全实施保障，因而纳入第三方机构是对以上问题的破解。为了使各方主体在竞争与合作中体现出公平、公正，需要有一个机构作为"编外人员"对其监督或调控，由于第三方机构独立运作，不受任何一方的管治，故而其评判结果较有信度。第一种形式是建立一种统一管理机构，这种机构凌驾于所有主体权力之上，由国家规划创设，其权力不受政府等党政部门的影响，丁茂战曾指出"社会治理是一项政策性强，涉及面广，协调难度大的工作，没有强有力的工作机构，很难实施真正有效的管理和服务。因此有必要成立统一的政府社会治理机构"。[1]第二种形式是引入第三方评估机构，此类机构可以由各方治理主体共同编排构成，也可以邀请社会其他组织参与，其承担的主要职责就是客观公正地对各方主体的财务、人事、业务等重要事项进行监督检查，形成定期不

---

[1] 丁茂战：《我国政府社会治理制度改革研究》，中国经济出版社 2009 年版，第 221 页。

定期的寻访制度和常驻人员制度，对于各方主体的合同，合作等事项参与协调监督，制定专门的规章制度对于违规涉嫌的主体实施惩罚等，在政府购买社会组织公共服务，社会组织公益创投，社会组织公益项目，社会组织社会捐纳收支以及社会组织管理服务等方面，第三方评估机构都应拿出相应的信息数据作为各方工作的标准衡量工具。2014年6月，国务院对出台政策措施落实情况开展全面督查时，首次委托国家行政学院、全国工商联、国务院发展研究中心和中国科学院开展第三方评估。2015年2月，重庆市对2015年全市重大决策部署贯彻落实情况开展全面督查中，首次引入重庆社科院、重咨公司、重庆智库和市社情民意调查中心等研究咨询机构，对部分重大决策部署贯彻落实情况开展第三方评估和社会评价，并形成了数万字的评估报告，为进一步助推党委政府决策科学化、民主化进行了积极探索。引入第三方评估，意味着作出评估结论的机构既非政策制定者，也非执行者，其实质是一种更客观的社会监督。当然第三方评估机构也接受各治理主体代表的质询和监督，有条件的可以吸收媒体等部门介入，采纳"第四方"的建议与作用。第三种形式是成立公民或公民团体观察团。在有争议的群体事件或者某项社会事务难以找到中间协调人的情况下，公民或者相关社会组织可以组成代表团，参与事件的处理，从中以"旁观者"的身份进行"客观"处理。代表团依据法律法规，并参照当地习俗文化，结合地方部门意见和当事者的意愿诉求，提出各方都能接受的方案，代表团同时向相关负责部门汇报事件进展，并提出合理建议。观察团是我国目前刚刚探索的方式，2010年12月，由于建嵘、笑蜀等学者组成的钱云会案件民间观察团，观察团制定了"团规则"：独立、客观地提供第三方的事故调查报告；不代表任何利益方；检校事件过程的公正性，探寻真相，但不承诺提供真相；不追求新闻效应，但不拒绝公开；所有成员的观点在报告中载明，包括异议意见；不擅自对外发表涉及团体的观点；经费自理；内部决议按照民主规则，开会方式适用于罗伯特议事规则。但是这次观察最终没能拿出满意的结果，原因是在民众权利，社会权力与政府权力的较量中，仍因"公权"的干预，难以有实质性突破。陈有西认为："真正的调查，必须有公权的依托。但是，这不等于这种参与热情是毫无意义的。乐清事件这样行动，体现了中国公共知识分子良知的觉醒，体现了一种公共权力的危机，体现了中国社会价值观的主导权已经从权力转向真相，权力已经操纵不了社会判断。"①

二 功能性分衡

但是，以上很多设想且只是涉及小范围的改革，如果没有广大基础性治理体系的改革，则这种设想也难以真正有效。因而积极推进整体体系的全面深化改革是解决这一问题的必经途径。首先是推进政社分开改革。理顺党政部门与社会组织的关系，构建党的思想和政治领导，政府监督指导和社会组织独立运作的模式，探索政府管理社会组织方式，在登记注册方面实施政党准入政策，采取官办分离原则，创新政社分开有效机制和长效机制，形成一批政社分开新的管理形式和实体平台。尤其是在党与社会组织关系上，在坚持党的领导基础上，探索党建新模式，避免党建与"分开"二重路径矛盾困境出现，实现党与社会组织双向发展、良性互动局面。其次是推进政府职能转变，政府应将社会化或市场化的职能交由市场或社会运行，取消设置不合理的行政审批项目，下放不该管理的职能，同时转变行政服务方式，创建"有限政府"和"服务政府"，转变政府行政理念，形成政府服务社会，服务市场，服务群众的思想及工作机制。建立政府业务退出机制，不合格的政府工作业务应退出公共服务市场，由更有资质的组织代替或由其他政府部门接管；构建社会购买政府服务机制，政府的付出由社会统一部门给予补助资助等，同样对政府的服务进行招投标，评估和奖惩。最后是在事业单位政策中充分体现政府与社会组织企业的分流与分化及新型权力体系的结构的构建，对于符合企业条件的事业单位划归为企业，在新成立的各类单位部门之间形成新的权力结构体系，主要是在改革过程中，同时实施权力下放、转移和还权的工作。

关于下放权力，可以划分为政治权力、经济权力、社会权力等，在这里主要指的是政治权力，首先，经济权力与社会权力部分是由国家政策赋予，而大部分则由自身发展生成，比如随着自己业务的增长、范围的扩展或实力的增强，其相应经济权力与社会权力就自然而然地扩大、增加，而政治权力，从我国历史及国情背景来看，更多的则由政府赋权，其权力的界限、性质、实施都与政府的态度有着必然的联系。其次，权力分衡更多

---

① 《多个民间观察团赴乐清调查钱云会案》，2011年1月13日，新浪新闻中心（http://www.sina.com.cn）。

第三章 政社分开的权力逻辑进路

体现于政治方面,因为经济权力和社会权力大多是在社会(组织)内部划分分配,而政治权力则牵涉到与党政团体的利益关系,因而综上两个方面,这里主要从政治权力来探讨政社权力分衡问题。而在我国当前,其社会组织政治权力首先应着重解决的是社会组织参政问题,而实现这一目的的直接途径就是增加参政渠道中的社会组织界别。

中共中央 2006 年颁发《关于巩固和壮大新世纪新阶段统一战线的意见》强调,"要最大限度地团结包括新社会组织在内的新的社会阶层人士,充分发挥他们的作用,不断为中华民族的伟大复兴凝聚新力量"。社会组织的迅速增长,规模不断扩大,其代表利益方的鲜明群众性,因而新时期国家治理体系与治理能力现代化中必然要体现这一角色,在利益调整中,也必须考虑到该群体,并适时增加这一群体参政中的作用和机会。2006 年《中共中央关于加强人民政协工作的意见》指出:"研究并合理设置界别,扩大团结面,增强包容性"。2011 年中央办公厅转发《中共政协全国委员会党组关于〈中共中央关于加强人民政协工作的意见〉贯彻落实情况的报告》的通知再次强调,"突出界别特色,适应改革开放和经济社会结构发展变化,研究并进一步合理设置界别,更充分地体现和反映社会各界的愿望诉求,增进社会各阶层和不同利益群体的和谐"。因而出于国家稳定和谐与社会组织自身利益诉求的双重考虑,增加参政议政中的社会组织界别已经显得十分迫切。

首先是增加政治协商中的社会组织界别。按照《中国人民政治协商会议章程》第十二条规定,"中国人民政治协商会议由中国共产党、各民主党派人士、人民团体、各少数民族和各界代表等界别组成",基本上涵盖了社会各阶层,但随着经济体制的深刻变革,社会结构的深刻变化,利益格局的深刻调整,政协现行界别设置不能全面包容社会各阶层,有的界别涵盖面过宽,跨度过大,各界别委员比例不合理等问题日益凸显。着力完善界别设置,使界别设置与形势发展的需要和民主政治建设进程相协调、相适应,使政协界别成为社会各界愿望表达和利益诉求的主要渠道势在必行。2011 年 7 月广东省出台的《关于加强社会建设的决定》提出"鼓励有条件的市县(市区)政协设立社会组织界别"。其次,还应在人大会议,党的代表会议,以及人民团体中增加社会组织新界别,从而扩大社会组织在我国各类参政议政渠道和机制中的范围和程度。政协主要反映的是无党派人士以及各界社会精英的声音利益,人大会议反映了社会各层

· 121 ·

整体化分散治理

次或群体利益尤其是社会基层群众的利益,党的代表会议反映的主要是中共党员群体利益,但由于在我国党是执政主体,且人数庞大,因而也代表了国家的政策方针和全体民众的利益,各人民团体则主要是代表了自身所处行业领域和所在团体代表的群体利益,因而社会组织的加入,都可以为其增加以上各个方面或领域的代言范围,从而拓展了其参政议政的渠道与机会。目前我国许多地方已经进行了这方面的试点,尤其是在政协中的界别增设社会组织走在前列。2011年广东省率先出台《中共广东省委关于加强新形势下人民政协工作的决定》中提出:"适应改革开放和经济社会结构发展变化,研究并进一步合理设置界别。鼓励有条件的市县(市区)政协设立新社会组织界别,扩大团结面,增强包容性。"之后东莞市、广州市顺德区都先后进行了这方面的探索。其他在人大会议增设社会组织界别或名额也在有些地区开始了试点,如珠海市、东莞市等,而湖北玉门则首次在第四次党代会中增加了社会组织党代表。作为人民团体的广东省青年联合委员会也增设了社会组织界别等,以上各种增设社会组织新界别的探索实验,给全国性的工作普遍展开提供了经验参考,但当前的重点是针对这些试点进行回访,归纳分析,使其进一步规范化、制度化和程序化,并适时扩大试点范围,积极提请更高层次的支持。

但基于当前社会组织参与政协会议试点出现的问题与现实实际可以从以下方面着手:一是增强社会组织的能力与实力,提升其自身管理水平和社会服务水平;二是调整社会组织间的结构,使其平衡得当。当前社会组织类别的数量差异悬殊,以先行试点的广东省惠州市为例,其民办教育类占社会组织总数的37.9%,而政府和社会急需的公益慈善组织只占2.16%,社会服务类只占4.27%,工商服务类和生态环境类至今仍为空白[①]。除了公益慈善组织数量少外,其实力与规模也比较薄弱,2014年11月公示的重庆市万州区星级社会组织评审,3—5级社会组织共7个,均为行业性社会组织和民办非企业;三是推进政社分开与简政放权改革,增强社会组织自主性;四是还要进一步规范协商程序,对民间社会组织的政治协商、参政议政、民主监督进行程序建设,把协商成果与党委、人大、政府、官办社会组织办事规则相衔接,使协商成果纳入决策程序;五

---

① 周欢、钟伟连:《增社会组织界别 促协商民主破题》,中国社会组织网(http://www.chinanpo.gov.cn/1940/70625/index.html)。

是明确社会组织参政议政的目标和取向。在扩大社会组织参政范围的同时,一定要明确其发展的目标与取向,否则将会使社会组织参政失去前进的方向与动力,在新形势与新条件下,社会组织协商民主的目标应该是推动公民有序政治参与,实现人民当家作主,社会组织协商民主的价值取向应该是构建社会主义和谐社会,实现民主法治、公平正义、诚信友爱,充满活力,安定有序与自然和谐相处;[1] 六是拓展社会组织协商民主的渠道与方式,在增加社会组织参政界别之外,还应探寻利于社会组织参政的新技术、新方法和新渠道,以电子信息技术为主要推手的网络协商平台是这方面的有效工具,微博、微信及网络论坛、电子信箱等都可以增加协商会议场所提案以外的多样化形式,这些方式可以不受时间、地点、场所等条件限制,使社会组织的声音及时、方便地发送到有关部门,相关决策部门也可以快捷迅速地反馈信息给相关当事者;其他还可以在法院审判有关公共利益问题如环境保护、拆迁补偿、工资分配、医疗事故时,邀请有关社会组织听证参与,由于民间组织的代表性和专业性可为法院审判合理或更好地采取法后改造提供好的建议,同时也可为进一步的立法工作提供参考,社会组织参与对于弱势者利益有了更多的保护;七是防范社会组织协商民主的危机和风险。"及时准确地预测协商的发展趋势和方向,防止社会组织协商民主恶化为无政府主义。"[2]

当前社会组织参与政协、人大、党代会、青联组织等重要政治组织或活动,已经在广东、湖北等地展开试点。2006 年 11 月,中共中央发布《关于党的十七大代表选举工作的通知》中,首次规定省区市要有适当数量的新经济组织和新社会组织的党员代表。这都必将对社会组织参政能力和参政机会提供更好的发展机遇,然而这种参政政策的变化,某种程度上体现的仍是政府等单方面的放权改革,社会组织并无实际的主动改变权,只有随着党政政策的变化来获得一定的参政权力,在现实情况下,更多的是社会组织的建议很难到达决策者那里,所采纳吸收的建议更是少之又少。真正获得参政权力的社会组织(代表)更是凤毛麟角。如何真正改变这一被动现状,应从整体社会决策体系结构着手改革,建构一个以公平、公正为基础,自由民主互动的党政社多元参政局面,以权力为媒介,

---

[1] 张爱军、高勇泽:《公民社会与协商民主》,《社会主义研究》2010 年第 3 期。
[2] 同上。

打破党政"一言堂"、一把手的现状,将权力在社会各主体之间合理分配,有效制约,以公共性为治理结构原则,党政社多元主体基于共同的公共领域中,以公共利益为目的,以公共规则为标准,打造社会均衡的政策产出平台。这种平台可以称之为"公共政策服务市场",它打破了传统行政包打天下的局面,主要以市场的规则来组织安排活动要素,党政社各主体以提供政策建议参与共同的竞争,只要符合条件,有价值的政策都可以纳入国家实施范围,党政机构的政策建议如果达不到政策要求和效果,同样被拒之门外,朱旭峰提出建立以智库为代表的社会组织参与政策服务体系,即"政策分析市场","在政策分析市场中,智库提供的产品是政策思想、专家知识、建议甚至是批评意见,而政府、媒体、公众等均是这些产品的需求者和消费者。在一个完善的政策分析市场中,作为政策思想最终消费者的政府,应该建立起政策思想搜集和筛选机制,更包容地对待批评意见。政策分析市场的特点之一就是信息不对称,政策制定者往往对政策建议的科学性难以判断,因此需要建立一个政策思想同行评审和同行竞争的机制"。[1] 因而增加社会组织在政协、人大、党代会等重要国家会议中的界别与比例是以后协商民主改革的必然要求,而随着整体社会结构的变化和科技思想等要素成熟,未来社会组织参政的渠道也必然呈现出更开放、更通畅、更民主的局面。

三 机制性分衡

结构与功能为权力分衡创制了体系框架和角色定位,下一步则是对权力如何运行制定相应的机制和操作流程。当前用于机制设计的重要元素是技术的加入,而技术中最为常用的则是网络技术。美国学者斯蒂芬·戈德史密斯等认为网络技术的应用,对于政社关系及其他各种主体间关系的维护和提升都提供了一种很好的发展工具,"在权力的分衡和有效运行及监督制约中起到了很好的效果,网络的分权和流动形式以及每个成员的自主性都允许在最有利于公民的水平上考虑决策;网络通过平衡'精英'供应商的专门技术,网络也可以让政府探索由各种供应商参与的更大范围的

---

[1] 吴运亮、郭潇雅:《高校智库建设正当其时》,《中国社会科学报》2013年12月4日,总第532期。

第三章　政社分开的权力逻辑进路

选择方案，当然网络也能够增加灵活性"。[①] 如果将网络用于权力分衡机制的建设，就是依法对行政权力、社会权力等各种主体运用的权力进行清理规范的基础上运用现代信息技术，将各种权力运行流程固化为计算机程序，实现全程电化网上运行，并进行实时网上监督。这一机制的构建应在深化行政执法责任及行政处罚规制改革基础上进行，将行政权力进行分类整理，公开公示，把不该管理的权力调整给社会或市场主体执行，在这一机制中也充分考虑各权力主体的自由裁量权、主体权力清单和关系模式固化为数据库，为下一步权力的社会公开运行做好准备，并探索通过计算机自动生成公共行政处罚裁决书等形式来运用落实。在构建多种主体间权力分衡及运行机制时还应考虑可能发生或潜在的困难及挑战，并适时运行纠正调整。当然在机制的最后一个环节是绩效评估工作，绩效评估要考虑到对于不同主体的任务，责任人权力制定不同的标准，同时绩效要充分尊重结果不大，但公益性强的主体贡献，并且绩效要充分体现责任意识和创新发展，保证机制工作的高效和灵活。

　　法律规则也是政社权力分衡的重要手段。法律以强制性、原则性和公共性特征，强有力地保证了社会组织权力的合法性及顺利执行，是社会组织权力的第一道防线也是最基本的保障底线。目前有关社会组织的法规主要有四项：《外国商会管理暂行规定》《社会团体登记管理条例》《民办非企业单位登记管理暂行条例》《基金会管理条例》，这些法规明确了各类社会组织的组织特征、法律地位、登记条件，确定了管理体制和管理权限，同时也规定了对社会组织的监管职责和违法行为的惩戒措施。另外，民法通则、企业所得税法、公益事业捐赠法等就社会组织相关权利义务作出了规定；民办教育事业促进法、就业促进法、律师法、注册会计师法、保险法等相关法律为社会组织参与各项社会事业提供了法律保障。此外，政府有关部门制定了配套的部门规章和规范性文件，涉及社会组织的名称、章程、印章、年检、处罚、财务、税收、社会保险等多个方面。地方立法方面，目前已有约 20 个省市出台了关于社会组织的地方性法规和规章，然而，当前我国社会组织法律体系还不够健全，难以适应社会组织发展及其参与社会治理的要求，一是在于立法层级较低，缺乏一部真正意

---

① ［美］史蒂芬·戈德史密斯、威廉·埃格斯：《网络化治理：公共部门的新形态》，孙迎春译，北京大学出版社 2008 年版，第 6 页。

整体化分散治理

上的社会组织母法——社会组织专门法，也缺乏最高法——宪法中的社会组织权益条例，已有社会组织法规难以覆盖所有社会组织领域，其法律体系架构不完整、不规范；二是现行法规内容不完善，缺乏实体性规范，监督管理要求多，扶持政策少，社会组织能力建设和参与社会管理作用缺乏有效引导和必要保障；三是现有法规调整范围有限，现行法规基本上是针对传统意义上的国内社会组织，面对近年来飞速发展的草根组织、境外非政府组织及网络虚拟社会组织等都无明确的法律调整界定，造成监管真空，因而加强社会组织立法是当前迫切需要进行的一项重要工作，在制定相关法规时应充分吸收前几次立法的经验和不足，特别是针对社会组织的权力及其他社会主体的法律关系应作出详细规定或解释。其中首要原则是赋予社会组织的独立法律人格，其基本要求有：（1）避免政府超越法律规定的行政手段；（2）保障社会组织的财产私有独立化；（3）赋予其独立的诉讼主体地位。当前现行法律中缺乏这方面的保障，"例如民法中没有显示出民办非企业单位和基金会的法人地位；社会组织税收资格确认，包括资格确认的法人地位；社会组织国际交流和合作的法人地位依然不清楚；社会组织拥有相关法规的不一致性，例如民办教育促进法与民办非企业单位的管理条例的冲突；社会组织业务管理单位法律地位、法人作用和地位问题；社会组织法人地位与机关法人地位之间不对等关系。"[①] 在保证以上社会组织立法要求的基础上，充分体现社会组织权力与政府、政党及人民团体或企业等组织单位的权力关系，权力界限及权力互动程序，为各主体分衡与真正平等下合作做好前期准备工作。

机制建设为社会组织参与社会治理提供了运行方式、操作流程及技术。机制为社会组织带来了发展的活力，激发了参与治理的积极性，但是机制的持续运作和进一步创新必须依据于更深层次——体制的根本保障，特别是我国正处于社会转型期，体制仍是当前过渡中的关键改革问题，只有体制得到发展和成熟，机制才能更加顺畅运行。党的十八大提出，加快形成政社分开、权责明确、依法自治的现代社会组织体制，这是对社会治理机制发展的更高层次上的进一步回应，社会组织管理及运行机制的改革逐步进入深水区，一场新的社会组织体制改革将成为新一轮社会治理发展

---

① 文青：《在新形势下大力推进社会组织法制建设——2012年社会组织法律建设论坛综述》，《社团管理研究》2012年第3期。

的重要节点。金锦萍认为,现代社会组织体制有两种解释,一种解释是现代社会的组织体制,另一种解释是现代的社会组织体制。① 如果以此来分析十八大"现代社会组织"精神,"政社分开、权责明确"对应的是第一种解释"现代社会的组织体制","依法自治"则是"现代的社会组织体制"。此处重点从第一种解释进行探讨,"政社分开、权责明确"的现代的社会组织体制是"依法自治的现代社会组织体制"的前提条件,且后者更多体现的是社会组织的本身的管理和参与治理的机制。在现代社会组织体制构建中"政社分开与权责明确"是两个相互联系的环节,二者的融合点即"政社权力分开",它是现代社会组织体制改革的重中之重,包括三个方面:一是政府向社会组织放权,通过横向与纵向两个维度的放权来拓展权力格局的演变;二是社会组织积极扩权;三是政府与社会组织双向赋权,在政府向社会组织放权中,横向分权力度要大,纵向分权控制力要强,其中纵向分权包括"下放资源配置权、行政管理权和规则制定权及行业标准权",而横向分权包括"分享公共事业决策权,社会资源控制权和公共资源使用权"。对于社会组织的扩权,则是通过社会组织自身能力的提升,业务范围的扩展以及承担社会责任的增强,社会组织不断增加自身在社会治理中的职责与任务,从而扩展自身的权力范围和层次。对于政府与社会组织双向赋权,这是一种互动过程,它不是单向的或被动的取向,而是二者相互之间的增权,相互支持、信任与委托权力的过程。当然以上三项权力的分配与调衡,除了国家主动以制度或法律角度实施外,其权力体制的最终形成还应是一个"市场自我生成过程",这个过程是多元主体各自职责领域范围内与其他主体的职责不断磨合、调和基础上的妥协性产物。当前我国对于现代社会组织体制的权力体系构建还重点在行政体制权力改革方面,随着改革向政治体制深化,政治权力体制主要涉及党的领导或执政领域,体现党对社会组织权力分配和权力关系,明确党对社会组织领导作用的管治范围,当然也限制党对社会组织过度干预和过多控制。在政治权力改革之后,社会权力改革是最后一道程序,也就是在改革了政府、政党与社会组织关系之后,要将党政的权力向社会权力转化,同时在广大社会群众,群体或各种共同体中进行权力的重新配置、约定和规

---

① 廖鸿、李培晓:《现代社会组织体制将怎样"炼成"——社会组织权威专家研讨落实十八大精神》,《中国社会组织》2013年第1期。

整体化分散治理

制，包括对家族势力的浸透，宗教权力的渗透以及封建体系文化渗透等等，都要进行变革，总之面对当前社会急剧变化和深刻变动，社会组织权力应积极应对中国社会总体性权力结构变化、社会资源占用多元化、社会力量的整合与分化、经济发展对政治体制的冲击与张力，公共权力的经济利益涉入等等新的问题与新的挑战，在这些变化中抓住机遇，改变或增强自己，从而巩固自己的位置并且为社会治理及发展作出更大的贡献。

第四章 权力改革视角下政社分开的地方实践

第一节 政府主导下的政社分开：重庆

党政机关与社会团体政社分开改革的目的，是按照社会事务管理的规律，积极完善社团的培育和发展机制，努力建立与社会快速发展相配套的发达社团体系，还原社团的应有社会地位，使其活跃在社会的各个领域，成为维护社会秩序、协调利益关系、促进社会公平、规范公民与政府行为的重要机制。2007年，重庆率先在全国开展政社分开改革，迈出了社团独立性地位确立的关键一步，为改革工作在全国进一步扩展提供了经验，被称为政社分开改革的重庆模式。但是，重庆改革后问题与矛盾仍十分突出：改革没有触及社团的双重管理体制，培育发展社团的规章仍未出台，社团的职能、定位依旧不明确。特别是由于社团本身的先天性不足，以及行政职能转变不到位等因素的影响，为分开后社团健康发展带来了困难。

一 相关重庆政社分开的研究回应

一是对于社团政社分开改革理论研究。这方面研究以"重庆实施社团政社分开改革"时间为界，重庆改革前，在社会团体方面，研究成果丰富，但是对于党政机关与社会团体政社分开改革的系统性论述很少。对社团的去行政化改革已经提到了论证层面，但研究主要集中于党政机关与社会团体之间的关系界定和职能划分等方面（王名，2001；马庆钰，2010；孙发峰，2010）。在重庆改革之后，针对政社分开改革的过程及意义进行论述，且仅是对问题进行的简单解释对接，没有从微观层面进行解剖论证和提出系统性解决方案。北京和上海也先后进行了相关改革，但还处于改革初期，其研究较为零碎和片面（重庆市民政局，2010；重庆市

整体化分散治理

民政局，2008）。[1]

二是对于重庆社团政社分开实践研究。首先，从研究层次来看，重庆方面的研究基本还停留在实践经验总结和问题排查解决阶段。成果主要体现在政府部门对于改革发布的文件和通知（渝民发〔2007〕72号；渝民发〔2007〕135号），另外还体现为大量媒体报道评论性文章（《工人日报》，2007；重庆市民政局，2010；刘天亮，2007）。以上从宏观层面进行了概要式分析。随着研究的深入，出现了从某个角度展开的论述，包括对某类社团研究（重庆教育学会，2009）、政府与社团的互动关系研究（安蓉泉，2011；陆明远，2010）、社团管理机制研究（《21世纪经济报道》，2009）、社团市场化方向研究（王名，2001）和党建在社团发展中的利弊分析（马庆钰，2010）等。[2] 但是这些研究还缺少逻辑机理分析，缺少与其他地区改革的比较分析，缺少与"非在编"社团的比较分析，更是缺少针对实践问题的对策建议性分析。其次，从研究阶段来看，重庆市的政社分开改革第一阶段即"分开工作"已经完成，进入了"后改革"时期，但是研究基本还滞留于"如何分开"的问题分析上，对于分开后社团如何更好发展、如何与政府合作、社团的定位及发展空间等基本没有深入研究。

二　重庆政社分开改革的缘起及过程

重庆市社团的设立和筹备同全国其他各地一样，"政社不分"是长期以来困扰和阻碍重庆社团发展的桎梏。一方面，政府对社团介入和干涉过多，使社团更像政府机关的一个部门或者附庸，丧失了独立性。另一方

---

[1] 王名等：《中国社团改革——从政府选择到社会选择》，社会科学文献出版社2001年版；马庆钰：《论"政社分开"与社会组织管理改革》，《行政管理改革》2010年第7期；孙发锋：《去行政化：中国民间组织发展的必然要求》，《理论与改革》2010年第4期；重庆市民政局：《实施政社分离改革　促进社团健康发展》，2010年10月10日；重庆市民政局：《重庆市社会中介组织发展状况调查》，2008年9月2日。

[2] 刘天亮：《重庆要求社会团体"去行政化"能否解社团之困?》，《人民日报》2007年7月3日；重庆教育学会：《"政社分离"后，重庆市教育社团的发展对策》，2009年8月2日，重庆社科联网（http://www.cqskl.com/279.shtml）；《社团"去行政化"难在何处?》，《工人日报》2007年7月6日；《关于处理社会团体政社分离改革工作有关问题的通知》（渝民发〔2007〕135号）；安蓉泉：《地方政府与非营利组织互动机制研究》，《求索》2011年第2期；陆明远：《职能代理：公共服务体制中的政府与社会组织合作机制研究》，《社团管理研究》2010年第8期。

面,社团对政府的依赖性很强,缺乏自我生存和发展的能力。

早在2003年,重庆市政府就要求党政机关和所有中介机构、行业协会彻底脱钩。但这个方案牵涉面过宽,以至于改革目标未能如期实现。2005年,重庆市把行业协会拿出来单独考虑,专门出台了《关于党政机关与行业协会脱钩改革的意见》,在不到一年的时间里完成了5个方面的脱钩改革。之后,不少部门和单位建议,党政机关要尽快与行业协会以外的民间社团脱钩。2006年,在重庆市政府的征求意见会上,民政部门认为,社团虽然具有一定的中介功能,但和中介组织靠提供居间服务、委托服务获取报酬来维持生存不同,社团是一种具有民间性、公益性、非营利性、专业性的中间组织,脱钩的话容易脱管。最终,重庆市委、市府办公厅联合发布了《关于加强和改进社会团体管理工作的意见》。2007年4月,重庆市民政局等四部门又联合下发了《党政机关与社会团体政社分离改革的实施方案》,要求在专业性、联合性、学术性社团中实施党政机关与社团在人员、资产、办公场所、利益、业务五个方面的政社分开改革工作。整个分开工作按照工作准备、社团自查、业务主管单位和相关部门审查、登记管理机关审核、检查验收五个步骤进行。分开改革涉及重庆市622个学术性、专业性、联合性社团和88个业务主管机关。分开工作在2007年12月底前基本完成,实现了党政机关与社团的一次性脱钩,一是在人员方面,退出在社团中担任领导职务的县处级及以上领导干部1543名,其中,省部级领导10名、地厅级领导283名、县处级领导1250名。二是在资产方面,清理出社团占用的国有资产847.33万元,其中,收回资产561.47万元,经业务主管单位和财政部门批准由社团继续管理和使用的285.86万元;清理出被党政机关占用并已收回社团自有资产16.5万元。三是在办公场所方面,对涉及的142个社团实行了办公场所与党政机关分开。四是在账户账务方面,对涉及的231个社团实行了分开,其中,账户分开124个、账务分开107个。五是在业务职能方面,对2655个社团中清理出的17个社团的行政管理职能实行了分开。①

三 重庆政社分开改革存在的问题

重庆市实施政社分开改革以来,在政府的强力推动和政策支持下,社

---

① 《渝全面完成党政机关与社会团体政社分离改革任务》,中国社会组织网(http://www.chinanpo.gov.cn/1938/29770/preindex.html,2008-04-02)。

整体化分散治理

团行政化倾向得到进一步扭转。解决了长期政社不分的问题，理顺了政府与社团的关系，彰显了社团的民间性、民主性、独立性和自治性，社团合法权益得到进一步维护。妥善处理好了国家和社团的利益，既防止了国有资产的流失，又确保了社团资产不受侵害，社团外部发展环境更加优化。党风廉政建设得到进一步加强，纠正了社团与党政机关的寻租现象，促进了行风政风的进一步好转。

但是，"政社分开"改革所带来的问题也比较突出。在这次改革中，始终存在另一种相反的声音，那就是相当一部分社团希望有关部门加强业务上的指导。党政机关把脱钩当成了第一要务，而没有更多地考虑社团的发展诉求。特别是在改革后，由于社团本身及外界局限性因素的影响，其发展面临着重大的挑战。我们对全市40个社团"政社分开"改革的调查问卷显示，有32.4%的社团认为改革促进了发展，41.2%的社团认为改革没有多大影响，23.5%的认为该项改革制约了发展。可以说改革并没有像想象的那样取得如期成果，反而带来了许多负面影响，总结问题的原因，主要有以下几方面：

（一）社团自有资源短缺，缺乏内动力

1. 经费短缺，缺乏社会支持和自我创收能力[①]

（1）会费并非大多数社团的主要经费来源。在被调查的40家社团中，约38%的社团（15个）没有提供会费收入。约35%的社团（14个）会费收入不足其年度总收入的40%。另外，约13%的社团（5个）收缴的会费仅占其年度总收入的1/100甚至是1/1000。只有约17%的社团（7个）会费收入是其主要的经费来源。

（2）绝大多数社团创收能力差。分析40家社团向会员（或社会）提供服务或开展经营性活动来增加收入的情况，我们发现，70%以上的社团（28个）没有这方面的收入。只有33.3%的社团（13个）有这方面的收入。其中约有17%的社团（7个）经营收入占其年度总收入的一半以上。这部分社团要么与政府有非常密切的联系（如财政学会），要么与人民生活联系紧密（如针灸学会、乒乓球协会）。另外7个社团的经营收入不到

---

① 根据2005年约翰·霍普金斯非营利部门比较项目，各国NPO的慈善收入只占其总收入的11%，公共部门的支付则占40%，而会费和其他商业收入占NPO总收入的49%，是NPO收入的主要来源。相比之下，重庆市社团经费来源的情况比起其他国家还存在很大差距。

其年度总收入的1/10。关于社团目前的经费是否够用的问题，只有7.5%的社团（3个）选择了"收支平衡"选项，90%以上的社团选择"支大于收"选项。

（3）绝大多数社团没有得到社会赞助。分析社团争取社会赞助的情况，有17.5%的社团（7个）得到了社会赞助，它们主要是涉足于人们比较关心的应用学科的学会，如药学会、预防医学会。社会赞助金额占其年度总收入的比例最高为53.3%，最低为15%。其他83%的社团（33个）没有得到社会赞助。

（4）政府资助是社团重要经费来源。调查发现，47.5%的社团（19个）靠政府资助维持运转。社团开展具体活动时，其挂靠单位承担的部分开支，如举办会议时的会场、会场服务、车辆、会餐等费用，如社团工作人员出差时差旅费、会务费等。社团日常工作中使用的文具用品等也得到政府资助，至少有90%的社团得到政府主管部门除拨款之外不同形式的物质资助。另外，由于兼职人员大都在原来的行政机关或事业单位领取报酬（退休人员在原单位领取退休金），在社团仅有少量补贴甚至没有任何补贴。因此，社团人员的工资支出费用事实上相当部分是政府"埋单"。

2. 自有办公场所匮乏

调查显示，社团自有办公场所缺乏。其中租用办公3个，占7.5%；借用办公18个，占45%；合用办公16个，占40%；而能够独立办公的仅3个，占7.5%。因此，社团缺乏独立的办公场所，一旦与党政机关分开后，就没有了外力支持，给社团的后续发展造成了很大困难。

3. 员工人数不足，结构不合理，专职人员缺乏

（1）员工人数少，志愿者缺乏。调查表明，30%的社团（12个）拥有3名员工，20%的社团（8个）拥有4名员工，13%的社团（5个）拥有6名员工，10%的社团（4个）拥有7名员工。拥有2名或5名员工的社团分别占7.5%（各3个）。员工人数仅1名或者在9名以上的社团都较少，具体情况为：拥有员工1名、9名、10名和20名的社团各有1个，均占被调查社团总数的2.5%。仅有1个社团有志愿者（约占3%），其他社团的工作均没有志愿者参与。

（2）工作人员的结构不合理，兼职人员是社团员工的主要组成部分。调查发现，约47%的社团拥有1名以上专职人员，其中绝大部分是政府机关的离退休公务员。离退休人员为主的社团4个，占10%，其他

社团也存在离退休人员比例较大的现象。93%以上的社团拥有1名以上兼职人员，只有兼职人员而没有专职人员的社团达20个，占50%。没有兼职人员的仅有两个社团，由此我们可以推定：兼职人员成为社团员工的主要组成部分。在对拥有1名以上专职人员的那部分社团（47%）的调查中发现，专职人员一般由两类人员组成，即政府机关或事业单位的正式员工和离退休人员，反映出社团自身培养的专职人员缺乏。总的来说，社团工作人员结构最主要的问题是缺乏有专业素养的热心人，而专业人士进入社团又面临大多数社团没有专门的编制和相应的待遇，没有明确的晋升通道和退出机制等现实问题。绝大部分工作人员不在社团领工资，所有社团都没有为其工作人员提供各类保险和福利待遇。社团工作人员的年收入较低，一般介于0.3万—1.5万元之间，甚至还有一部分工作人员没有任何收入。社团工作人员的低收入水平使社团缺乏对优秀人才的吸引力（见表4-1）。

表4-1　　　　　　　　重庆市40个社团资源情况

社团办公场所	独立办公	租用办公	借用办公	合用办公	合计
	3	3	18	16	40
社团资金来源	会费	政府资助	社会资助	经营创收	合计
	7	19	7	7	40
社团主要负责人	行政事业单位		退休人员		会员单位		其他		合计	
	兼	专	兼	专	兼	专	兼	专	兼	专
	21	2	1	2	6	0	5	3	33	7
社团专兼职人员	专兼职工作人员			
	专职	兼职	专兼混合	合计
	2单位8人	20单位83人	18单位	40个

（二）社团活动能力不够，认可度低，过度对党政机关的依赖性，缺乏影响力

1. 社团认可度底，服务能力较差。从交纳会费来看，交纳会费的积极程度是反映会员对社团认可程度的一项重要指标。而社团向会员（或社会）提供服务是其宗旨中的应有之义。83%的社团没有会费收入或者只有极少量的会费收入，反映出重庆市社团提供服务的数量不多，质量不

高，成员对社团认可度不高。83%的社团没有得到任何社会赞助，可以说明社团的社会认可度也不高。

2. 社团自身经营活动能力差，对党政机关或主管部门依赖性强。经调查，23个社团属于政府有关部门牵头成立，占58.8%；两个社团属于企业与政府有关部门发起，占2.4%；7个社团属于主管部门带动，约占20%；8个社团属于个人或其他部门联合发起，占18.8%。另外，相关数据显示，政府目前掌握着80%左右的信息源，而这种局面在推进社团改革的过程中并没有得到改观。

另据调查显示，社团在一定程度上依靠政府的承接服务来开展活动，从统计结果（见表4-2）看，51.8%的社团（21个）承接政府委托的服务项目或活动。48.2%的社团（19个）没有承接过政府委托的服务工作。调查结果说明，社团虽然开展服务活动，但社会承接服务能力差，相当部分社团靠承接政府委托业务工作，换句话说，重庆市社团仍处于政府选择阶段而非社会选择阶段。

表4-2　　　　　　　重庆市40个社团活动能力分析

社团为会员服务活动情况	提供两项服务	提供3项服务	提供4项服务	提供5项服务	合计
	13	8	9	10	40
社团承接委托服务及为政府提出建议	承接委托服务情况		提出建议情况		合计
	承接业务	未承接业务	提出建议	提出建议	40
	21	19	24	16	
社团发起单位	政府有关部门	龙头主管部门	企业与政府有关部门	个人或其他部门联合	合计
	23	7	2	8	40

（三）社团内在机制建设不完善，民主因素不成熟，缺乏自治力

重庆市社团的内在机制建设比较混乱，基本上没有形成一套完善的自我管理、运行和监督机制，从而影响了改革后的独立发展。在被调查的社会团体中，数据显示，47%的社团没有建立完善的内部规章制度和完整的内部治理结构，只有13%的社团建立了相对成熟的内部机制。这些问题主要表现在以下方面：一是在管理机制上，由于双重管理体制和分级管理原则仍旧没有根本改变，社团管理大都受到外界因素的干扰，

整体化分散治理

特别是社团用人机制方面的独立性还存在着相关利益部门的压力和影响；二是在运行机制上，社团缺乏权力、决策、执行和监督制度，虽然目前重庆市万州区、涪陵区等区县已经出台了"社会团体内部管理制度（范本）的通知"等指导性意见，但具体到全市的社会团体个体几乎还没有相应制度上的建设；三是奖惩机制和责任追究制度也没有建立，对于社团的问题还基本上是依赖外部法律部门的约束和监管；四是在自律机制上，缺乏规章制度建设，内在道德机制也没有形成，自我管理、自我教育、自我服务能力差。

（四）社团相关法律机制不健全，扶持政策欠缺，缺乏保障力

一方面，改革虽削弱了主管部门与社团的联系，但社团双重管理体制仍未改变，政府对社团的管理权力没有减少；另一方面，政府却对社团支持得少，出现了"管得多和给予得少"的不良局面。2007年12月，重庆市针对政社分开改革对社团发展影响问题进行了补救，颁布了《关于处理社会团体政社分离改革工作有关问题的通知》，但这个规定没有涉及社团法律地位、政策支持等社团发展的实质性问题。目前，重庆市关于培育发展民间社团的政府规章迟迟不能出台，社团的职能、定位依旧不明确，社团的法律地位依然模糊。调查显示，44.8%的社团认为地方法规很不健全，17.9%的社团认为自身规划及发展方向不明，20.9%的社团认为培育发展与监督管理不到位。另外，重庆对社团的优惠政策都只在一些个别或零星的政策中体现。目前除少数区县对行业性协会和农村专业经济合作社给予一些资金扶持和政策优惠外，重庆市从制度层面上还没有对学术性、专业性和联合性社团的扶持政策。

（五）行政职能转变不到位，社团定位不明确，缺乏空间力

调查显示，82.1%的社团认为"政社分开"后政府的职能转变和扶持政策没有跟上。重庆市民间组织管理局局长李敏之说，"党政机关与社团职能分离之所以难有进展，很大程度上因为行政体制改革严重滞后所致"。"一些政府部门还害怕社团壮大会与民争利，与政府争利，所以不舍得放权。"[1] 分析当前重庆市行政职能转变未能跟上社团发展需要，原因主要有以下几点：一是社团自身服务能力和活动能力还没有

---

[1] 《渝全面完成党政机关与社会团体政社分离改革任务》，2008年4月2日，中国社会组织网（http://www.chinanpo.gov.cn/1938/29770/prenewsindex.html）。

成熟，政府不愿将服务项目转包给不够信任的社团，据抽样调查，仅有8%的社团承接了政府部门转移、委托的部分职能；二是政府对政社"伙伴关系"称谓还存在偏见，不愿接受政府地位趋低，与社团地位对等的理念，不愿与社团直面合作；三是购买社团服务的机制尚未建立，政府没有将购买社团服务所需的经费纳入财政预算；四是服务型政府尚在建设之中，"全能政府"仍是当前行政管理主流，政府角色、职能定位很难改变。

四　后改革时期的思考

重庆政社分开已经进入后改革时期。重庆改革后，大部分社团效果反映并不好，当前重庆对政社分开没有再进行新的布局，当务之急是需要对前期改革的经验和教训进行总结反思。总结重庆的问题，主要有两点，一是整个政社分开过程，是由政府全盘操作，从意见提出，文件出台，政策实施，从2005年到2007年仅用了三年的时间就将全市所有社团实施了分开改革，表现出了政府的效率，但是整个过程没有充分体现对于重庆社团发展现状的整体了解，没有对于社团改革意愿的前期调研，更没有对改革后重庆社团发展的整体规划，政府单向性的改革模式，在体现其高效性的同时，如果没有进行充分的改革准备和规划，没有征求被改革者的意见，这种改革将会产生难以估量的负面作用；二是重庆改革从分离结果上来看，十分成功，但是改革后，很多社团却陷入了生存的困境，其中一个重要原因就是在赋予其财务、人员、办公等方面的自主权利的同时，却没有给予其参与社会管理的权力，没有权力保障的权利将是被动的权利，缺乏从社会中获取自我发展和获取新的资源的能力和动力，没有与其他社会主体特别是政府进行平等对话，合作治理的地位，这种权利是难以保障的。因而进行权力的再改革，赋予社团发展的平等权利和法律地位，是重庆政社分开后改革时期必须关注的问题。

第二节　政社二元演绎下的权力转移：江苏太仓、重庆巫溪、重庆南坪

江苏太仓地处我国东部沿海发达地区，已连续多年位居全国百强县市前十名。重庆巫溪县则是我国中西部接合处三峡库区地带的一个国家级贫

困县。重庆南坪镇位于重庆市南岸区,是重庆都市经济圈内崛起的一方热土,也是重庆经济发展最快的地区之一。2008年江苏太仓市开始了"政社互动"的理论研究和实践探索,全力推进政府行政管理与基层群众自治的有效衔接和良性互动,2010年重庆巫溪县探索"乐和家园"乡村建设,将社会组织自治模式引入乡村治理,推动基层政权与社会自治的有效融合,2013年重庆市南岸区南坪镇南坪街道公共事务中心成立,将社区行政与自治实现有效分离,并实现了政府与群众自治的良性互动。太仓、巫溪、南坪所进行的改革试验均处于市场发展中的城乡社区,虽经济发展阶段和程度不同,但其社会管理的改革目的是一致的。不过,由于现实条件和环境的影响,其改革的路径和结果却有着明显的差异,并呈现出不同的发展趋势。笔者通过对三地的比较分析发现,三地改革的效果与命运不同的主要原因,在于影响或者决定改革过程的权力要素,权力本应作为改革的对象,然而权力却同时在其中起着"改革"和"被改革"的双重角色,而"改革"这一角色中,权力又同时扮演着"主动"和"阻碍"的不同作用。如何在改革中利用好权力调配的砝码,把握好政社间权力划分的张力,遵循社会与经济发展的基本规律,掌握各方面利益与需求的平衡,将是实现改革是否持续发展,而不被淘汰的关键所在。

一 改革背景

江苏省太仓市隶属苏州市,在改革开放中,苏州经济发展走在了全国前列,苏州经济的一个突出特点就是"政府推动型",政府在经济发展中起到了主导作用,政府以强大的行政资源,全盘策划经济改革任务,强力推动经济发展,但是市场经济发展到一定阶段,其自由经济特征与政府的干预色彩产生的矛盾愈益突出,政府在经济中的作用也开始呈弱化态势,而昔日村(居)民委员会90%以上行政事务来自基层政府的强行摊派,基层自治组织依赖行政资源、自主履职能力不强、自治表象化,基层群众开展自治活动的主动性、创造性不够,社会组织发育不充分、能力不足,乡镇(街道)政府与村(居)委会职责分工不明晰、工作机制不健全等方面的矛盾逐渐暴露,如何适应新形势完善基层政府与基层群众自治组织分工和合作机制成为现实课题,基层政府迫切需要深化改革、转变职能,切实增强基层群众自治功能,建立新型社会治理模式。太仓市委市政府基于对当地经济社会发展趋势、行政管理体制改革方向和居民群众愿望等的

第四章　权力改革视角下政社分开的地方实践

把握，充分利用"全国村务公开民主管理示范单位"三连冠和建设法治示范县（市）的基础优势，2008年以来不断推进"政社互动"探索实践。2008年11月，市政府成立了"政府行政管理与基层群众自治有效衔接和良性互动"课题领导小组；2009年3月，委托苏州大学金太军科研团队开展实地调研、理论分析、方案设计，5月出台《关于建立基层政府行政管理和基层群众自治互动衔接机制的意见》；2010年3月，公布了基层群众自治组织协助政府工作的事项及其自身依法履职事项，5月在城厢镇和双凤镇启动"政社互动"试点；2012年苏州市委市政府出台文件，要求全市每个市、区各选1—2个乡镇（街道）开展"政社互动"试点。目前，太仓市正在对"政社互动"进行深化完善。

巫溪县地处大山深处的三峡库区，其经济收入主要来源是农业和旅游业，经济发展落后与群众的发展意识形成了强烈的反差，人们不仅对于贫穷带来的困境苦恼，更为人们的思想意识、文明观念的滞后而难以接受，案件频发，村民纠纷，群众上访，污水横流，成为当地的真实写照。在我国以探索和研究环境为己任的北京地球村组织负责人廖晓义发现了家乡这一问题，带着对家乡的感情与对于事业的崇敬，廖晓义与巫溪县政府共同策划了改变这一贫困与落后面貌的计划——乐和家园。从2007年开始，地处秦巴山区的渝东北巫溪县便着力探索欠发达地区以社会建设促进经济建设、新农村建设的新途径。2010年7月，北京地球村组织将"乐和"理念引入本县，并着手协助县委、县政府进行"乐和家园建设"的政策设计。2010年8月，县委、县政府正式将"乐和家园建设"列入全县"十二五规划"战略目标。从2010年下半年开始，全县在羊桥村等3个村和县城6个社区启动"乐和家园"建设试点。

而重庆南坪镇位于南岸城区，经济与社会事务繁多，常住人口约23万人，下辖13个社区，社区居委会承担了大量的行政性事务，同时随着社区建设的推进和政府工作重心的下移，社区不但不能从繁重的行政工作中脱身，反而社区行政化日趋严重，一边是社区工作人员忙于"公事"，一边是群众埋怨社区"失职"。严重的"角色"错位，使得各项工作难以顺利开展，社区领导与群众的矛盾日渐凸显。因而要求政府必须深化改革，转变职能，然而由于"社区俨然就是一个'小政府'、'小衙门'，刚性的政务代替了相对柔性的居务，社区干部在加强和创新社会管理方面是'心有余而力不足'"。面对这一困境，南坪镇开始向社会征集改革意见，

整体化分散治理

2011年始，南坪街道先后委托重庆社会科学院、重庆市政府发展研究中心就社区公共服务体系创新开展了课题研究。2012年8月，时任巫溪县委书记，主导巫溪县乐和家园建设的郑向东调任南岸区任区委副书记，代区长，带来了巫溪改革的经验，为南坪镇改革注入了新的动力。2013年1月，在南岸区委区政府支持下，南坪街道经过为期半年的反复调研论证，按照大部分居民步行15分钟能到的原则，成立了全市首家社区公共事务中心，统一承担各职能部门延伸到社区的各项行政事务。

二 政社结构机制革新图

江苏太仓市的改革，没有改变乡政府与基层群众自治组织的结构关系，其参与的主体仍是乡镇政府、村（居）委会、社会组织及社会工作者。但是在结构未变的情况下，改革则从结构关系着手，将不同主体之间的责任关系，或任务关系甚或权力关系进行了革新。一是变"领导关系"为"指导关系"。通过放权和确权，将村（居）发展的选择权、村（居）建设的决策权、村（居）干部的考核权、村（居）事务的监督权交还给自治组织和居民群众。通过"支付协助"和购买服务，推动政府基本公共服务"重心下移"。截至2011年6月，全市城市社区工作站"八位一体"建设基本完成，农村新型社区工作站"12345"工程全面推进，社区"一站式"服务大厅覆盖率达80%以上。二是改"行政命令"为"服务协议"。太仓"政社互动"的探索实践，打破了行政资源对社会生活的高度控制，推动政府角色从"替民作主"向"为民作主"转变，社会力量从依附从属到协同参与转变。政府通过购买服务与社区建立协同关系，这种关系打破原有行政命令约束的方式，代之以"契约式"管理；三是变"偏重管控"为"多元治理"。市政府积极实施"三社联动"计划，采取放开公益慈善类、社会福利类和社会服务类社会组织在民政局直接登记和社区社会组织备案等措施，引导社会组织参与社区管理和服务。截至目前，全市备案社区社会组织数量达到627家，其中包括近300家社区志愿者组织，联系长期社区服务对象5万余人。不少农村社区还成立了劳务合作社、农民专业技术合作社、富民合作社等一批专业经济组织，承接了大量经济和社会发展职能。在改革中太仓政社关系的改革经验还得益于推进"三个自主"，从而将群众自治组织与社会组织进一步与政府分离："自主指标"就是除了法律规定的控制指标外，村居自治组织的其余指标都将

第四章 权力改革视角下政社分开的地方实践

成为自主指标,指标的确立过程和考核过程一律"去行政化"。"自主考核"就是政府把对村居干部的考核权回归群众,本着"向谁负责、由谁考核"的原则,村居干部由群众考核,让群众满意,使村官考核"去官方化";"自主报酬"就是村居干部报酬由"财政发饷"转为"村居付薪",实行"镇财村薪"新模式的"去上级化"。江苏太仓"政社互动"模式结构机制如图4-1所示:

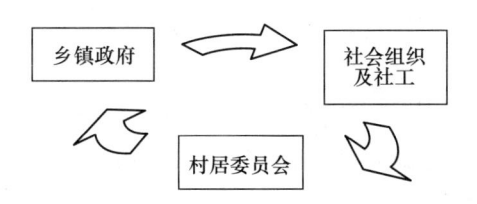

图4-1 江苏太仓"政社互动"模式结构图

重庆市巫溪县"乐和家园"是结合自身社会组织发展和基层民主建设所作出的创新。政府成立乐和协会,在生产与生活中,通过互助、合作等方式承担了政府部分经济发展和社会管理职能,同时成立了村民纠纷协调会和旅游协会,分别起着村民自我管理、自我服务的功能。在政府之外,集合了社会组织、村民自治组织以及社会工作人员等各种主体和角色,构建了一个以"乐和治理、乐和生计、乐和人居、乐和礼义、乐和养生"为内容,以互助组织"乐和协会"为载体,以四方联席会议为共治平台,以网格化管理为支撑,营造了社会管理新体系。然而,它是在并不构成当前政治结构变化的情况下,政府力图以寻找新现象代替新方法,以发现新事物弥补新问题,并没有关注实质问题的解决。整个理念的运行缺乏制度设计,仍未逃脱政府意志代言的范畴。当前随着乐和家园的逐步完善成熟,政府开始有意识地退出某些角色,把环保、治安、监督等职能,交给乐和协会组织实施。一定程度上促进了政社分离,减轻了政府负担,提高了政府效率,激发了乐和协会的积极性。然而,在政府退出的同时,党却加强了对乐和家园的控制与管理。各党支部确立了对乐和协会领导和管理的工作制度,在两级支部承诺中细化了支部在卫生、生产、管理、监督等各项职责。另外,在乐和协会中发展新的党员,将党的力量渗透进乐和协会的各个角落,依靠党的先进性,来带动乐和协会的发展。重

整体化分散治理

庆巫溪乐和家园政社结构机制如图4-2所示。

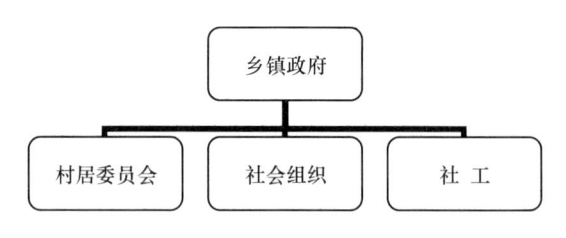

图4-2 重庆巫溪乐和家园政社结构

重庆南坪镇改革与江苏太仓和重庆巫溪不同的是政社关系结构发生了变化，在乡镇政府与社区之间成立了社区公共事务中心，统一承担各职能部门延伸到社区的各项行政事务。在800多平方米的社区公共事务中心设有涵盖南坪街道党政办、社保所、综治办、环卫所、城管科、社事科、计生办等各职能科室和南坪派出所户籍咨询的18个公共行政事务受理窗口，将原本由社区居委会承担的党群服务、养老保险、社会救助、民政优抚、城镇低保、就业再就业、居民医保等行政事务，收归到街道统一办理。街道还在每个社区设立了一个代办窗口，设立综合代办员1名，负责实现中心和各社区资料的快捷互通。同时针对老年人、残疾人、行动不便者及特殊人群，中心实行预约上门服务机制。由此，在乡镇政府与社区之外，成立了一个新的组织机构，将社区的行政职务吸纳，从而使社区从繁重的行政事务中脱离出来，以更充足的时间和精力，投身于党建工作、居民自治工作、居民服务工作、社会组织和志愿者队伍建设以及文化建设等社区日常更为细致的工作中去，"4点半学校、市民学校、V空间"成为社区新的特色。重庆南坪街道政社结构机制如图4-3所示。

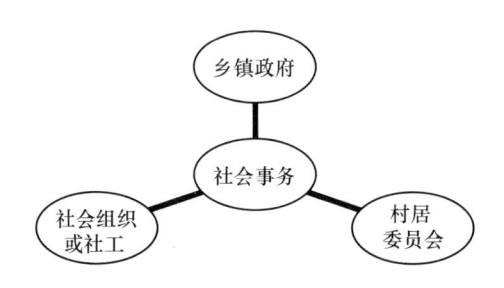

图4-3 重庆南坪街道政社结构图

三 政社分开与互动的权力机制

江苏太仓的创新经验在于通过"确权"的方式将政府与群众自治组织实现了权限划分，达到简政放权的目的。这种路径，是以"结果"促"改革"的模式，先明确各自的主体权力，然后进行放权。在"确权"中，市委市政府提出"凡属村（居）自治性的管理工作，放手村（居）委会自主管理"和"政府部门行政职责范围内的工作任务，不得随意下达到村（居）委会"的原则要求；市法制、民政等部门牵头梳理基层政府与社区自治组织权责，经过部门清理、专家审核、村居讨论和社会公示的程序，编制形成《基层群众自治组织依法履行职责事项》和《基层群众自治组织协助政府工作事项》两份清单，基本划清了基层政府和社区自治组织责权边界。根据"两份清单"，属于自治组织依法履职的事务共10项，涵盖了社区居民自我管理、自我服务、自我教育、自我监督和自治组织自身建设等方面；自治组织协助事务涵盖19个政府部门28项基本公共服务，比部门清理前的78项减少了64.1%，体现了行政权力"法无授权即禁止"的法制精神。在"制权"中，废止乡镇政府和街道与村（居）委会间的"行政责任书"，以《基层群众自治组织协助政府管理协议书》的方式，明确基层政府委托自治组织事务的项目内容、经费保障和违约责任，对自治组织依法协助事项实行"支付协助"，市、镇两级财政平均支付每个自治组织协管经费15万—20万元，彻底改变了基层政府采取行政手段干预自治事务、采用行政命令下达指标任务的工作方式。在工作中，全市还推行了"一揽子契约服务"机制，即由镇政府集中列出委托自治组织协助的项目明细，采取年度"一揽子"契约形式，将社会管理的"责、权、利"捆绑落实到基层。建立政府购买服务制度，通过公开招标、项目发包和委托管理等方式，引导社区自治组织和社会组织承接对于法定职责以外的委托事项，形成社区基本公共服务供给竞争机制。为了保证权力落到实处，体现权力划分的时效。各镇分别建立了由党政干部组成的自治组织履职履约情况评估小组和由村（居）党组织、村（居）干部、群众代表组成的政府履职履约情况评估小组，对双方履约情况进行年度评估，重点加强了对基层政府工作指导、支付兑现、行政干预情况的监督考评，建立了评估结果与基层政府、责任部门和责任人绩效考核挂钩的有效机制。为扩大双向评估的社

整体化分散治理

会参与，提高评估科学化水平，还在基层政府履约评估中引入社会满意度调查机制，对其管理服务效果进行客观评价，并将评价结果向社会公示，在自治组织履约评估中纳入社区勤廉指数等指标，对村（居）委会成员履职情况进行公开测评，进一步规范了自治组织的自治和服务行为。

重庆市巫溪县"乐和家园"乡村建设，充分发挥了村民的积极性，通过赋予村民自我管理、自我服务、自我选举和自我监督的权利，来发动群众组织起来参与乡村的建设与治理。"乐和"理念以"五自"来实现政府与社会组织的关系，以及保障社会治理有机体的形成与运作：集体自强——合作经济基础上的乡村共同体机制；个人自主——以股东和公民权利基础的个人责权利规则；生态自然——崇尚天然、顺应自然的产业和文化以及生活方式；道德自律——敬天惜物、尊道尚德的素质和修养；乡村自豪——兼顾环境、社会和经济的乡村建设基础上的城乡统筹。① 整个乐和项目的动机与理念都离不开政府的强势主导，政府在其中主要作用是发动群众，并培育社会自治力量，在社会组织参与治理中，政府承认并保证社会治理主体的权利，但是却没有体现政府对于社会权力的认可与支持。乐和家园模式的创立与运作自始至终没有离开政治权力的影响与约束。模式的创立首先由县委县政府统一部署，镇领导一把手直接负责，分派得力领导实施。镇党总支与各支部建立相应制度，全程参与管理和指导工作。村委领导班子分工负责乐和协会的最基层事务，并以乐和代表的身份直接参与乐和协会的组织管理与决策制定。从这种权力分化的形式来看，是一种"权力下派"的分权模式，它将党和政府的权力以下派权力机构和人员的形式直接接替了下层的权力管束。这种形式不是弱化了权力对基层的影响程度，反而是加强了权力对基层的控制能力。所有权力的横向分化与层级分配都归结为上级镇党委权力的最终解释权"党委领导班子对乐和协会具有一票否决权"②。

重庆市南坪镇改革由于其特殊的乡镇政府与社区事务交叉重复，

---

① 廖晓义：《乐和家园——生态文明的微观模式》，2011年5月29日，中国乡村发现网（http://www.zgxcfx.com）。

② 资料据上磺镇政府领导访谈记录。

第四章 权力改革视角下政社分开的地方实践

责任不清,权限不晰,在市场经济发展迅速、外来人口激增,社会事务不断增加的情况下,政府原有的镇社二元结构已经难以满足现实发展的需要,乡镇政府亟须设置新的机构来分流部分行政职能,并进一步激发社区群众自治力量。在这一探索过程中,南坪镇结合自身实际,成立了街道公共服务中心,还原社区的本来角色,强化社区的"底层"职责,发挥其"基层"优势,清理社区原有的行政职权,经过清理,共计 8 大类 142 项约 80% 的行政事务上收。这些举措从根本上把社区从繁杂的行政事务中解脱出来,让社区工作人员可以更好地帮助居民解决他们的需求,花更多的时间和精力去服务居民。为了提升社区服务的效率,部分社区还对社区事务进行了"三事分流",将社区事务合理分出大事政府办、小事村社办、私事居民办。同时南坪镇还赋权于民,在社会自我治理中,吸收群众的积极参与,南坪街道的 13 个社区,陆续推出了议事会制度,把应该交给基层决策的权力交还给基层。一些涉及居民切实利益的问题,由议事会讨论决定,广泛听取群众意见。在还权于民的同时,积极实施对公共服务中心的职责考核监督,让群众或社会组织参与考评,中心在每个受理窗口都安装了类似银行柜台的电子考核器。前来办理事情的居民,可对工作人员进行评分。中心实行"窗口受理、现场办理、后台协助"的工作运行机制,即街道和社区的所有公共行政事务,窗口原则上都要受理,对当场可以办结的、必须当场办结,对当场不能办结的、要承诺限时办结;对中心窗口人员不能办理的事项,窗口统一受理后,提交后台相应职能科室负责办理,并承诺限时办结。在人力方面,中心在原社保所的基础上仅仅新增了 13 名工作人员,就基本承担起了原来 50 名社区工作人员所承担的工作量;在财力方面,13 个社区就节约了 13 份平台经费;在时间上,各项居民办事流程更是至少简化了 1—3 个环节。南坪镇改革创造了政府主导、政社分开、权责明确、依法自治的基层社会治理新机制,有效保障了居民群众监督权利,体现了决策权、执行权、监督权相互制约且协调的基本原则,创造了基层政府权力制约监督的新形式(见表 4-3)。

整体化分散治理

表4-3　　　　江苏太仓、重庆巫溪和重庆南坪政社分开中的
权力改革内容

	放　权	分　权	限　权	制　权
江苏太仓政社互动	市委市政府提出"凡属村（居）自治性的管理工作，放手村（居）委会"自主管理	编制形成《基层群众自治组织依法履行职责事项》和《基层群众自治组织协助政府工作事项》两份清单，基本划清了基层政府和社区自治组织责权边界	"政府部门行政职责范围内的工作任务，不得随意下达到村（居）委会"；以《基层群众自治组织协助政府管理协议书》的方式，明确基层政府委托自治组织事务的项目内容、经费保障和违约责任	镇分别建立了由党政干部组成的自治组织履职履约情况评估小组和由村（居）党组织、村（居）干部、群众代表组成的政府履职履约情况评估小组，对双方履约情况进行年度评估
重庆巫溪乐和家园	乐和协会等群众自治组织负责人由群众自我选举；群众自我管理、自我服务	未明确分权	未明确限权	未明确制权
重庆南坪公共事务中心	社区居民建立议事会制度，实施民主决策制度	经过清理，共计8大类，142项，约80%的行政事务上收街道公共事务中心	大事政府办、小事村社办、私事居民办	考核评分制

四　趋势分析

太仓的做法，即是在未改变原有镇村（社）二元结构的基础上，重新进行了乡镇政府与村居社区之间的权力调配，"在我国，村委会、居委会是一身二任，既是自治组织，又是政权的一部分。随着行政化向基层自治组织的渗透，在实践层面产生了两个趋势，一个趋势干脆把行政化做到极致，这就产生了社工站；另一个就是把自治做到极致，这就产生了不承担政府职能的公共管理职能的居委会、村委会。但是这两种趋势分道扬镳之后，政府觉得不方便，居委会和村委会也都出现了问题。如果不是以分离的方式让两种趋势分道扬镳，有没有第三条道路？太仓'政社互动'，其实就是在政府同村委会、居委会既不能无限制地渗透，也不能无条件分离的情况下，寻找到的第三种道路。把原来交给居委会的那些行政化的责任，变成了协议，协议意味着政府与村委会、居委会之间仍保持着紧密的

第四章 权力改革视角下政社分开的地方实践

联系，但是这个联系有了适度的放松"[1]。这种在原有基础上的改革没有改变既有结构，没有产生新的要素机构，无论从宪法约束角度，还是从改革成本角度，都没有产生很大的阻碍。如果改革成功，将对我国在普遍范围内实行的二元镇社结构产生榜样作用，并可在全国范围内推广，但在现实中却难以顺利进行，因为改变这种基础性东西存在诸多方面的困难。一是既得利益者的传统思维和习惯依赖，将使改革可能呈现于表面。短时间内，改革可能因为主政者的推动，出现新的迹象，但是它没有改变根本的利益结构，如政策时效一过，传统将会卷土重来。二是新的社会主体在二者关系变化中难以找到自己新的地位和空间，由于二元结构没有改变，在新的政策和改革中，仅是强调了新社会力量的作用，并在相关政策中给予扶持，然而改革并未以法律的形式给予这些新社会组织以明确的权限和地位，因为它既不能改变国家层面的社会组织法规，也无权在地方层面给予社会组织以法律支持，而且在改革中更没有明确社会组织的空间位置；三是太仓地处我国经济发达地区，相应文化理念和科技水平也处于国内前列，太仓的改革本身就是发达地区由于经济发展与政治发展不平衡而出现的改革诉求，但是太仓经济发展模式在发展初期得益于"苏州政府推动型经济发展模式"，在经济上，太仓得益于政府的强力推动，如果在政治上仍沿用这种模式，则难免还会出现"进锐退速"后果，并且政府的推动难免带有强烈的绩效观色彩，缺乏对于基层社会组织力量的真正重视和发展。顾俊指出"当我们把公共管理的职能用协议的方式都委托给了村委会、居委会之后，这些职能到底用什么方式来实现，是简单地借用政府的方式还是用自治的方式来实现？从这点上来说，村委会、居委会不仅是一个衔接器，同时应该是一个转换器。自治组织如果不能用自己独特的方式来履行政府委托的职能，就会陷入有行政委托却没有法律授权的尴尬"[2]。太仓改革的阻力还不止于此，其最大的困难是，当前我国集体所有制土地制度，在这一制度未发生根本改变的情况之下，政府与农村则将无法真正从国家制度牢笼中脱离出来，农村永远将受制于镇政府，因此国家应进一步深化征地制度改革，政府不再充当土地市场主体，尤其是不再

---

[1] 《政社互动 和谐善治——专家学者谈江苏太仓创新社会管理实践》，《光明日报》2013年1月30日。

[2] 同上。

整体化分散治理

垄断土地一级市场，使农民真正成为集体经济、集体土地的主人，满足市场经济需求，形成反映土地需求的价格，弱化乡镇政府获取自身利益的动力，否则二元结构模式将永远无法打破。再者太仓的经验是利用了契约化管理方式，这不失为一种超前创新，然而"契约"的真正实施，并不是空中楼阁，它还必须建立在完善的法律体系以及成熟的市场体制之上，没有法律保障契约只能是一纸空文，没有市场基础，则没有真正的平等竞争意识，社会没有相应契约关系土壤，没有人们基于利益制约形成的相互尊重。更重要的是没有法律和市场的长期发育过程，人们还没形成用法律和民主进行交易的惯性思维，传统的关系网络和亲情攀附仍是人们解决问题的主要途径。但是解决以上问题，并不是从建立法律入手，或者发展市场角度就能实现的，它还必须从"土地"这一前提进行突破，土地是农业的基础，农业是国家根本，是一切国家制度和法律以及社会形成的基本前提要素，只有土地实现了个人所有制，才有粮食以及其他一切商品，乃至市场的真正发育，有了市场发育，才会有现代意义上的城市以及城市市民素质的提升，有了市民的相应素质保障以及对于土地等基本财产的保护，才会有了市民社会的一致要求和自我保护，而市民社会就是市场经济真正成熟和法律制度真正平等的基础保障。因此从法律或者市场角度来反向推动土地改革，是一种与时俱进的变革，但却难以从根本上或者从可持续上实现最终目的。

重庆市巫溪乐和家园的改革，则是源于大山深处农村的一次自我革新，对于一个国家级贫困地区且是位于社会问题极为复杂的三峡库区地带，能有一次影响全国的改革，实为难能可贵，但是重庆巫溪的改革也难以逃脱中途夭折的命运，据巫溪县政府网站和乐和家园建设专门网站，其乐和家园相关建设的信息截至2011年11月，此后很难再看到比较大的改革动作，也很难看到相关媒体的报道。巫溪县的政社关系改革没有触及权力的根本结构，所谓的创新也只是在原来体制基础上的画蛇添足，没有走出传统计划经济时代的政治整合路径，仍以权力影响替代社会经济职能。当然，巫溪改革也有进步之处，将部分权力下放给社会组织管理和实施。它兼容了"权力下派"与"权力下放"的双重路径，以市场整合的路径突破政治整合的局限，体现了市场经济在权力整合中的自然力量。然而，权力变异"以'公'为基础，用'共'的机制，产生

第四章 权力改革视角下政社分开的地方实践

'和'的力量,绽放'乐'的表情,营造'家'的感觉"。① 最终在"和谐"与"家"的这些不痛不痒的字眼上找到了合适的归宿,仍旧没有打破传统体制,在农民这个最基础层面上,权力还是奢侈和难以企及的。这种问题出现的原因如同我国很多地方的改革实践一样,没有基本的社会基础,没有成熟的市场体制等等,都难以支撑起一次真正的改革顺利完成。首先乐和家园的成长受制于以上三方利益博弈的影响。乐和家园最初是一次社会管理创新,但是随着盘子的做大,政治上的改革难以再行突破,人们最终还是归结于经济利益的诉求变革,因而乐和家园在没有基本的社会支持下,仍被当前功利色彩极重的心理所淹没,人们开始将乐和的目光转向了生产和旅游开发,而无心顾及其政治和社会效益。同样新任县委书记和乡镇一把手的更换,也力图作出比前任改革者更大的成绩,否则自己的前途就很难有所改进,因而经济发展便成为最容易突破,且有着政治保证的路径。北京地球村组织的进入对于改革起到了很好的引导作用,可以说除功利以外的主要成绩,基本出于地球村之手,但是不难发现,地球村组织负责人的家乡背景,以及地球村的主要目的并不与政府的真正意图相符合,这种超出"现实"之外的额外努力,势必只会被当作政府的挡箭牌。而农民的利益算得更为精细,这种精细往往是在"熟人圈子"内的较量,而不分析外在的政策背景。这种算计很可能在内部利益纷争的情况下,将整个乐和梦想撕裂。其次,乐和家园的建设是以家的氛围来营造共同体的模式。这种中国式的文化体制背景,与西方社会组织生成背景与路径产生了背离。西方社会组织的理念基于个体,而中国文化基于家,"西方思维是主客体的思维,是各自为战、冲突博弈道德的结构,而中国智慧是阴阳互补的思维"。② 再者,城乡文化差异,一般意义上的社会组织是城市化的产物,也是城市现代化的重要标志,农村则缺乏社会组织的根基,不具备社会组织发展的文化要素。然而乡村社会组织构建不是简单地以乡村之外的城市文明去置换、去消解原来的乡村文明,或以乡村之外的先进文化去否定、去替代乡土文化,而是在与城市文明的撞击中,更多地重视传统文化的承接与转化,重视广大百姓的参与与创造,重视乡村社会的发展与进步,从而建设新乡村

---

① 资料据 Y 村乐和家园宣传栏。
② 廖晓义:《乐和家园:破解乡村公共服务难题》,《乐和家园理论文集》2011 年 10 月。

整体化分散治理

文明，生长出适合乡村社会组织成长的新乡土文化。而这些在巫溪的改革中并没有得到很好的保护和发展。

还有，乐和家园很好地利用了中国传统文化，这种办法就是儒家学说中"礼"、"义"、"仁"，使得农民之间，农民与政府之间的矛盾都有了和解的理念基础。问题是，虽然社会组织的理念与我国传统文化的"和"、"协"有着相似之处，但是中国的文化是建立在小农经济的基础之上，这种精神最终"和"的目的，是"屈从"的表现。西方的社会组织也讲"和"，但这种"和"的基础是政府与公民之间的妥协。以上看来，社会组织是不屈从于统治者，马克思主义也反对压迫和剥削，这是社会组织精神与马克思主义精神共同之处，但是社会组织的"斗争"是理性的，是"合法的"；马克思主义的斗争是"阶级的"，是不可"和解的"，是"敌对的"。至此，中国传统文化的"礼义"与马克思主义的"斗争"学说，产生了冲突；西方社会组织的"理性的反抗"与马克思主义的"决不妥协的斗争"产生了冲突；中国"家"的"小农经济"理念与社会组织的"市场经济"理念产生了冲突。三重矛盾交汇于一处，乐和家园的前景就令人担忧了。除此之外，家庭联产承包责任制仍未打破中国传统"家族"经济文化的范畴。以家庭为单位的生产和生活方式，造就了"熟人圈子"，"圈子"内部是等级交易和亲情来往，无市场规则，圈子外是"陌生人社会"，"陌生人"之间，则因关系疏远，缺乏依附感和信赖感。再者，以家为单位的分格化生产与生活，为国家治理带来了方便，农民没有政治诉求，国家以公仆的名义代言，以人民的形式反馈，农民缺乏个人主体意识，周围的利益纠纷只在每日的"锅碗瓢盆"中产生碰撞。国家给予农民经济联合的鼓励后，由于对政治联合的潜在"恐惧症"，以及小农经济的内需不足，从而扼杀了农民经济联合的积极性和进一步政治联合的趋向。

重庆南坪改革与太仓和巫溪不同的是在原有二元结构之外，建立了新的组织机构以分流部分社区的行政职能和权力，社区从行政事务中脱身出来，专门处理群众自己的事情，还原了社区本来功能，即社会组织的本质要求。南坪改革可以说无论从理念还是从机制上以及从社会发展形式上来说都走出了一条较为科学持续之路。南坪改革所涉及的地域范围小，相比太仓（县级市）、巫溪县来说，仅有一个镇大小，所实施的主体也只是乡镇级别的自我改革，而巫溪县则是集一县之力，太仓更是

第四章　权力改革视角下政社分开的地方实践

动用了苏州地级市关系,甚至扩展到了整个江苏省,民政部也要求在全国适时推广。巫溪的成功在于较好地利用了中国传统文化的延续,但是失败的原因也是中国的传统文化本质上与社会组织文化及权力是不相适应的。文化可以利用,但是最难改革,它涉及社会之根基,在人们没有实现观念现代化之时,改革文化将会是一场无休之战。太仓的改革影响在于它是没有改变原有政治结构基础上的一次创新,成本以及阻力很小,并且可在全国范围内推广,因而影响较大,但是问题也出在这些改革并不是出于社会自发力量的内生性变革,它充满了政府的改革目的意图,为改革打上了深深的功利性印记。相比之下,南坪改革,则是从社会的真正改革愿望,厘清了镇一级政府与社区委员会的职能关系,划清了二者在社会事务上的权力界限,为新的机构开展工作提供了社会基础和制度保障。并且机构改革从人员、场地、经费以及时间消耗等方面来说都前进一大步,可以说真正实现了"简政放权"的目的。社区在发挥群众自治组织功能之外,还充分调动群众的民主参与,通过议事会等平台机制,在民主协商中吸纳群众意见和建议,更进一步完善了社会治理体系结构。况且"改革尚未成功",设立社区公共事务中心,只是"万里长征第一步"。南坪街道将全面建成"五中心、三基地",为社区的"转型"提供必要的场地和人才支撑。"五中心",即南坪街道社区公共事务中心、党员服务中心、文化服务中心、生活服务中心、养老托老服务中心;"三基地",即南坪街道社区便民服务基地、社会组织及志愿者队伍培育基地、微型企业孵化基地。新的改革进一步为社会力量参与治理提供了平台支持,各中心的建立将为公共中心及社区治理提供新鲜血液。从街道公共事务中心的机构设置来看,党支部书记与中心主任是分别人选,二者不兼职,其党支部成员也并不是中心的领导核心,从职责来看,党支部书记及成员承担的主要是联系和工会工作,起的是团结和监督权力的作用,很好地与中心行政工作实现了分离。南坪街道公共事务中心的可喜之处,还在于它有效地实现了科技与制度的融合,将科技融于人们生活,将制度楔入人们的生活。根据社会需要,南岸区"智慧城市"APP已进行了第四次版本更新。"南坪街道政务"在"智慧南岸"APP的"街镇办事"栏目中,市民可以由此了解南坪街道公共事务中心的工作内容和基本简介,还可查看事务中心各个窗口的工作内容和办事的具体流程,以及相关事务的工作电话;通过预约办件栏目，市民可提前向公共事务中心预约办件，凭着预约号到公共事务中心后优先办理；通过办件查询栏目，市民可随时查看自己事情的办理情况。

在巫溪县改革销声匿迹之时，时任巫溪县县委书记的郑向东调任南岸区任区长职务，而此时南岸区南坪镇正积极地进行着街道公共事务服务中心的论证和建设工作，2013年1月，南坪街道公共事务中心成立，改革进展顺利。而巫溪乐和经验如何在城市结出果实，延续巫溪乡村改革的成果，郑向东的到来，给南岸区社会治理建设带来了乐和理念，2013年6月，南岸区政府与北京地球村组织签订合作协议，在南坪东路社区等三个区域建设"乐和家园"项目。而此时的南坪东路社区也正在进行着公共事务中心建设，社区"去行政化"的改革任务。基于乐和家园在巫溪的成功经验以及没能可持续的教训，结合南坪街道公共事务中心建设的项目内容，南岸区党委政府试图将二者的优势实现互补，互通有无，扬长补短。巫溪乐和家园的经验在于较好地利用了乡村传统文化的延续与传承，但是文化的基因只能渐进演化，很难嫁接创新，社会组织文化的先进理念，由于缺乏环境、经济以及法律等配套要素的支持，很难得以持续发展，南坪街道作为南岸城市核心地带，其经济发展已经相对发达，市场机制较为成熟，人们的观念素质都较为开放民主，因而乐和家园在南坪的改革，引入了经济管理机制，借鉴南坪街道事务中心的建设经验，实施"一事一议、一议一制、一制管一事、一事一会"制，将每一件任务事项实施专人负责，专制管理，议行分离，政社分开。通过东路社区在政社分开中的权力分化成果，将乐和家园的"自我管理、自我服务、自我监督、自我选举"升华为在整个社会事务中，实现与街道、社区等主体共事中的"民主管理、民主决策、民主选举，民主监督"。从而将原巫溪县改革中未能实现政府与村社分权的改革推向了将乐和家园与政府机构的权力分化。在南坪乐和家园建设中，从社区组织培育、公共事务分流、公共投入变革、公共经济培育等方面，探索出了南坪公共事务中心与乐和家园的经验有效结合。

五 改革的启示

江苏太仓、重庆巫溪和重庆南坪改革还意犹未尽，成功的仍在继续，

第四章　权力改革视角下政社分开的地方实践

失败的也在另一个地方重新崛起，总结当前改革的经验与教训给予我们的启示是：

一是政社分开与权力分化的路径，需要政府的推动，更需要当地自然条件和经济社会发展的支撑，过快过大的改革，在短期内可能产生"爆发"式效应，然而最终会出现"因噎废食"的后果，巫溪改革的不足之处就在于它利用传统文化来推动现代治理理念，二者是难以匹配的。江苏太仓的改革，政府起到了主导作用，却未能充分发挥社会组织的自然力量。

二是权力的下放，还需后续相应机制的配套改革，权力下放后，对权力进行变异，使权力变更为适合社会组织应用的权力，权力还应被监督、控制，在政府、社区及社会力量之间建立权力的约束机制，实现各主体之间的权限划分，并以法规或者制度的形式予以规范。

三是各个地域的改革各有优劣，不能完全复制，但是可以相互借鉴。重庆南坪公共事务中心与巫溪的乐和家园的结合就是一个较好的典型案例。既发挥了传统优势，又借用了现代化治理技术，而且在更为发达的南坪进行结合，更符合改革的现实条件。

四是分权不是目的，最终应该是权力的重建，建立一种政府、社会组织、民众权力均衡制约的机制。如何达到权力均衡的目的，如果还是以权力为中心主义，在权力划分、界定或者授权上做文章，这种模式是狭隘的或者不是唯一的方式。我们应该将视野放宽，将权力仅仅视作社会的一种成分，以"权力服务于社会"的理念，用"社会重建"来代替"权力重建"，即权力的整合路径，由"政治整合"和"市场整合"向"社会整合"转化。

五是我们不能把权力作为交易的商品或者治理的目的，它必须服务于公民与社会，它不属于任何人，它是公共的，也就是我们不应将某种权力轻易交给某个人或部门，而是首先建立一种权力制约或弹劾机制，一旦权力致恶，必须有一种制度将其惩治或收缴。它不仅适用于国家与社会之间，政府与公民之间，甚至在社会组织内部也是如此。因此必须在社会重建的模式下进行，避免整个社会成果被权力异化。

六是当社区的行政权力被统一归为公共代办组织处理，社区权力出现了临时的真空状态，如何把社区的社会权力及时进行补充，并实现社区社会权力与代办组织行政权力的相互协调，是改革后出现的问题之一。南坪街道公共事务中心即是这一问题的典型案例。在权力上收的同时,南坪政府还应积极培育社区的社会权力,并且还应下放相应的社会自治权力给社区,否则社区如无权力支撑,工作将难以真正开展,并有可能成为政府的附庸。

第三节 公共代理机构参与下的权力分立：天津、杭州、深圳

公共代理机构是一类新兴独立运行主体的统称,这一类机构在西方国家已经较为普遍,并在社会治理中起着举足轻重的作用。但是由于地域和国情不同各个国家对其的称法各有不同,加拿大称其为"政府部门服务机构",法国称其为"独立行政权力机构",德国称其为"公法实体",荷兰为"独立行政实体",英国为"下几步机构",美国则为"政府公共事业公司"等,我国的港澳地区则一般称之为"法定机构"。但不管称呼如何,它们有着共同的特征:"在政府各级部门内分拆机构,分拆后的机构将与部门高层建立准合同性质的关系;从制度上将这些实体从传统的纵向组织部门内剥离出来;赋予它们全部或部分法律地位。同时它们的高层治理结构与传统的纵向组织政府部门不同;管理、财务和人事制度在一定程度上比传统纵向组织部门的规定有所放松;一定的管理自主权"[1]。在我国这一类组织机构也开始出现,并呈快速发展趋势。出现这一类组织的诱因是目前我国政府、事业单位、企业及社会组织所承担的职责有着重复交叉现象,导致"政出多门,多头管理"带来的责任相互推诿,权力相互干涉的问题矛盾,针对这一问题,国家采取积极措施,结合当前行政审批改革、事业单位改革、社会管理体制改革等推出一系列推动新兴社会主体发展的政策,并有针对性地将这些社会主体与政府及企业等传统部门进行有机整合,将部分政府职能交由这些"组合共同体"承担。如图 4-4 所示。

---

[1] 经济合作与发展组织:《分散化的公共治理——代理机构、权力主体和其他政府实体》,中信出版社 2004 年版。

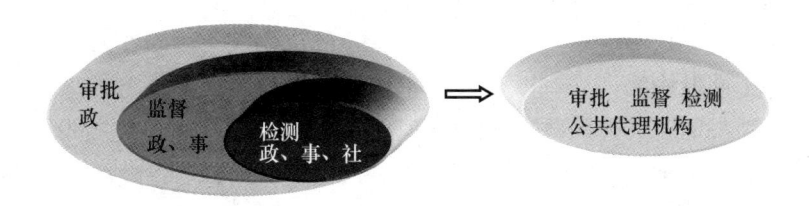

第四章　权力改革视角下政社分开的地方实践

图 4-4　公共代理机构生成逻辑路线图

注：图中"政"指"政府"；"事"指"事业单位"；"社"指"社会组织"。

目前代理机构比较常见和成熟的形式是用于专业或技术性的业务交由某些代理组织，如招标代理机构和专利代理机构。随着改革的深入，代理机构的范畴开始向社会治理内容延伸，并将成为未来我国代理机构发展的主要阵地。如本部分所要研究的三个代理机构：天津市和平区行政审批代办组织、深圳法定机构和杭州社会复合主体，是三个我国改革的代表。它们基本"代理"特征一致，但是各自发挥的职能和担当的角色是不一样的，天津市和平区行政审批代办组织是将行政审批第三方代办中介组织引入行政许可服务中心，由代办中介组织协助政府提供专业化的行政审批服务，为企业代理新注册手续及变更手续，提供免费的"全程领办"服务，解决了一站式服务没能彻底解决行政人员短缺、行政审批服务冗繁低效等问题。深圳市法定机构的改革是在国家事业单位改革大的背景下产生的，2011 年 7 月，《中共中央、国务院关于在部分省属事业单位和广州、深圳、珠海市开展法定机构试点工作的指导意见》对法定机构的界定是："法定机构是根据特定的法律、法规或者规章设立，依法承担公共事务管理职能或者公共服务职能，不列入行政机构序列，具有独立法人地位的公共机构。"杭州社会复合主体是指以推进社会性项目建设、知识创业、事业发展为目的，社会效益与经营运作相统一，由党政界、知识界、行业界、媒体界等不同身份的人员共同参与、主动关联而形成的多层架构、网状联结、功能融合、优势互补的新型创业主体。从概念上来看，它们区别是比较明显的，但是基于我国目前这类主体发展的蓬勃趋势，概念名称又较为混乱，为了适应新形势发展需要，对未来我国代理机构发展作出统一的规范要求，从而为更科学合理地引导这类主体健康有序发展，制定一个既适合我国现实国情又符合这类主体的基本特征的名称概念十分必要，本书借此尝试并将其称之为"公共代理机构"。

整体化分散治理

一 问题缘起

目前我国公共代理机构已经在广东、天津、杭州以及重庆、北京等地试行试点，各地的模式和路径都不太一样，所基于的现实背景和改革目的也不尽一致，在这些改革试点中，创新了很多可资借鉴的经验，为后期我国相关改革与推广奠定了基础，但是改革也遇到了一些现实性问题，这些问题成为当前改革的困惑，制约了改革的进一步深入：（1）各类公共代理机构之间差异、各自的优缺点不够明晰，各类公共代理机构改革的背景、路径、目的以及改进的措施没有进行分类归纳总结，缺乏分类指导、分类管理；（2）角色和责任分工不明确，缺乏独立自主性，尤其是赋予公共代理机构的权力不够明确；（3）与政府机构相关部门联系不够紧密，缺乏参与政府决策、管理等实质性环节的权力，对上级主管部门负责的责任机制不强；（4）公共代理机构与各部门之间协调机制不力。针对这些迫切而又实际的问题，当前最需要改进的是及时对目前各类公共代理机构进行摸底调查，分类总结，面对日益分散化的公共治理趋势，我们做的不仅是简政放权、创造更多的社会治理新主体，同时还应注意加强各类主体的联系互动、建立它们之间的合作协调机制，增强国家和社会的整体联动性和调控力。因而，本书从目前我国公共代理机构改革的试点中选取天津和平区行政审批代办组织、深圳法定机构和杭州社会复合主体等三个较有代表性、差异性较大的改革典型，进行比较分析，发现问题并总结改进的措施以及所应遵循的规律。

二 三地改革比较：现状与逻辑

（一）背景—内容

表4-4 **天津、深圳、杭州三地公共代理机构的任务与目标**

机构	时间/年	任 务	目 标
天津代办组织	2004	设置了"一站式服务"大厅	集中现场办理、提升办事效率，减少成本
	2007.6	施行"全程领办"制度	解决一站式服务没能彻底解决行政人员短缺、行政审批服务冗繁低效的问题
	2009.8	建立审批"全程日志"的制度	可以找出各个环节出现的问题，及时了解窗口人员的服务水平及工作状况

第四章　权力改革视角下政社分开的地方实践

续表

机构	时间/年	任务	目标
深圳法定机构	2007年始	借鉴中国香港、新加坡法定机构经验	开始推行法定机构的试点
	2007.8	深圳《关于推行法定机构试点的意见》	
	2007.10	新一轮事业单位改革启动	取消行政级别、财政"以事定费"、推行理事会治理结构
	2008.6	深圳市城市规划发展研究中心成立	事权界定、职能分解和流程规范等
	2009.9	31个政府部门挂牌并公布"三定"方案	进一步厘清政府、市场、社会三者关系，提高公共服务效能
	2010.2	《广东省事业单位分类改革的意见》	探索法定机构试点，设立自主管理、独立运作的公益机构
	2011	《关于在部分省属事业单位和广州、深圳、珠海市开展法定机构试点工作指导意见》	2012年底前完成首批试点单位的政府规章制定工作
杭州社会复合主体	2002	"钱塘江时代"	城市口号提出
	2004	"精致和谐，大气开放"的杭州精神	城市精神提炼
	2007	"生活品质之城"	城市生活品牌宣传
	2007	生活品质系列点评	城市生活提质
	2008	生活品质网群	城市生活提质联盟
	2008	城市有机更新	城市整体发展
	2008	社会复合主体	城市主体创新发展

天津市和平区行政审批代办组织的设立是在国家行政审批制度改革的大背景下，天津市和平区率先将社会组织引入审批程序，借助社会组织的组织化优势，将行政审批中心部分事务转让给社会组织，这个过程经历了三个阶段，即一站式服务大厅、全程领办和全程日志，每一个阶段之间前后相连，后一个阶段是基于前一个阶段的不足，是对前一个阶段的创新发展。通过不断改革，目前代办组织与行政审批中心实现了合作互动局面，各个主体得到了很好的衔接与相互监督，有效地提升了行政审批效率。深圳市法定机构的形成是在事业单位改革的背景下推动产生，在改革过程中由于我国新兴社会主体不断涌现，尤其是各种社会组织和企业组织以及不同形式的政府事业单位层出不穷，这就给事业单位改革提供了借鉴的思路，事业单位改革的分流就是要求事业单位向其他类型的符合自身实际与

整体化分散治理

社会需要的社会单位转型,在这一时期改革遇到了一些难度,因为绝对的分流改革会遇到相当大的技术难度和利益之争,针对这一问题,西方以及我国港澳地区实施的法定机构为我们的改革提供了思路,2007年在借鉴中国香港和新加坡等地经验基础上,深圳等地开始试点,并得到了中央的政策支持,到2012年深圳市逐步成立了几个较为成熟的法定机构,并开始向广东全省推广试点。但是目前这一改革并不顺利,针对法定机构本身的属性问题,由于与行政机关以及社会组织等存在着含义冲突问题,一直未能得到中央以及学术界的进一步认可,下一步将在改革中通过绩效和其他改革的配套进行,打破这一概念层面的瓶颈。杭州市社会复合主体的产生背景体现了城市生活的社会演进模式,它是生活的自我反思变革,是人们追求向上境界的一种日常表达,因而其发展的规律是内在的自我反映,它相对于天津和深圳的公共代理机构的改革更具有社会革命的含义,当然杭州的经验也借助了政府的推动引导作用,它的发展也是对目前行政审批改革与事业单位改革的另一种反映,由于杭州市场经济和商品经济发展较为成熟,各种社会主体承担的角色相对其他地区也较为合理,在较早时期已经进行了相应的制度变革,社会复合主体是对前面改革的进一步完善和补充。

(二) 结构—功能

表4-5 天津、深圳、杭州公共代理机构"结构—功能"视角分析

机构	主体	结构	功能
天津代办组织	行政审批服务中心 代办中介组织 入住中心相关部门	政府的协调、领办与联办互动、中介组织与部门服务的合力	引进中介组织帮助政府提供公共服务,使中心服务专业化;在中介服务的过程中形成政府与企业之间的信息中介作用
深圳法定机构	政府主管部门 前海管理局 所属企业	半独立、半官方组织,与政府相比有较大的管理、人事聘用和财政自主权,独立承担法律责任	代理政府、企业以及社会组织交给的任务,有效地化解这些任务在各主体之间的责任不清、技术不够、权力不足等问题
杭州社会复合主体	政府 企业	有党政界、行业界、知识界和媒体界等多元参与,联动运行,你中有我,我中有你,彼此关联、互为支撑	既有引导、协调、管理职能,又有创业、开发、经营职能;既有研究、策划、设计功能,又有宣传、推广、展示功能,各功能彼此分工,互补衔接

第四章 权力改革视角下政社分开的地方实践

天津市和平区行政审批服务中心通过引进中介组织帮助政府提供公共服务，使中心服务实现专业化，在中介服务的过程中，形成政府与企业之间的信息中介作用。形成了政府的协调、领办与联办互动、中介组织与部门服务的合力；在实施效果上，这一机制明确了牵、办、批的责任主体，做到牵头贯穿全程、办理服务全程、审批指导全程；建立了审批全程日志制度，把握全貌，严格记录每项审批的各个环节和每个干部的一次性告知的情况；运用了看日志、查瓶颈、评服务等监督方式，形成由中心、监察室、中介、部门共同配合的、全员全程提高效能的工作局面。代办组织的介入有效地提升了政府行政审批的效率，加之其他部门的配合，使整个运行实现了联动。但是由于代办组织本身缺乏审批权力，因而这种联合模式是"嵌入式"，没有与整体达到有机结合。深圳市法定机构作为半独立、半官方组织，与政府部门相比较有较大的管理、人事聘用和财政自主权，依法自主办理有关业务，独立承担法律责任，不受国家机关及其他机构的干涉。这些职能的界定也有着法律的保障，每个法定机构都有一个专门的法律，规定该机构的设立、职责、经费来源等内容。成立该法定机构的法律都会赋予它特殊的功能、特殊的任务、特殊的运作方式和管理模式。机构人员身份多样。法定机构的组成人员身份多样，既有政府任命的公务员，也有政府雇员（没有公务员身份），还有自主聘用人。深圳法定机构的设立是基于事业单位改革的背景，其跨度时间较长，相关政策法规层次全面，国家宏观制度支持度高，在改革过程中充分结合我国事业单位的内在问题，制定了充分的改革方案措施，注重改革后的法定机构与事业单位、政府及企业之间的法律关系和制度联系，法定机构的独立运行，集合多个部门的职责任务，实现了任务运行的"一站式"效益，由于有法律和制度的保障，以及政府的主导规划，很好地体现了各个部门之间的互动关系。因而这种模式可以称之为"嫁接式"，其结构融合度要高，充分借鉴了各机构的优势效应。杭州市社会复合主体的产生不仅从生成路径上来说体现的是内生模式，其结构职能的特点也发挥出更为综合性的体制效应，因为它集合了社会资本的营养成分，是社会力量的自发促成的结果，在结构上更为细致完备，从目标和机制上更为成熟合理，从协调联络上更为简便牢固，既涉及政府职能转变、公共治理、社会参与、协商民主，又涉及社会主体培育、社会运行模式，还涉及产业结构调整升级、文化资源利用、文化价值实现等，涉及社会性项目建设、社会事业发展、知识创业

整体化分散治理

和特色行业发展，具有全局性影响，综合性强。社会复合主体以项目作为运作方式，往往针对文化型、知识型产业或项目的弹性、柔性、开放性等特性，以及项目建设的阶段性特点，形成灵活的组织结构和运作模式。社会复合主体具有事业发展性质，突出公益性，同时又能实行经营运作，不是依靠权力或行政审批权延伸来运作，而是采用企业化、社会化运作方式，具有自我"造血"功能，实现可持续发展。[1] 因而杭州市社会复合主体相比天津与深圳的公共代理机构改革更具有社会化和市场化要素，我们可以称这种模式为"克隆式"。

(三) 规则—逻辑

表4-6　　　天津、深圳、杭州三地公共代理机构生成逻辑

机构	基础	原则	路径	逻辑
天津代办组织	政府需要 社会组织的兴起 国家政策的支持	以合同的形式	理性路径	结果性逻辑
深圳法定机构	政府需要 事业单位改革推动 企业发展	以制度设计的形式 以法律作为规定	功能路径	恰当性逻辑
杭州社会复合主体	社会组织兴起 企业需要 政府需要 公民生活水平提升	以社会规则为主体 以政府设计主导 结合企业的契约精神	社会路径	适宜性逻辑

天津市和平区行政审批代办组织、深圳法定机构以及杭州社会复合主体各自代表着一种治理模式，它们的不同之处是所处的环境要求，面临的问题，因而产生出不同的路径选择，每一种模式不能说绝对具有优越于另一种的优势，它们都有自己生存的空间和发展的必要，代办中介组织适应了小范围内的，事务并不太复杂的简单任务执行，这种关系的稳定性一般是因事而定，以项目带动互动。深圳市法定机构由于有着深刻的事业单位改革背景，是站在国家宏观改革考虑的影响下，因而从制度安排角度的设计较为浓厚，事业单位改革是一个渐进试点过程，时间跨度大，影响范围

---

[1] 郑杭生、杨敏：《从社会复合主体到城市品牌网群——以组织创新推进社会管理创新的"杭州经验"》，《中共杭州市委党校学报》2011年第4期。

第四章 权力改革视角下政社分开的地方实践

广,具有复杂的部门设置和国家体制演进的历史性过程要素,这就决定了法定机构设置较为谨慎,关于法定机构的属性以及承担的职责任务是否带有行政属性,目前在广东试点中争议较大,国家对这一改革目前还没有明确的肯定性表态,还处于探索阶段。种种客观性历史或者体制问题的障碍使得法定机构与政府以及其他社会主体的关系处于制度体系层面不稳定的状况,现在其运行方式主要是依靠于"一法一机构"模式。杭州社会复合主体的生成是杭州市地方发展中经过长期的历史积淀和市场发育自我生成的产物。杭州地处我国东部发达沿海地区,商品经济发育早,社会发展的内在动力和社会治理的基础力量较为突出,已经形成较为成熟的市场经济体系和结构合理的社会治理体系。杭州社会复合主体起初是始于杭州城市生活品质的提升,建立在地方经济和百姓生活已经基本实现小康水平的基础上,杭州对此提出更高精神层面的要求,因而这种发展模式是内生的底层需求的进一步更替,它内化了社会基础的诉求,也集聚了社会基础的内在动力,因而在政府发展规划中,有效地利用了这股顺力,从而达到了事半功倍的效果,杭州市社会复合主体运行的机制不仅是政府给予的制度安排,更重要的是它与城市生活、城市发展以及城市宣传紧紧结合在一切,它的运行更多的是基于城市居民的规则约束,而这种规则还受到了市场长期竞争游戏不断磨合中形成的契约的影响,因而杭州市社会复合主体的生成与运行原理是政府制度设计、市场契约规制和社会日常规则主导的社会自我治理模式,相较于天津市和平区行政审批代办组织以及深圳法定机构有着更为牢固和持久的发展机制。

天津市和平区行政服务中心的形成路径模式是基于结构分化方面的改革,注重的是改革后的效益,因而是结果性逻辑。法定机构的成立相比代办中介组织,其法律效力以及行政能力或者是公共权力乃至人员配置都聚集了各个方面的优点,因而较代办中介组织有着天然的进步之处,在法定机构与原有上级机构和平级机构乃至所属机构之间都通过特定法律的制定进行了规范,在有限的空间内积极发挥了法定机构的职责作用,因而体现的是与体制建立了良性关系的恰当性逻辑。社会复合主体相比较单纯的社会组织,天津市和平区行政服务中心代办中介组织,政府、事业单位以及企业等独立共同体而言,更能体现出社会的自发力量和内在的生成规律,它的形成不同于前两者的政府借用作用和主导模式,而是首先基于自身的发展基础上的外在影响。它的生成已经跳出制度的硬性规定,更多的是文化的滋润保养，它追求的是一种各种社会要素的自然结合和相互沟通，以及各自之间的和谐相处。因而能够适应社会需要并与社会有效融合的适宜性逻辑。

三 问题剖析：分散化公共治理

天津行政审批代办组织由于实行的是合同制模式，因而其运行周期并不稳定，往往存在因事而定的机遇影响障碍，引入的第三方机构只是起着辅助执行作用，并无议事决策权力，其地位没有受到专门法律的保障，也未能进入政府主要管理结构范畴。从相关运行机制和制度安排中，未能从主要职能部门或者机构设置方面体现出该组织的独立资格地位，也未能从制度安排中体现该组织的自主性和单独性执行模块。行政审批中心为调节各入驻部门的工作关系专门设立了协调机构和办公机构，但未从职责守则中体现代办组织的身影，在相关机构布局示意图中也未直接标出代办组织的办公地点和办公流程。代办组织接触的工作范围限于：企业新注册手续、企业变更手续。办理事项也仅为企业营业执照、验资、刻制图章、机构代码证、税务登记证等，这些事项从性质上来看还处于操作性问题，一般不涉及政府部门的企业审批权限，同时其监督职能也没有明确。因而，和平区行政代办组织在职责、机构、人员、经费、权限等各个方面未能真正实现与政府部门的有机结合，基本上处于招之即来、挥之即去的地位，这种随机性给代办组织的责任感和效能性产生了不利影响。由于没有独立的法律约束，仅以合同的法律效力很难从根本上约束代办组织的工作廉政，由于没有相关决策参与和审批权力，代办组织一直处于辅助地位，没有真正的独立自主性，压抑了自身能力的拓展，由于在人员、经费、机构等方面没有给予相应的政策或资金支持，代办组织的办公条件以及设施技术未能得到完善保障。在代办组织的失职违规的事项惩戒方面，没有专门的规则制度进行完善，政府很多时候看到的是其利，而未能警戒其弊，一旦问题出现，无法明确各方职责，从而容易产生扯皮推诿状况，代办组织的业务可持续发展也受到一定影响。

深圳法定机构的设置为事业单位改革打开了思路，但这条改革之路并不顺利，首先是由于其机构性质归属还存在较大争议，由于不是政府部门又行使部分行政职能，同时在人员配备、结构设计以及地位角色和政府衔接方面还存在一些难以逾越的障碍。法定机构的职责是通过立法的形式来

第四章 权力改革视角下政社分开的地方实践

确立的,但是法律很难穷尽法定机构与所属政府部门的权责关系,况且法律也往往赶不上现实的发展。政府活动纷繁复杂,很难简单地将决策与执行清晰地划分开来。以前海管理局为例,《深圳经济特区前海深港现代服务业合作区条例(草案)》规定:"前海管理局在市政府领导下开展工作","深圳市政府各有关部门非经市政府授权,不得在前海合作区行使职权"。上述规定会产生如下三点疑问:一是作为前海合作区管理部门的深圳市政府是由各个部门组成的,具体应该由哪个机构代表深圳市政府对前海进行管理?在前海合作区以外的区域,前海合作区是否有权要求深圳市政府各部门为其进行审批事项或提供服务,各部门是否有义务去做,是否需要授权?二是政府相关部门对于法定机构的绩效评估困难。法定机构兼具政府和企业的特点,由于其目标的多元以及评估技术的欠缺,相关部门对法定机构的绩效评估很难确定统一的标准,由于考核的多元化趋势,降低了行动一致性的要求,政府对法定机构的监督问责也很难顺利展开。三是外部审计制度不完善。而我国相关外部审计制度还没有完全建立起来,政府在对法定机构审计时,一般是通过机构自查和政府监察的模式,而法定机构内部理事会成员往往是兼职,缺乏足够的时间、精力和专业知识对法定机构进行监管。四是法定机构成员聘用缺乏独立标准。法定机构的成员来自各个相关部门,有政府任命安排,有社会应聘,也有借调、合同等等,这些应聘缺乏竞争上岗的程序,人员结构混杂,所属对口机构存在职能交叉,多头管理问题,没有相应的人事制度专门界定法定机构人事的独立性以及与外部相关部门人事的关系,法定机构成员的归属以及责任模糊不清。

杭州社会复合主体虽然从城市历史发展角度逐步推进,利用了文化基础元素在市场和社会机制中的传承及协调作用,但是在目前我国政治功能大于市场作用的情况下,社会复合主体的产生还带有很大的政府行政绩效色彩,它的产生离不开杭州市委市政府的短期内一系列政策文件的强力推动,也包括各地高校科研机构学者的积极宣传,在这种氛围之下,社会复合主体透露出一种势不可当、蓬勃向上的态势,然而凡事必须基于社会的深厚基础和文化传统以及未来趋势的条件下,才不至于被不断变化的改革潮流所淹没。杭州社会复合主体是一种过度依赖市场与社会的模式,在这个结构中起着主导作用的是各种企业以及社会组织,另外还有知识界、媒体界的人士参与,多元中心治理的模式带来了一种活力和不断散发的动

整体化分散治理

力,但是这种模式具体归哪种属性,从而明确它与政府、企业以及社会的关系。有学者根据政府、市场和社会的匹配程度差异,分为"政府—经济效益型"、"政府—社会效益型"、"市场—经济效益型"、"市场—社会效益型"以及"中间型组织"①。社会复合主体虽然具有主体多元,边界动态开放,目标公益导向等外在表征。但市场和社会的发育带有强烈的政府绩效引导色彩等问题,"有学者尝试通过政府介入的深度,将社会复合主体归为政府主体型、政府主导型和政府引导型,但无法理解其构建的过程逻辑,特别是城市政府如何'渗透'特定的行业和社会组织网络,如何防止政府的过度介入而使其沦为'组织化调控'的工具"②。这种属性不清的潜在问题,难免为社会复合主体的法律界定和行政改革等带来了政策制定难度,也为社会如何找到自身定位,展开与其他主体的关系存在很多障碍。更契合实际的是各主体之间缺乏一种整体调和机制,一是没有一个统一的法律法规对其制度、地位、结构等方面的界定规范,导致各个社会复合主体无序发展、概念模糊、边界不清,不利于社会复合主体的发展方向的正确引导,"在实践过程中,社会复合主体遇到了新的实际问题,包括社会复合主体典型中的行政力量过大(如西泠印社的管委会),运作松散(如丝绸和茶的行业联盟),等等。这就引发了一系列思考——如何形成复合主体成员的主动关联,如何处理专业性和复合性的关系,党政界如何既发挥作用又保持权力不介入,行业(企业)的社会复合主体联合如何避免垄断,等等"。③ 二是社会复合主体的整合,是否是基于一种"生命共同体"的存在体征,各个机构或组织之间是以什么样的利益联系起来,他们的目标宗旨是否一致,等等。一系列问题都可以导致社会复合主体的不稳定性,影响其可持续健康发展。三是社会复合主体初衷是文化品牌的宣传造势,这种目的有着很大的传播效应,它是否还能复制于其他社会内容之中,创造出基于人们的日常生活以及民主制度等更为切合实际的问题领域,否则如果单纯是介于城市品牌的创立,难免出现一种"以一代百"的嫌疑。

---

① 王国平:《培育社会复合主体研究与实践》,杭州出版社 2009 年版,第 80 页。
② 唐皇凤:《社会转型与组织化调控:中国社会治安综合治理组织网络研究》,武汉大学出版社 2008 年版,第 76—84 页。
③ 郑杭生、杨敏:《从社会复合主体到城市品牌网群——以组织创新推进社会管理创新的"杭州经验"》,《中共杭州市委党校学报》2011 年第 4 期。

四 公共代理机构的反思

首先是深化政社分开改革。天津市和平区行政审批代办组织的政社分开相对彻底，因为代办组织是直接从社会引入的独立性的社会组织，但问题是政社分开还有一个含义，就是我们不仅应给予社会组织充分的自主办理权，还应建立社会组织发展的救济体系，让社会组织具有自我造血功能以及真正地发展自主权，和平区行政代办组织在执行行政部门交代的任务之外，由于没有很好地融入行政审批这个整体结构系统中去，在这个结构中它一直处于一种附属的角色，或者是一种借助的工具，行政审批部门缺乏对代办组织的整体规划，缺乏部门协调机制，也缺乏相应监督机制，对于代办组织也没有真正纳入行政审批的相关决策程序，无法将自己的意见和建议提升到文件层次，也就难以发挥其更大的积极性，在资金、人员、办公等方面缺乏一盘棋考虑和长期规划发展，在这种情况下，如果出现事情的转移或形势的改变，甚至代办组织自身的不进步，都可能对代办组织参与行政审批事务执行产生影响，从而对整个行政审批事务产生不利影响。对于法定机构，由于它是事业单位改革的组成部分，其目的就是实现政社分开这一重要任务，因而任务较为艰巨，情况也比较复杂，所牵涉的细节问题更为具体。一是立法问题。以前海管理局为例其立法应注意以下两点：（1）《深圳经济特区前海深港现代服务业合作区条例》应该成为前海的唯一法例。不宜由政府再出台相关的规章来规范，否则又将落入政府本位主义的窠臼。更不宜授权前海管理机构制定规则和指引，否则容易导致改革设计的部门化；（2）从内容来看，条例应该主要放在目标、体制、责权关系、边界划分、评估、监督、问责等制度性、框架性的内容上。这方面的内容应该尽量细化，否则会给今后的实际运作留下隐患。鉴于国务院已批复《规划》以及体现保证前海经营管理的灵活性、自主权，因此不宜对涉及前海经营、管理、开发、投资、产业、社会建设等方面的内容规定得过多、过细。二是内部管理架构问题。为实现前海深港现代服务业合作区政府主导、市场运作的原则，应建立"领导小组—管理局"双层管理体制。领导小组是最高决策机构，负责确定前海深港现代服务业合作区的发展战略、中长期规划、决定重大事项、监管前海管理局。管理局是执行机构，具体负责日常管理和运营。管理局局长对领导小组负责，向领导小组汇报工作，接受领导小组的监督，同时是领导小组成员。三是与政

整体化分散治理

府部门的衔接问题。前海合作区具有的行政执行权力应该通过法律授权和深圳市政府授权双重授权的方式获得,并通过立法的形式予以确认和固化。经过授权以后,深圳市政府各部门与前海合作区不再有领导和指导关系。没有主管部门的前海合作区原则应该只对领导小组负责。前海合作区与上级政府部门的衔接也必须通过领导小组及其授权的机构来进行,这样可以减少深圳市政府各部门对前海合作区的干涉,减少与各级政府部门的协调难度和工作量,还能保证前海合作区各项工作的正常开展。杭州市社会复合主体是集政府、企业、社会组织以及媒体、知识分子等联合组成的结构形式,这种形式以网络系统作为联系平台,以项目管理作为运作平台,以文化理念作为整合平台,在这个系统中产生了"政府主体合作型"、"政府主导合作型"和"政府引导合作型"等不同模式,各种模式的主体之间政社关系并不一致,多样性政社结构形式具有灵活性,根据市场需要不断调整变化,因而更具有适应性和牢固性。但是这种多样性还应制定相关法律进行规范约束,可以借鉴深圳法定机构"一事一法"的形式,针对每一个社会复合主体制定相应的权责法律规则,在相关法制建设中明确政府在复合主体运作中代表公共利益、依法行政等责任,限制政府违规操作资金、违法操纵项目承包的权力。当然,法规制定后的落实还在于政府自身,所以政府的制度创新(比如绩效考核机制、干部选用制度、人事制度等的改革和创新)都需要与规范政府权责的法制建设配套推进,这样才能从上到下贯彻制度精神、落实法制规范。

其次加大权力变移力度。我们除了实现政社分开这一前提之外,还应赋予社会组织发展的技能和权利,继而我们还应给予一定执行社会公共权力的职能,使其能够对于自己可以掌断的事务或者代表民意的事务作出自己的判断。天津和平区行政审批代办组织目前最需要承接的政府职能就是独立自主的行政审批裁判权,目前代办组织只有执行权,缺乏"审批权"和"监督权"。这就使得政府在其中还是垄断角色,目前我国正在积极进行行政审批权的"简政放权"改革,政府应该将自己"管不好"、"管不了"、"不该管"的审批权力下放给社会(社会组织),而天津代办组织并无承接这方面的职责权力,如果仅限于让社会组织执行任务,而无裁断权力,似是政府有假借社会组织名义,而无实质改革的嫌疑。深圳的法定机构权力的承接已经相对成熟,具有独立自主的运作权力,但是由于改革的不同步性,在新事物产生的同时,还遗留了大量的传统因素,在表面关系

第四章 权力改革视角下政社分开的地方实践

模式上虽然实现了突破,但是在内部结构和关系要素上还有着千丝万缕的联系,法定机构不仅要实现特事特办,还应在财务、人事等方面与政府实现深度改革。目前深圳法定机构根据机构职能和类别的不同,实行核拨经费、财政补助、政府购买服务或自筹经费等多种经费形式,但总体上大多数法定机构仍处于财政全额拨款的试运行阶段。因而这种情况应结合市场需要采取更为多样化的筹资渠道,将融资权放给社会,引入更多社会资本参与法定机构的任务运作,从而增加社会在公共事务中的话语权和影响力。在工作人员的录用管理上,可自行设置岗位,自主招录人员,并可越级提拔,拥有较大的灵活性和自主性。杭州市社会复合主体相比较前面两种模式已经有了较大的改进,但是这种模式由于是历史制度演进路径,政府在其中起到了主要作用,并且这种模式并不是社会变革的动力机制,而是基于城市发展的创新需要,因而这种模式一旦外在影响力量改变,自身也很难维护已有的结构形式,最为关键的是本模式在发挥外在力量影响的条件下,借鉴天津行政审批代办组织与深圳法定机构的行政改革模式,并引入社会自我革新的动力机制,将更多的自主权赋予社会复合主体,并发挥它们自我革新的积极性。在划定政府与社会复合主体的权限上可以参照以下标准:一是公共产品或服务的具体属性不同来决定其适合不同类型的复合主体运作形式,比如公共品消费中是否可实现收费往往决定市场介入的可行性;二是参与的项目所兼具的具体效应,有些战略项目在具备社会效应的同时也具有行政效应,而每个项目社会和经济效应的大小不同也就决定了社会复合主体参与的权力边界;三是政府的作用——根据政府在其中发挥作用的大小,确定政府的角色职能;四是根据社会复合主体的资源禀赋和组织效率(能力),如这些组织的信息效率、生产效率、管理效率等来决定复合主体运作的必要性。

最后,推进市场机制转型。在天津行政审批代办组织、深圳法定机构与杭州社会复合主体三者比较来看,杭州社会复合主体的社会重建工作做得相对成功,它从城市生活品质提升角度,有效开拓了社会复合主体这一城市品牌网络的重要形式,但是这一创新很大程度上是基于城市品牌效应,其运作方式基本上是市场化,其工作机构也一般是政府及其他较为正式化或规模化的部门,其运作项目也是相关市场型、政府型的宏观课题,真正与普通民众相关、深入民众日常生活之中、由普通民众亲身参与的项目或复合主体十分少,或者并不成熟。因而杭州社会复合主体还需在现在

整体化分散治理

成功经验基础上，积极开拓新的领域，将触角向基层向生活深入，一是打造公共文化服务体系项目，为民众建设便捷、有效的文化生活环境；二是建立民众参与社会复合主体的工作平台，积极采纳民众意见建议，使社会复合主体不仅是政府或者企业以及知识界高层领域的专有空间；三是建设一批专为民众服务的公益项目，打造一批为民众服务的公益性社会复合主体，为民众的生活困难，包括就业、助残、扶贫等生活服务。使社会复合主体真正实现社会化。而对于天津行政审批代办组织主要是建立政府与代办组织平等协商、民主合作的公共文化氛围，通过完善规章制度，宣传教育以及培训等方式使政府工作人员及代办组织成员之间建立相互信任、沟通、合作的平台，并通过制度化程序以及办公场所等方式建立政府与代办组织之间共同工作的平台机制。深圳法定机构本身建立的目的即是事业单位市场化、社会化改革的产物，因而进一步推动这一改革的措施，不仅是行政结构上的变化，同时也应进一步简政放权、赋予法定机构更多的独立性、社会性的权力权益。

第五章 "整体化分散治理"机制构想

第一节 逻辑思路

一 理论争议

当前关于政社合作治理的研究理论成果已经十分丰富（俞可平，2006；何增科，2007），相关实践中的政社合作治理研究也蔚然成形（王名，2010；郁建兴，2012），在这些研究中挖掘和创新出"参与式治理"（胡益芬，2004）、"合作中竞争模式"（郭小聪、文明超，2004）、"官民互治模式"（乔耀章，2002）以及"自主—依赖—互动模式"（周俊，2008）等一系列政社协同治理模式。①

然而分析当前政社合作治理研究，存在着两个方面的不足：（1）重视合作，但轻视合作的前提"政社分开"（马庆钰，2010；徐家良，2011）；（2）缺乏合作的整体联动机制。合作机制多为政府下派、购买、合同或委托（郑琦，2011）等方式。缺乏中介牵引平台、常任代理机构以及协调沟通机制，更缺乏政社合作绩效的多方综合评估体系。②

---

① 关于政社合作的理论、实践以及各种模式研究都已较为丰富：俞可平：《治理与善治引论》，《马克思主义与现实》1999 年第 5 期；何增科：《公民社会与治理》，社会科学文献出版社 2011 年版；郁建兴：《公共事务管理中的公民社会——中国公民社会发展路径的反思与批判》，《二十一世纪》（香港中文大学）2008 年第 2 期；胡益芬：《"参与式治理"——第三部门与政府关系探析》，《重庆社会科学》2004 年第 3 期；郭小聪、文明超：《合作中的竞争：非营利组织与政府新型关系》，《公共管理学报》2004 年第 1 期；乔耀章：《从治民到官民互治——行政现代化历程分析》，《北京行政学院学报》2002 年第 4 期；周俊：《中国公民社会发展的温州模式》，《浙江社会科学》2008 年第 6 期。

② 但是在我国政社合作的实践与研究存在先天性的不足，这方面的研究还处于初期阶段：马庆钰：《论"政社分开"与社团管理改革》，《行政管理改革》2010 年第 7 期；徐家良：《治理结构、运行机制与政府关系：非营利组织有效性分析》，《北京行政学院学报》2005 年第 4 期；郑琦：《论公民共同体：共同体生成与政府培育作用研究》，中国社会出版社 2011 年版。

整体化分散治理

针对以上问题，学者们开始积极回应。首先对于政社分开问题应"分散治理"，认为当前政治对社会组织的控制、嵌入、吸纳或渗透的严密等级组织形式缺乏开创精神和适应能力，它重视遵从甚于重视履行，重视一致甚于重视创新，因而需要构建多元中心的治理体系。① 而针对整体联动机制的缺乏，"整体治理"应运而生，认为多部门治理的管理碎片化、服务裂解化以及权力空心化的分散治理模式需要一种无缝式整体联动机制对其重组整合②。然而，二者都偏向某一角度出发，缺乏相互之间的沟通与交流，如果能够取长补短、互通有无，使二者融会贯通，构建"整体化分散治理机制"是对以上问题的破解。③

不过"机制"仍停留于"纸上"层面，如何探寻实现路径，有学者指出必须向社会组织转移权力（高奇琦，2011；郭道晖，2011）。当前国务院也正在全面推进简政放权重大改革。然而，这种权力转移模式仍归滞于"放"与"管"之间（李景鹏，2011），而缺乏论证社团如何"接"和"用"（陈红太，2004），这就需要从"权力转移向权力变移"转型，权力不是直接地放给社会组织，而是使政府的权力变异（包心鉴，2000）为适合社会组织自身运用的权力。通过权力可有效制约政府的权力失范（金太军，2010），也可以激活社会组织的内在活力，但是权力只是一种链接纽带或规约机制（李建琴，2007），它构建的仍是一种机械的、分散式的结构体系。④ 如何克服这一难题，必须从社会文化这一更为深层、根

---

① 分散化治理是目前国内学者研究的热点之一：孔繁斌：《公共性的再生产——多中心治理的合作机制构建》，江苏人民出版社2008年版，第17—18页；景跃进：《转型、吸纳和渗透——挑战环境下执政党组织技术的嬗变及其问题》，《第二届（2011年）增爱中国公益学术奖文集》，上海交通大学出版社2011年版；张康之：《论主体多元化条件下的社会治理》，《中国人民大学学报》2014年第2期。

② 整体性治理是目前国内学者研究的热点之一：竺乾威：《从新公共管理到整体性治理》，《中国行政管理》2008年第10期；竹立家：《"大部制"改革之我见》，《中国改革》2008年第1期。

③ 关于整体治理与分散治理的联系研究参见朱玉知《整体性治理与分散性治理：公共治理的两种范式》，《行政论坛》2011年第3期；关于"整体化分散治理"的相关概念论述参见王沪宁《集分平衡：中央和地方的协同关系》，《复旦学报》（社会科学版）1991年第2期；周振超：《统治集中下的管理分散：对集权与分权之争的一个解答》，《理论探讨》2012年第3期。

④ 高奇琦：《国外政党与公民社会关系——以欧美和东亚为例》，中央编译出版社2011年版；郭道晖：《社会权力与公民社会》，译林出版社2009年版；陈红太：《中国政治传统与现代公民政治》，《文史哲》2004年第1期；包心鉴：《改革高度集权的管理体制：权力变移的关键》，《文史哲》2000年第5期；金太军等：《政治文明建设与权力监督机制研究》，人民出版社2010年版；李建琴、王诗宗：《民间商会与地方政府：权力博弈、互动机制与现实局限》，《中共浙江省委党校学报》2005年第5期。

第五章 "整体化分散治理"机制构想

本和基础性的问题领域，以发生学视角，遵循事物之间的有机联系和生态结构，推动"权力重构向社会重建"理念转换（清华大学社会发展研究课题组，2010）。社会文化体制改革利于建构不同层次互补的机制体系和功能互动合作的社会生态结构体系（郑永年，2012），实现政社合作的可持续性。[①]

本书以历史过程角度和社会体制层次深入分析"整体化分散治理"对于政社分开改革的理论和现实意义，避免研究的片面性和层面性。历史制度主义为研究路径提供了方法支持，同时结合中国实际进行创新发展：突破历史制度主义"能动与结构"认识，创新"能动—结构—互动"机体性机制，遵循社会总体性发展路径，构建循环性逻辑运行方式，在"整合"思想基础上，发展机制"均衡、互动、循环、协调"新功能，实现"衡力、合力、返力、协力"效应，达到合而有力的治理效果。

二 现实追问

社会组织被赋予了权力，与政府及其他社会主体共同参与社会治理，越是对于社会组织寄予厚望，社会建设与发展却未阐发出更好的效果效益。社会组织治理合作体系"和而相同"、"合而不力"的问题凸显出当前治理结构与治理机制的问题。

一是单调性，不成体系。主要是针对主体关系而言，社会组织虽然成为社会治理的主体成员，但是目前社会组织参与社会治理的途径，在社会治理中的法律地位，社会组织的身份等还没有得到真正确立，在社会组织参与社会治理中，社会组织的权力没有实质性的影响作用，由于政府只是给予形式上的使用权，而无真正给予权力的所有权，社会组织通过"被委托"等形式利用这些权力，同时在支撑社会组织实施这些权力的其他经济基础、社会基础或者文化基础都很薄弱，尤其是在法律层面，国家没有从最高法或者母法的角度给予肯定，社会组织的法律地位经常因为形势变化或者政策变更而产生地位的不确定等影响，由于社会组织在法律地位、政治地位和社会地位方面没有得到实质性的落实，因而新兴社会组织或者社会组织的新形式的出现都面临着重新洗牌的命运，

[①] 清华大学社会发展研究课题组：《走向社会重建之路》，《战略与管理》2010年第9、10期合编本；郑永年：《社会改革比政治改革更重要》，《国际中国研究杂志》2012年2月19日。

整体化分散治理

很多暂时看不出有益的社会组织形式，由于对现实社会结构或者社会稳定带来了影响挑战，政府往往利用打压方式或者变相的"选择性支持"方式，阻碍其健康持续发展，这种政府注重"培养"而忽视社会自我"发育"的现象，是目前我国改革思路中的思维短板。社会智库是社会组织的重要形式，但是在规模数量，政策参与等方面与官方智库有着巨大差距，其资金来源短缺、政治地位低下、政策渠道缺乏、法律保障断层等问题较为突出。网络社会组织是社会组织的另一新形式，但是在当前国家治理与社会稳定的复杂性和其他负面问题的影响下，也面临着"一刀切"的不当处理方式，很多有着社会责任和公益性质的或者有着前沿性和延展性的网络社会组织，因为在"稳定压倒一切"的原则下被限制了正常发展。

单方面自上而下的对于社会组织法律和政治合法性的确定存在不足之外，社会组织也面临着与其他社会主体改革中的关系难以清晰的问题。在当前大力实施的政社分开改革中，政府通过简政放权的方式，积极推动社会组织与政府在人员、资金、场所、业务、利益等方面的分离，问题是政府在让出权力的同时，却没有给予社会组织充分的自我决定、自我治理的自主权，权力没有真正下放，从现实情况来看，更多的是"权力的下派"，即使是下放的权力，社会组织也因为权力的不适应、不熟悉而存在权力没有真正发挥时效的问题。当前政府热衷于权力下放，这些权力是进行了严格的审查，并直接派给被选中的社会组织，实际上在当前我国政治局面中，无形之中又形成了政府与社会组织的"上下级"关系，政府在社会组织的权力下放对象，权力运行，权力监督，权力收回，权力演变等方面起着"一票否决"的作用，因而政社不分的形式只是进行了由原先的"嵌入式"改变成为了"下属式"。同时政府在退出社会组织活动领域后，党通过加强社会组织党建，加强社会组织的引导而对社会组织进行了"二次稳固"，由于我国"党政不分"的政治现实，实际上这并没有对于政社分开起到很好的积极作用，从党的方面也要与社会组织进行合理的权限划分，建立良性科学的互动合作关系，才能确立社会组织在我国政治社会活动中的独立地位。"政社分开的'政'，不仅是指狭隘意义上的行政权力系统，而且还包括了所有公共权力系统的'广义政府'，所以无论是政府部门还是党的系统，都要按照十八大所说'加快形成政社分开，权责明确,依法自治'的要求来找准责任定位,减少越界干预"[1]。

二是机械性,不成机制。社会组织是什么?它是做什么的?问起这个问题,人们大多是漠然的,甚至有些民众将其与非法组织或者黑社会联系起来,总之与政府呈一定隔阂状态的社会单位或个人,人们往往是对其认可度、接受度很低。于是再问,什么是市民社会,则几乎全部茫然,甚至对于当代大学生,也是一头雾水,不知其然。于是对其认真解释,"大家参与的高校社团就是社会组织的一部分,而社会组织又是市民社会的重要组成部分",大家才对其有了一点感觉,不过这只是知识上的理解,至于内心和行动能否与其关联,这在中国是一个艰难的过程。由此可知,我们的社会组织对于社会的作用,我们的社会组织与社会的契合度,我们的社会组织与人们的关联度,等等。这就是表现出在我们国家,所谓的社会组织还只是社会或国家机器上的一个装饰,而未成为其内在的一个有机部分。在我国是否存在公民社会的问题上,许多学者进行了争论,邓正来、俞可平、朱英、蔡定剑等学者坚持我国是有着公民社会的基因和历史的,我们应该正确对待和利用或者发展我们的公民社会。而有些学者则认为,我们国家的封建社会制度文化深重,根本就没有公民社会存在的空间和机会,当前的一点社会团体或者活动只是公民社会的影子而已,而未能现实存在。而后来,在对于公民社会与市民社会的认识上,由于政见的不同或者顾忌,有些学者开始回避用公民社会的名称,原因是公民社会是主张政治上的诉求,这就可能在政治问题上产生敏感性争议,而市民社会是经济上的含义,主张用市民社会的称谓回避不必要的学术发展上的麻烦。从2000年到2010年知网数据库文献搜索,以公民社会为关键词或者篇名的文章每年都有近千篇。但是之后却出现大幅削减。而从另一个方面来看,以社会组织或者社会团体为题的文章却呈飞速发展之势,这在2010年之前同样是不可思议的。公民社会称呼的消失与社会组织名称的泛滥,可以看到社会组织与国家与社会与民众的结合是多么地机械化。人们只是将其作为一种工具,或者一种作用,看到的是其表面的效益和短期的利益,而忽视背后的实质性内在的体系构建。人们最终得到的是一个有架无实的空壳,而非有血有肉的

---

[1] 廖鸿、李培晓:《现代社会组织体制将怎样"炼"成——社会组织权威专家研讨落实十八大精神》,《中国社会组织》2013年第1期。

整体化分散治理

生命体，它是孤立的，是受排斥的，是没有形成机制的一个"美丽孤岛"。笔者观察重庆巫溪乐和家园的发展过程，它的成长与失败的经历是我国众多社会组织参与地方治理创新"昙花一现"现象的典型案例之一，在巫溪县强势推动北京地球村参与乡镇乐和家园的目的背后，实际上上级政府部门强烈的政治绩效和经济利益的本质推崇，地球村以及志愿者成为这一改革的被动者，没有处理好地方政府、地方文化、地方民众以及地方网络的各种历史性和深层次的关系问题，这种短期效应很快就退出了历史舞台。[1]

实际上，公民社会主要由两方面组成，一是其物质实体——社会组织或公民；二是精神要素——民主、自由、合作、信任、平等与妥协等。二者共同构成了公民社会的主要框架，但是这还不完全，公民社会它还是一种参与，一种行动。刨除这些内在的东西，其实公民社会是与市场、与社会、与文化、与国家、与民众有着千丝万缕的联系，可以说公民社会是市场经济的基础，是民主社会的根本，是文化要素的核心也是公共交往的前提。而所有这些，我们都由于利益趋向，由于政治目的，只是将其留下了一个无关紧要的外衣——社会组织。目前社会组织的作用大都是在经济和社会服务方面，而关乎社会组织参与政治决策的重大事项方面还是很难看到社会组织的身影，在广东、海南人大政协中，社会组织的政治协商参与基本处于试点阶段。这与目前社会组织 63 万个，涵盖社会国计民生几乎行业领域，解决就业 735 万人来说，未能在已有 32 个政协界别中占有一席之地，不能不说是一种缺憾。就是对于专门从事公共政策建言献策的社会智库来说，它的声音也很难到达决策者那里，得到的大多是参考和倾听，而缺少真正落地生根。更重要的原因在于我们剥除了社会智库的政治功能和社会化作用，仅仅将其作为企业或者政府建言献策的经济发展工具，它的存在是脱离了整体的公民社会这个有机土壤存在，是难以健康和持续发展的。[2] 就拿社会组织本身来说，偏见也是存在的，经济类、服务类、公益类、社区类、科技类是国家政策支持的重点，而法律类、维权类、思想类，尤其是政治类是限制发展或者区别对待的。那么这种对于社

---

[1] 王栋：《平衡性逻辑：乡村社会组织成长路径的中国模式——以渝东北 Y 村"乐和家园"为考察对象》，《社会科学论坛》2014 年第 7 期。
[2] 王栋：《民间智库融入公民社会：规范分类的逻辑进路》，《行政论坛》2015 年第 4 期。

第五章 "整体化分散治理"机制构想

会组织的态度是机械的,是难以在国家机器和社会活动运作中进入机制的范畴,也就很难发挥其应有作用,更难以对社会长期持续发展起到基础作用,有的可能却会由此带来负面作用。

三是趋利性,影响合力。任何组织和个人都用功利性,这是本性使然,也是客观所在。但是这种负面的特质,是应该控制在一定的程度之内,正面的积极性只有占据社会的主角,社会才能和谐稳定,才能持续发展。那么社会组织的加入应该缓解或者消解这种不足,因为尽管社会组织也有着自身的利益需求,但是毕竟社会组织是公民社会的代名词,是民主、合作、信任与妥协的化身,"市民社会培育出来的互惠纽带是民主生活的源泉"①。但是社会组织在我国的发展却没有很好地利用它背后的强大精神力量和社会文化推进作用,片面将其作为经济生产力和社会稳定所必需的工具,由此社会组织就像个人一样,社会组织的"个人主义"也暴露无遗,迈克尔·桑德尔用"程序共和"来比喻个人主义盛行带来的后果,"个人取得了很多的权利,却没有相应的公民意识。民主体制内的斗争将完全集中于如何调整民主过程以满足个人和团体的各种诉求,而非如何实现民主的实质性目标"。② 而在此时,作为最高裁判者国家,理应从中立的角度,以共同善和美德社会的目的从中进行调节,甚或进行纠正。然而基于经济发展的核心思想与 GDP 政绩观的利益导向,政府却也偏向了权利一极,当面对越来越复杂的社会问题和危机挑战,政府没有利用社会组织内在的融合和社会黏合作用,这种作用往往由于政治敏感性而难以成为决策的首选方案。相反,政府则是通过法制和控制来取得社会的暂时稳定,然而"当人类事务只能依靠法律和政治来裁决时,一切都变得政治化,即使是最基本的人际关系也是如此。随之而来的将是国家的无处不在,即使它的能力和合法性都在降低"③。

社会组织能否承担政府放给的权力,这一问题是不乐观的,由于我国的社会组织产生与发展与政府有着天然的结合关系,在政社分开改革后,

---

① [美] 唐·E. 艾伯利:《市民社会基础读本——美国市民社会讨论经典文选》,商务印书馆 2012 年版,第 8 页。

② [美] 迈克尔·桑德尔:《民主的不满:程序共和》,载 [美] 唐·E. 艾伯利《市民社会基础读本——美国市民社会讨论经典文选》,商务印书馆 2012 年版,第 34 页。

③ Mary Ann Glendon, David Blankenhon. Seedbeds of Virtue: Sources of Competence, Character & Citizenship in American Sociey, pp. 1–15. 另外可参见《权利话语:穷途末路的政治言辞》,周威译,北京大学出版社 2006 年版。

社会组织虽然脱离了政府的直接干预，但是社会组织沿袭的政府行政色彩却没有完全消失，而社会组织进入市场以后，经济利益最大化与个人主义（自由竞争）却又加给社会组织以功利习性，于是社会组织在运用社会权力时，既带有政府的性质传统，又带有个人主义的唯利思想，而所谓的公益有时却成了实现以上目的的幌子。从2013年国家加大简政放权的改革力度后，社会对于社会组织承接政府权力的效果和作用，反应却是消极的。企业和政协委员认为社会组织不但没有将放给的权力进行优化提效，相反低效以及贪腐问题并没减低。

三　工具支撑：一种"体—用—的"分析框架

综合历史制度主义的各种相关思想，进行政社分开的系统性分析，还原了政社分开的宏观叙事构想和历史阶段任务的统一性，由此形成了本书利用历史制度主义的"体—用—的"思想来具体分析政社分开的新生态的思路。利用历史制度主义的综合思想分析方法，也具有充分的哲学基础。历史制度主义中的功利主义思想认为社会伦理的目的是功利原则，它是个人原则的扩大和延伸。社会可以牺牲少数人的利益而满足多数人的愿望，以求达到从总体上来说的最大利益和满足的净余额。功利主义虽然也遵循那些有关不侵犯他人权利的正义准则，但只是把它们作为次要的调节规则而置于功利原则的支配之下。由于这种平等对待每个人的道德正义就未能置入首要的社会伦理原则之中，不能对人们的基本权利形成始终一贯有效的保障。因而功利主义的"体是用途，而社会是目的，忽视了体的存在性"，是一种"用的一原"说。康德也发展了历史制度主义思想[①]，他对于人的发展与历史的关系提出了系统的思想概念。康德认为，道德法则的美德并不在于它促进某个假定为善的目标或目的这一事实。相反，它本身就是一个目的，因为"它完全是从人类相互的外在关系的自由概念中推导出来的，它和所有人与生俱来的目的（即获取幸福的目的）或人们所承认的实现这一目的的手段没有任何关系"。唯有"把自身作为一个目的，人们全都分享这一目的，因而在人类一切外在关系中，它都是一种

---

① 具体可参见［德］康德《历史理性批判文集》，何兆武译，商务印书馆1990年版。

第五章 "整体化分散治理"机制构想

绝对而首要的义务"。① 因而康德的"本体就是目的，不是用途"，是一种"体的一原"说。相对于西方"体—用—的"的关系学说，中国学者结合本国历史背景，发展出"体用一原"的哲学。张岱年在《中国哲学大纲》中指出：本根是真实的，由本根发生的事物也是真实的。与本根对立的，即是"物"，物是本根所生者。后来有"用"的名称，与"体"对立。用的本来意味是功能。体是本原，由此本原而流出或发生者为用。体与用是统一的，即体用一本，或体用一原。有体即有用，体即用之体，用即体之用。② 林尚立指出中国的政治体制改革和政治建设从一开始就重视到中国政治中的"体"和"用"问题，并基于"体用一原"的哲学建构了中国政治建设的基本战略和行动模式。③

基于传统中西方"用的一原"、"体的一原"、"体用一原"的不同论说，结合我国政社分开改革实际，即当前中国政社分开所涉及的各种主体、环境、关系和意欲目的已经不只限于前面各种论说的范畴，而是集"体—用—的"三者关系的综合体。本书以政社分开为分析对象，以"体——社会组织本体发展与自主治理"，"用——政府的利益目的与国家主导性意义"与"的——社会总体性均衡发展"的作用关系为分析方法，来系统阐释政社分开的困境与前途，路径与突破。然而"体—用—的"只是分析方法，而不是分析的思维或价值取向。以"体—用—的"来发现中国政社分开问题，关键是如何找到一种问题的解决办法，以及正确的发展价值观。笔者研究发现，影响或决定着这一问题的走向恰在于"体—用—的"三者的关系协调，三者虽然从理论上分析有着先后主次的价值优先排序，然而现实实际中这一理想目标的实现，却基于一种平衡的艺术。虞崇胜在分析我国政治发展问题时指出："平衡机制是维护和保持政治发展过程中各种力量的协调与平衡。没有平衡机制，政治生活就会杂乱无章陷入动荡不安，政治发展也就成为泡影。"④ 因此，本书试图将"平衡"性思维理念引入分析政社分开中所涉及的"体—用—的"三者的关

---

① Kant, I. Groundwork of the Metaphysics of Morals. translated by H. J. Paton, New York, 1956, p. 73.
② 张岱年：《中国哲学大纲》，中国社会科学出版社1982年版，第6—16页。
③ 林尚立：《中国政治建设中的"体"与"用"》，《经济社会体制比较》2010年第6期。
④ 虞崇胜：《和谐社会政治发展的动力机制和平衡机制（上）》，《北京联合大学学报》2007年第4期。

系协调和维护,从而构建一种适合我国实际的新型政社权力关系。

第二节 政社分开新生态的权力视角分析

一 主要概念解析

对于权力,从行业领域来分有政治权力、经济权力、社会权力和文化权力[1];从国家层面来分有分散性国家权力、独占性国家权力、制度化国家权力[2];从资源占有来分有所有权、支配权和使用权[3];从行政角度分有领导权、管理权、决策权、组织权、人事权、财政权等[4]。本书则基于政府与社会组织的关系角度,从二者权力结构入手,研究的是权力关系类型角度下的权力分类。肯尼斯·E.博尔丁在《权力的三张面孔》中将权力界定为"威胁权力(threatpower)、经济权力(economicpower)和整合权力(integrativepower)"——或可称为大棒、胡萝卜和拥抱。它们与另一个三维体系密切关联,即破坏权力、生产与交换权力以及整合权力。威胁权力(破坏权力)是一种摧毁事物的力量,包括武器,用于直接杀人或毁灭有价值的东西和生产过程中的一部分,如推土机、火炉、链锯、刀具等;交换权力包括一系列活动,从正式的合同交易到非正式的互惠互利;整合权力涉及创立组织、建立家庭和群体、激发忠诚、团结众人和建构合理性的能力。约翰·肯尼斯·加尔布雷斯《权力的解剖》将权力命名为行动权力、补偿权力和制约权力,与博尔丁的"威胁权力、经济权力和整合权力"相对应。[5] 博尔丁与加尔布雷斯的权力概念适用于所有社会领域,本书所分析的政府与社会组织的权力关系也自然包含在内。但是在吸收以上学者观点的基础上,本书将有针对性地对于政府与社会组织更为具体的问题,从符合二者切身实际的权力关系类型角度,对政社分开中的权力界定与互动进行分析和勾画。

---

[1] 俞可平:《政治学教程》,高等教育出版社2010年版,第34页。
[2] 吴斌、李文汇:《论公民权利和国家权力的定位》,《四川师范大学学报》2000年第1期。
[3] 魏行进:《论政治权力公有制》,《宁波大学学报》2003年第4期。
[4] 邱霈恩:《公共权力的基础、渊源和构成》,《国家行政学院学报》2003年第6期。
[5] [英]肯尼斯·E.博尔丁:《权力的三张面孔》,张岩译,经济科学出版社2012年版,第2—4页。

第五章 "整体化分散治理"机制构想

（一）自主权力

自主性体现的是一种生命力，事物的存在必须基于自我存在的理由和目的。在政府与社会组织的自主性方面，当它们同时具有自主性权力后，才能使得各自独立发展并相互影响。目前对于政府的自主权力研究的历史与资料较为丰富。回归国家学派将国家自主性应用于政治发展问题的研究上，主要代表人物是米格达尔、斯考切波、埃文思等人，埃文思将国家自主性界定为"国家可以系统地表达和推进自己的目标，而不是简单反映集团、阶级和社会的利益与需求"①。另外，亨廷顿将自主性与国家的制度化联系起来，认为自主性是"政治组织和政治程序独立于其他社会团体和行为方式而生存的程度，衡量政治机构的自主性要看是否具有有别于其他机构和社会势力的自身利益和价值"。根据该思路，亨廷顿认为"缺乏自主性的政治组织和程序就是腐败的，进一步可能会导致国家政权的不稳定"②。社会组织的自主权力是相对于政府权力作用而提出的一种主张——社会组织应具有针对政府自主性采取的自我选择和应对权力。郭道晖认为社会权力即社会主体若要以其所拥有的社会资源对国家的影响力和支配力，必须享有知情权、参与权、选举权、监督权、诉讼权以及自主权、自治权等等。但是这些权力仅由单个人分散行使，其影响力则很小，很难形成一定压力，组织起来而成为一个法人团体，就更能将分散的个人和分散拥有的个人权利集合起来，形成社会共同的意志和诉求，形成集体的力量，从而转化为社会权力。③

（二）交换权力

社会的形成及互动与社会成员之间的利益关系有着必然的联系，人们为了自我生存与发展的目的，必然向着趋利避害的方向努力。正如齐美尔所言："社会交往指的是当不同利益的个体推动他们去形成社会单位时所产生的广泛变动的形式。在这些社会单位中，个体实现这些——感官的或理想的、持久的或转瞬即逝的、有意识的或无意识的、心血来潮的或受目的论诱使的——利益。"④ 社会交换理论学家布劳认为人们在对于利益的

---

① Evans, B., Bringing the State Back In, Cambridge: Cambridge University Press, 1985.
② [美]亨廷顿：《变化社会中的政治秩序》，王冠华等译，生活·读书·新知三联书店1988年版。
③ 郭道晖：《社会权力与公民社会》，译林出版社2009年版，第54—55页。
④ http://item.jd.com/10127368.html.

整体化分散治理

获取中形成了一种约定关系,"当别人作出报答性反应就发生,当别人不再作出报答性反应就停止的行动"。他认为社会交换是个体之间的关系与群体之间的关系、权力分化与伙伴群体关系、对抗力量之间的冲突与合作、社区成员之间间接的联系与亲密依恋关系等的基础。这种交换过程的产生,霍曼斯认为是个人的行为心理,如奖赏、代价、资源、利润等在其中起到了连接作用。在此基础上布劳在结构交换论中吸收了霍曼斯社会交换理论基本原理和基本命题中的合理内核,对社会交换的定义、条件、特征、原则、过程、社会交换与权力、社会交换与宏观结构及社会交换中出现的不平等与异质性进行了系统的分析,形成了社会交换理论从微观(个体)向宏观(群体)的过渡。布劳则认为社会交换"是一种社会现象的原型,……我与霍曼斯理论的主要不一致深植于交换的独特的社会特征这种概念,这意味着它不能被还原为支配个人动机的心理学原理,或从支配个人动机的心理学原理中推导出来"。[①] 另外,布劳又通过汲取马克思辩证法思想的精髓,运用"集体主义方法论"与整体结构论,进行了对社会交换中宏观结构的研究,并用不对等交换的原则揭示了权力产生、反抗及变迁的基本规律。布劳认为群体之间交往与个人之间交往有一些相同点。首先,群体之间的交往也受追求报酬的欲望支配。其次,群体之间的交往也大致经历了"吸引—竞争—分化—整合"这样一个过程。即群体在向可能的交往者表现出吸引力方面进行竞争,通过竞争,平衡的或不平衡的交换关系将会出现。如果群体间的交换是平衡的,就会形成相互依赖的关系;如果是不平衡的,就会出现地位和权力的分化。当某一群体取得权力地位并与其他群体建立依从关系而且能有效地控制从属群体时,一个更大的整体也就形成了。最后,人际交换中的公平性原则同样适用于群体间的交换。[②]

(三) 整合权力

博尔丁在对威胁权力和经济权力的比较基础上提出了整合权力的含义:"整合权力能够创立某种关系,如爱、尊敬、友谊、合法性等。""整合权力是权力的重要和主导形式,即在合法性缺失的情况下,威胁权力和经济权力都不能有所作为,而合法性正是整合权力的一个重要方面。没有

---

① http://blog.sina.com.cn/s/blog_8390063b01017dbx.html.
② http://baike.haosou.com/doc/5532736-5754750.html.

合法性的包裹装扮，威胁权力和经济权力无异于'裸奔'。"① 在本书中，整合权力与自主权力及交换权力有着一定的联系，它是对于自主权力或者交换权力在现实中无法解决的交往与互动问题而作出的回应。回归国家学派的内诺德棱格尔，通过国家的偏好的权威行动之间的结合程度，在他的理论框架内，引入了公共政策的概念，作为分析国家自主性和公民社会张力的中介，将政府与社会组织的关系置于一种合作互动的愿景。而历史制度主义流派主张回归国家和法团主义二者结合，应在保持国家自主性的基础上对社会组织进行整合，从而达到治理的最大效力。交换理论学者布劳认为在日益疏远陌生的社会，需要某种机制来传递人与人之间的关系结构。共同价值提供了这一机制。因为共同价值为宏观结构中复杂的间接交换提供了一套共有的标准。使参与的各方能以同样的情景定义进行交换。以社会规范为中介的间接交换替代个体之间的直接交换是宏观社会结构的基本机制。

二 分析框架

"体"即指"本体论"，"用"指"功用论"，"的"是指"发展论"。针对本书中的政府与社会组织，其"体"就是政府与社会组织实现各自主体的本体发展，"用"是指社会组织发展对于政府的作用及利处，反之则是政府管理对于社会组织的作用及利处，"的"是政府与社会组织应相互合作，共同发展，构建一种符合社会发展规律，适应社会发展需求，维护社会共同利益，主张社会和谐发展的理想目的。本书研究的"政社分开"，其分开的意义就是在于首先实现社会组织的自主性，而分开不是最终目的，实现政府与社会组织的合作互动，并有效推动社会共同发展才是真正改革意图。相对于"体—用—的"，"自主权力"对应的是"体"，"交换权力"对应的是"用"，而"整合权力"对应的是"的"。

三 政社分开中的权力关系演进

（一）自主权力：革命向治理功能的转变（1907—1978）

自主权力作为社会组织的基本权力，是社会组织首先应该获得的权

---

① [英]肯尼斯·E. 博尔丁：《权力的三张面孔》，张岩译，经济科学出版社2012年版，第2页。

力,它是社会组织与其他社会主体进行平等交往的基本前提,但是从我国实施政社分开,赋予社会组织自主权的改革来看,自主权力较其他权力的获得要晚些。不过,社会组织自主权力的获得及发展不应仅体现于国家的大规模或正式的改革。从我国近代以来,由于经济和文化思想的进步,在一些新的社会制度建设中,已经开始体现社会组织自主权力的痕迹,并且这种权力随着社会的进步也不断呈现出发展的趋势。

1. 探索实践

(1) 清末。1907 年我国历史上第一部宪法《钦定宪法大纲》规定:"臣民于法律范围之内,所有言论、著作、出版及集会结社等事,均准其自由"。1908 年宪政编查馆与民政部联合发布《结社集会律》指出"凡以一定之宗旨,合众联合公会,经久存立者皆是"。[1] 在《宪政编查馆、民政部会奏结社集会律折》中认为:"除秘密结社、潜谋不法者,应行严禁外,其讨论政学、研究事理,联合群策以成一体者,虽用意不同,所务各异,而但令宗旨无悖于治安,及法令可不加禁遏。"[2] 1903 年清政府颁布的《奏定商会简明章程》与 1907 年颁布的《奏定农会简明章程》分别对商会与农会的人事权、选举权、仲裁权(仅指商会)、议事权作了详细规定。这些规定肯定了结社的合法地位和作用,但在最高法中仍然明确以参加者为"臣民",反映了承认其发展却仍未给予与政府以平等的社会地位。公民无自主权力,结社终归是形式上的存在,社会仍是专制浓厚,社会组织没有真正的自主地位。

(2) 民初。1912 年 3 月 1 日颁布的《中华民国临时约法》第六条第四项规定:"人民有言论、著作、刊行及集会、结社之自由。"1913 年 10 月 10 日颁布的《中华民国宪法》第十一条规定:"中华民国人民有集会结社之自由,非依法律,不受限制。"1914 年颁布的《商会法》、1912 年 9 月 24 日农林部颁布的《农会暂行章程》《农会章程实施细则》,1923 年 5 月 19 日农商部颁布的《修正农会章程》与《修正农会规程实施细则》,均对保护与鼓励商会和农会发展提出了具体规定。经过发展,民初时期(具体年份不详)全国商会总数达 57 个,会员达 42256 人,县一级商务

---

[1] 上海商务印书馆编译所编纂:《大清新法令》(第三卷),结社集会律第一条,商务印书馆 2011 年版,第 41 页。

[2] 上海商务印书馆编译所编纂:《大清新法令》(第三卷),宪政编查馆、民政部会奏结社集会律折(附片并清单),商务印书馆 2011 年版,第 39 页。

第五章 "整体化分散治理"机制构想

分会达到 871 个，会员达到 164459 人。① 农会统计数据表明，至 1910 年，"农务办、分各会、直省以次举办，总计总会奏准设立者十五处，分会一百三十六处"。② 其他如民间文学社、同乡会、教育会、基金会、善团等都发展到较大规模，遍布我国大部分地区。农会和商会的发展，对于激发商业兴隆和农业发展起到了积极作用，并一定程度上承认了公民的平等地位和民主竞争的参与方式。但是在 1914 年《商会法》第八条规定："商会会员首先必须是中华民国之男子。"男女无平等地位，这体现了民国初年的社会制度仍受到封建文化影响，公民概念确立，但公民实质未成。没有真正的公民间的平等，社会组织也就无法真正达到自我决定、自我发展的地步，政府对于社会组织在成员方面的限制即充分体现了当时社会组织的官僚主义影响。

（3）新民主主义时期。新民主主义时期，社会组织得到了很大发展，特别是在共产党领导下的社会组织，因革命需要，规模迅速扩大，其自主性、民主性也得到了严格要求。1938 年，毛泽东在《陕甘宁边区政府第八路军后方留守处布告》中，反对国民党"破坏已经建立的军事、经济、文化和民众团体的组织"。并提出对于民众组织"本府本处当保护其活动，促进其发展，制止一切阴谋破坏之行为"。③ 在以后历次国共谈判以及中央重要政治建设政策中都将"集会、结社权"作为民众基本民主自由权利放在重要位置，"人民的言论、出版、集会、结社、思想、信仰和身体这几项自由，是最重要的自由"④。在社会组织与政府之间的关系方面，毛泽东明确其民间性质，要避免"不把合作社看作为群众服务的经济团体，而把合作社看作为少数工作人员赚钱牟利，或看作政府公营商店的观点"⑤。"组织的方式，不应该是官僚主义的。""命令主义地发展合作社，是不能成功的；暂时在形式上发展了，也是不能巩固的。结果是失去信用，妨碍了合作社的发展。"⑥ 并具体指出，无论是何种形式的组织，

---

① 徐鼎新：《旧中国商会溯源》，《中国社会经济史研究》1993 年第 1 期。
② 刘锦藻：《清朝续文献通考卷三七八〈实业考〉（一）》，新兴书店，1996 年，总第十一，第 247 页。
③ 《毛泽东选集》第 2 卷，人民出版社 1991 年版，第 401、402 页。
④ 《毛泽东选集》第 3 卷，人民出版社 1991 年版，第 1070 页。
⑤ 同上书，第 912 页。
⑥ 《毛泽东选集》第 1 卷，人民出版社 1991 年版，第 125 页。

"只要是群众自愿参加（决不能强迫）的集体互助组织，就是好的"[①]。

1942年，毛泽东在《经济问题与财政问题》的报告中专门总结了陕甘宁边区合作社的发展经验：第一阶段，合作社的事业不是面向群众，而主要是为政府解决经费来源；第二阶段，是1939年以后，提出"合作社要群众化"的口号，但有许多合作社的大股社员是政府机关，群众仍然认为合作社不是自己的；第三阶段，是1942年以来，提出"克服包办代替，实行民办官助"方针，各地合作社才取消了摊派入股的方式，工作上创造了密切联系群众，和群众利害相关的经验。毛泽东认为：只有到了这个阶段，边区合作社事业才一般地开始走上了正规。然而，在新民主主义时期，其主要任务是获得无产阶级政权，在发展社会组织的同时，也自然在社会组织身上加入了革命的任务。革命的目的是为了获得社会组织更大的自主权，成为真正具有独立自主的地位，然而革命的同时却忽视了其建设的积极性，为了革命而革命，获得政权之后仍进行不断地革命，这自然抹杀了社会组织的社会建设意义及作用，对社会组织的发展带来了不利影响。

2. 制度设计

改革开放后，政企分开、政事分开等改革为政社分开的深入提供了前期基础性准备。从2002年全国各地开始试点政会分开，2005年重庆又开始进行除行业协会以外的社会组织政社分开。改革到现在，共经历了四个阶段。

第一阶段，政会分开。政会分开的基本要求是党政干部不得兼任行业协会领导。尤其是对于协会的主要领导，党政干部一律不得兼任。如果因特殊情况要兼职协会领导，需要上报上级管理部门审批。其次，要求在"人、财、物、事、利"五个方面实施全面脱钩。但在政府这一主体界定上，各地不太一致，重庆市《关于党政机关与行业协会脱钩改革的意见》，"政府"是指"党政机关"；北京市《关于促进本市行业协会发展和改革的意见》，是指所有公务员不得兼任行会领导；杭州市《关于杭州市行业协会与行政机关脱钩实施意见的通知》，仅指"行政机关"，其他如南京市、深圳市的改革也均指"行政机关"。各地对于政府的界定说明，目前改革还没有完全进入全面阶段，其党的政治功能性影响还没有纳

[①] 《毛泽东选集》第3卷，人民出版社1991年版，第931页。

入改革的范畴,并且各地改革无论在文件中如何表述,均未涉及与"党"的相关性内容分离。

第二阶段,政社分开。在政会分开改革稍后,各地也积极开展了政府与社会团体的分开改革。2007年重庆市推出《党政机关与社会团体政社分离改革工作的实施方案》,于2010年全面完成了党政机关与其他社团组织的脱钩改革,但是改革后出现了社团发展后劲不足,部分社团面临生存危机等问题。相比重庆改革,上海闵行区的政社分开采取逐步分离策略,上海市闵行区《关于闵行区社会团体与党政机关逐步分离的试行意见》中指出"先分离、后规范、再保障"的工作原则,稳步推进分离改革。北京市的政社分开没有直接向社会组织开刀,而是采取建立"枢纽型社会组织"的方式,将社会组织的主管部门换为非行政性质的"枢纽组织",今后,除少部分有特殊职能的部门外,大部分行政部门原则上不再接受新的社会组织设立申请,从而实现政社分开的目的。深圳市则在实施社会组织政社分开之前,首先要求新成立的社会组织"无行政级别、无行政事业编制、无行政业务主管部门",为后期行政性浓厚的社会组织改革扫清障碍。地方在实施政社分开改革中,面对行政部门利益以及社会组织既得"行政"利益的阻力,改革采取了逐步进行或者"绕道"进行、甚至是"变相"进行的办法,在改革中,通过政府与社会组织的不断自我纠正和双向结构调整,从而进一步建构了社会组织与政府的市场化或者更为科学民主的结构体系,这种改革的过程实际是二者在博弈中实现竞争关系的过程。

第三阶段,国家层面设计。在地方试点改革的同时,国家相关部委也在进行政社分开的制度设计,2007年,国务院办公厅《关于加快推进行业协会商会改革和发展的若干意见》规定:"行业协会要严格依照法律法规和章程独立自主地开展活动,切实解决行政化倾向严重以及依赖政府等问题。要从职能、机构、工作人员、财务等方面与政府及其部门、企事业单位彻底分开,目前尚合署办公的要限期分开。现职公务员不得在行业协会兼任领导职务,确需兼任的要严格按有关规定审批。"首次以国家名义提出政会分开改革的任务。随着改革的深入,在实施分开基本任务的同时,国家开始考虑如何用更为规范的方式来建构政府与社会组织的关系,使之分开之后能够良性互动合作。在2012年10月颁布的《国务院关于第六批取消和调整行政审批项目的决定》中引入了市

整体化分散治理

场竞争调节手段,"凡公民、法人或者其他组织能够自主决定,市场竞争机制能够有效调节,行业组织或者中介机构能够自律管理的事项,政府都要退出"。十八大报告中提出,"加快形成政社分开、权责明确、依法自治的现代社会组织体制",在《中共中央关于全面深化改革若干重大问题的决定》中再次指出,要"正确处理政府与社会关系,加快实施政社分开,推进社会组织明确责任、依法自治、发挥作用","限期实现行业协会商会与行政机关真正脱钩"。进一步以权力和法律的形式进行约束规范。在各地试点和国家政策提出之后,当前改革已经进入了全面铺开阶段。

表5-1 我国第二轮行业协会商会与行政机关脱钩的阶段性政策

序	文件名称	发布日期
1	关于做好第二批全国性行业协会商会与行政机关脱钩试点工作的通知	2016-7-25
2	行业协会商会与行政机关脱钩联合工作组关于公布2016年全国性行业协会商会脱钩试点名单的通知	2016-7-25
3	关于公布2015年全国性行业协会商会脱钩试点名单的通知	2015-11-24
4	财政部关于行业协会商会脱钩有关经费支持方式改革的通知(试行)	2015-10-28
5	财政部关于做好行业协会商会承接政府购买服务工作有关问题的通知(试行)	2015-9-24
6	民政部关于印发《全国性行业协会商会负责人任职管理办法(试行)》的通知	2015-9-9
7	国务院足球改革发展部际联席会议办公室印发《中国足球协会调整改革方案》	2015-8-18
8	民政部、国家发展改革委关于做好全国性行业协会商会与行政机关脱钩试点的通知	2015-8-13
9	国务院办公厅关于成立行业协会商会与行政机关脱钩联合工作组的通知	2015-7-22
10	中共中央办公厅、国务院办公厅印发《行业协会商会与行政机关脱钩总体方案》	2015-7-15

资料来源:中国社会组织网,2016年9月22日(http://www.chinanpo.gov.cn/pagetgnewsindex.html)。

第四阶段,"准政府社团"改革。在实施民间性社会组织改革之后,国家开始向带有行政编制的"准政府社团"着手改革,2012年2月,国务院常务会议通过了2012年综合配套改革重点方案,中国红十字会入列国家社会领域综合配套改革的试点单位。7月11日,国务院印发《关于促进红十字事业发展的意见》。但是中国红十字总会是副部级社会组织,各省、市、县、乡镇的红十字会,也均纳入行政或事业编制,接受全额财政拨款。目前中国红十字会系统编制工作人员为11228名。负责人由同级政府任命,在编工作人员享受公务员待遇。由于红十字会的庞大"行政"阻力,最终,"去行政化",并未直接列入中国红十字会的改革任务中。杨团解释,"即将开始的红十字会改革,选择的是'曲线路径'和'双轨制'"[1]。与红十字会面临同样改革任务的是中国足球协会,2015年3月,《中国足球改革总体方案》发布,"将按照政社分开、权责明确、依法自治的原则调整组建中国足球协会,改变中国足球协会与体育总局足球运动管理中心两块牌子、一套人马的组织构架。中国足球协会与体育总局脱钩,在内部机构设置、工作计划制订、财务和薪酬管理、人事管理、国际专业交流等方面拥有自主权。中国足球协会不设行政级别,其领导机构的组成应当体现广泛代表性和专业性。"[2] 中国红十字会与中国足球改革为社会组织政社分开进入改革的深水区打开了缺口,中国政府与社会组织的关系将由"政府—准政府组织—民间社会组织"的结构形式,向"政府—民间社会组织"局面转化,政府与社会组织关系在制度安排以及社会影响方面都会使得二者结构关系明晰,权力划分与界定更加简单,从而为市场化权力运作机制减少了阻力。

(二)交换权力:计划向市场体制的转型(1979—2012)

改革开放以来,市场经济的自由竞争意识兴起,政府与社会组织都积极参与到市场经济的建设中来,并起着各自不同的作用,基于市场经济发展的要求,政府开始向社会组织放权,部分职能转移给市场和社会组织,政府与社会组织之间也开始由管理与被管理的关系向合作与伙伴的关系方向转变,因为在市场经济中各自所代表的目标与利益的不同,社会组织越来越多地向政府提出新的要求和愿望,尤其是在市场领域、思想领域和政治领域,这种要求更为明显和迫切。

---

[1] 《红会改革的曲线路径"去行政化"未直接列入改革方案》,新闻中心-中国网(news.china.com.cn,2012年10月29日)。

[2] 《中国足球改革总体方案出炉:足协彻底与体育总局脱钩》,凤凰网(http://finance.ifeng.com/a/20150317/13558126_0.shtml)。

整体化分散治理

1. 探索实践

（1）服务市场构建：政府购买公共服务。政府探索向社会组织购买服务，原有政府一手包揽的社会事务开始有社会力量参与，打破了政府的垄断局面，在购买服务中所构建的契约式、竞争式、程序化、制度化购买形式，为政府与社会组织之间建立了新的二元关系，体现了政府计划式管理方式开始向市场型治理模式转变。购买服务从最初的市民社区服务、养老服务逐步向区域性的扶贫试点、救助服务逐步升级，所涉及的领域范围也由单项购买服务到政府出台文件进行全面性的分类服务。在政府购买社会组织服务的方式上，由起初的"内定"相关社会组织承接服务到部分竞争性的购买形式再到公开透明、严格规范的竞争性购买形式，反映了社会组织服务与政府管理的关系进一步形成公平、民主、法制的良好状态。张海、范斌研究指出，我国政府向社会组织购买公共服务经历了三个阶段："一是隐性购买时代（20世纪80年代至90年代中期），这一时期的购买的概念以及购买关系并没有得到强调，购买服务并没有明确的服务标的，购买双方主体并不完全独立，购买过程并不是以公开竞标作为一般原则。然而社会组织承接服务过程以及与之伴随的公共服务经费的转移，也意味着政府购买服务的行为已经发生；二是显性购买时代之非竞争性购买（1995年至2005年），这一时期，我国政府购买服务的方式已经进入显性购买时代，政府在购买过程中，并没有较为完整地引入竞争机制，购买方式主要是非竞争式购买，购买主体之间并非通过招投标，而是通过指定、委托、协商等方式完成购买行为；三是显性购买时代之竞争性购买（2005年至今），政府在购买社会组织公共服务的过程中，采用公开询价、招投标等方式，引入市场竞争机制，政府根据公共利益需求，对多个社会组织提供的公共服务项目或方案进行比较和择优，并通过契约的方式与社会组织建立合作关系。"[1] 目前，政府购买服务还定位于政府的主导作用，社会组织在其中起着被动选择的地位，真正的服务市场关系还没有形成，在未来的服务市场发展中，政府购买服务的方式，将会变为民众购买公共服务，民众根据服务主体的优劣在政府与社会组织之间进行择优选择，甚至还会出现社会组织购买政府服务的局面，不过这种格局的形成仍是建立

---

[1] 张海、范斌：《政府购买社会组织公共服务方式的影响因素与优化路径》，《探索》2013年第5期。

第五章 "整体化分散治理"机制构想

在社会分工不同的基础之上。

（2）思想市场构建：社会智库参与决策。中国社会智库几乎与市场经济同时发轫。20世纪80年代末，一些学者走出政府机关的大门，非官方的民营研究机构开始逐渐成立。最早成立的当属北京四通公司所办的经济研究所。社会智库发展至今，已经经历了三个阶段，第一代社会智库是20世纪80年代至世纪末成立的社会智库，多是由社会知名人士、社会精英创办，其关注的领域主要集中于市场经济的问题研究，以及与市场经济相关的思想和文化的构建。主要有1989年成立的深圳综合发展研究院、1991年中国海南改革发展研究院，以及1993年成立的中国与世界研究所、北京视野咨询中心、零点研究集团等。伴随着全球经济一体化和网络时代的来临，诞生了第二代社会智库，创办人开始年轻化和平民化，与第一代的精英们相比，他们更具有草根性，并且更强调团队的合作，更加强调田园式的调研手法。并且数量发展迅速，截至2004年，已经发展到140余家。[1] 代表性社会智库有大军经济观察中心、北京九鼎公共事务研究所、洪范法律与经济研究所、中国战略与管理研究会、中国未来研究会等。由于社会智库的迅速发展以及部分社会智库对于政府的批评态度，加之这些组织的技术性和影响力愈益扩大，对党的领导地位产生了一定影响。2005年上半年，政府对社会智库进行规范行动，要求非官方的研究中心和研究所一律重新注册为公司。社会智库并没有因这次行动而停止发展，由于市场经济的持续发展，行政及政治和社会体制改革的不断深入，社会智库实际所面临的外部环境得到进一步优化，同时社会智库本身也开始利用各种现代化技术，虚拟化、电子化、网络化、论坛化等形式不断涌现，对于政府的影响已不限于与政府的正面来往，而更多是以深入生活的方式影响着舆论和政府决策，第三代社会智库由此崛起。较有代表性的是南方民间智库、三略研究院、中国选举与治理网、共识网等。而由此产生的思想多元化、全球化伴随着市场经济的自由性要求，对于政府在思想领域的控制带来了压力，政府需要重新调整姿态与社会组织进行更为积极的对话，以利于国家治理的稳定，并利用社会智库的优势为现代化发展提供智力支持。

---

[1] 朱旭峰：《中国思想库：政策过程中的影响力研究》，清华大学出版社2009年版，第76页。

（3）协商民主：增加社会组织政治话语权。社会组织在西方国家又称之为"第三部门"，是与政府（第一部门）、企业（第二部门），共同管理社会事务，起着同样重要作用的社会组成部分。在我国这一目标还未实现，但这种趋势越来越明显。我国社会组织已经覆盖了包括机关和企事业单位在内的相当数量的人员，在社会建设和社会管理中，承担了政府和企事业单位无可替代的社会管理和服务功能。社会组织因其所具有的非营利性、公益性或互益性，在社会公共生活中具有较大的影响力和话语权。因而增加政治协商民主体系中的社会组织界别或代表是当前改革的重要任务。早在2008年10月，深圳市委市政府提出，要在党代会、人大增加社会组织的代表比例，在政协增加社会组织的功能界别，努力发挥社会组织在协调利益关系、反映群众诉求方面的积极作用。随着社会组织的参政能力提升，社会组织参政愿望增强，社会对社会组织参政的诉求扩大，在各级政协、人大、党代会以及各人民团体甚至各地民主生活会等重要会议和政治活动中的社会组织角色与作用愈来愈凸显，增加各政治组织和活动中的社会组织主体也愈益扩大。

一是增设社会组织政协界别。增加社会组织政协界别率先在广东出现，2011年7月，广东省出台《关于加强社会建设的决定》提出"鼓励有条件的市、县（市、区）政协设立新社会组织界别"；同年8月，出台《中共广东省委关于加强新形势下人民政协工作的决定》指出，"适应改革开放和经济社会结构发展变化，研究并进一步合理设置界别。鼓励有条件的市、县（市、区）政协设立新社会组织界别，扩大团结面，增强包容性"。11月，博罗县政协增设了社会组织界别。2012年11月，顺德区政协会议《关于增加设置"新社会组织"界别的决定（草案）》，拟增设由社会组织、社工队伍构成的"新社会组织"界别。之后广东省东莞市、惠州市，以及海南省等地也相继开展增加政协社会组织界别的改革工作。

二是增加社会组织人大代表名额。社会组织以政治身份进入我国最高权力机构"人大"，充分肯定了社会组织在我国政治活动中的重要地位。2011年12月，珠海市在市七届人大常委会第四十四次会议上，首次增设"社会组织"类别，共有7名由社会组织推荐的社会组织成员当选为新一届市人大代表。2012年，广东省第十二届人民代表大会优化代表结构，将代表按行业分成15个大类32个小类，其中增加社会组织作为一大类，分配全省社会组织类省人大代表名额9个，占全体代表的1.1%。

三是增加党代表名额。2011年12月，荆州市第四次党代会代表工作中，市委将社会组织单独列项，配给4名党代表名额。2012年11月，玉门市第十四届党代会代表工作中，单列配给社会组织13个党代表名额。加强社会组织党建，增强党对社会组织的控制是加强党的建设的重要任务，在这一方针指导下的党与社会组织关系始终处于绝对差异化状态。在党代会中增加社会组织代表名额，打破了这种二元差异化格局，使得社会组织在党的内部也有了话语权，高奇琦指出我国目前应该实施"党与社会组织的双向赋权"改革，在党代会中增加社会组织代表名额既肯定了社会组织发展与"三个代表"的主旨契合，同时也扩大了党的代表范围和代表能力。

四是增加人民团体中社会组织委员。2012年12月，广东省青年联合会十届一次全会，省青联本届委员会构成中，首次增加"社会组织"界别，该界别共有47名新增委员。人民团体本应属于社会组织范畴，但在我国一直归属公务员系列编制，行使着部分国家职能，人民团体与社会组织的关系实质上就是政社关系，因而在人民团体中增加社会组织界别是对人民团体行政性质的一次突破。

以上主要是在国家重要政治会议及各种政治组织中的增加社会组织界别，另外在日常群众民主政治生活中，社会组织的参与越来越多，如社区议事会、民主恳谈会、党日活动、社日活动等。温州市温岭民主恳谈会、杭州市社会复合主体就是社会组织参与民主协商生活会的典型例子。

2. 制度设计

（1）规范政府购买公共服务市场机制。2007年在《国务院办公厅关于加快推进行业协会商会改革和发展的若干意见》中指出："建立政府购买行业协会服务的制度，对行业协会受政府委托开展业务活动或提供的服务，政府应支付相应的费用，所需资金纳入预算管理。"这是首次明确政府购买服务的最高层次的政策要求。从2012年到2014年国家先后出台《中央财政支持社会组织参与社会服务项目公告》，民政部、财政部《关于政府购买社会工作服务的指导意见》，国务院办公厅《关于政府向社会力量购买服务的指导意见》，财政部、民政部《关于支持和规范社会组织承接政府购买服务的通知》。政策对政府购买服务的规定从最初的项目内容到具体的运行机制和原则进一步深化。通过完善发展，政府购买社会组织服务已经形成了较为规范的市场化运作方式，国务院办公厅《关于政

整体化分散治理

府向社会力量购买服务的指导意见》中指出:"政府向社会力量购买服务的内容为适合采取市场化方式提供、社会力量能够承担的公共服务,突出公共性和公益性。""各地要按照公开、公平、公正原则,建立健全政府向社会力量购买服务机制,及时、充分向社会公布购买的服务项目、内容以及对承接主体的要求和绩效评价标准等信息,建立健全项目申报、预算编报、组织采购、项目监管、绩效评价的规范化流程。购买工作应采用公开招标、邀请招标、竞争性谈判、单一来源、询价等方式确定承接主体,严禁转包行为。购买主体要与承接主体签订合同,明确所购买服务的范围、标的、数量、质量要求,以及服务期限、资金支付方式、权利义务和违约责任等,并加强对服务提供全过程的跟踪监管和对服务成果的检查验收。"财政部、民政部《关于支持和规范社会组织承接政府购买服务的通知》进一步指出:"公平对待社会组织承接政府购买服务,鼓励社会组织进入法律法规未禁入的公共服务行业和领域,形成公共服务供给的多元化发展格局,满足人民群众多样化需求。"这一文件为社会组织进入更多的服务领域提供了政策保障,促进了政府与社会组织的市场化关系建立,对于简政放权,转变政府职能,增强社会组织参与社会服务的能力及权力都有重要推动作用。在国家层面政策出台的同时,地方也积极进行改革推进,北京市社工委发布《2011年政府购买社会组织服务项目指南》,广东省出台《广东省推进政府向社会组织购买服务工作暂行办法》和《省级政府向社会组织购买服务目录》,其他如重庆、宁波、武汉、南京等地也相继出台有关政策,地方的政策推动为地方政府与社会组织的购买服务关系,市场化运作方式以及竞争性合作模式带来了积极作用,为全国性的政社权力市场化发展奠定了基础。

(2)构建社会智库公平参与政策服务渠道。2013年,十八届三中全会《中共中央关于全面深化改革若干重大问题的决定》提出,加强中国特色新型智库建设,建立健全决策咨询制度。2014年2月,教育部印发《中国特色新型高校智库建设推进计划》。特色新型智库是建立符合我国发展实际,遵循我国目前政治社会体制,为中国特色社会主义建设服务的智力资源,从特色新型智库的提出到高校特色新型智库的提出,国家将智库建设开始由政府部门的决策机构向公共性社会性的社会机构延伸,行政政策机构与高校的智库建设,最基本的一条就是必须走独立性、客观研究性的发展道路,以党校、行政学院、各类政策研究中心和高校组成的智库

第五章 "整体化分散治理"机制构想

体系在我国政策体系中占据重要位置,这类智库的转型预示着我国政策制定开始由"内部商定"向"开门纳策"转型。2015年1月,中央办公厅、国务院办公厅印发《关于加强中国特色新型智库建设的意见》,"社会智库是中国特色新型智库的组成部分。坚持把社会责任放在首位,由民政部会同有关部门研究制定规范和引导社会力量兴办智库的若干意见,确保社会智库遵守国家宪法法律法规,沿着正确方向健康发展。进一步规范咨询服务市场,完善社会智库产品供给机制。探索社会智库参与决策咨询服务的有效途径,营造有利于社会智库发展的良好环境"。这一文件第一次在国家层面政策中明确了"社会智库"的发展任务,并探索建立社会智库参与的政策咨询服务市场。社会智库的发展必将对我国政策体系格局产生更为深刻的变革。朱旭峰指出,政策制定应该引入竞争机制,建立政策服务市场,"思想产品要经得起市场竞争的检验。这里的市场是指政策分析市场。政策分析市场的产品就是智库生产的研究成果和政策建议。政策市场的最终需求方是政府决策者,媒体和大众也是一定程度上的消费者。一个能够让多种政策主张公开辩论的平台,可以帮助政府和其他政策参与者更加科学地评判不同观点,政府也宛如进入了一家摆满了可供选择的政策方案的'超市'"。[①] 2014年,国家发改委"十三五"规划课题27项立项名单中,重庆智库发展研究会、中国(海南)改革发展研究院、中国行政体制改革研究会、香港城市规划院、上海福卡经济预测研究所有限公司、中国生产力学会创新推进委员会、机械工业经济管理研究院等7家社会智库主持申报的项目得以立项。[②] 2014年6月,上海市发展改革委《上海市"十三五"规划前期研究重大问题公告》,面向社会公开遴选研究单位,共十八个研究机构入围,其中包含八个社会智库,其他基本为高校和上海社会科学院研究所(中心)。[③] 在国家级重大发展规划课题中,政府研究机构、高校、社会智库同台竞争、公开遴选,在目前高校与行政政策研究中心占据国内智库90%以上比例情况下,社会智库却以1/4比例入选国家"十三五"规划课题和近1/2比例入选上海市"十三五"规

---

① 朱旭峰:《中国智库建设10大关键词》,《光明日报》2015年2月4日。
② 《"十三五"规划前期研究重大课题公开遴选入选单位公告》(http://www.sdpc.gov.cn/gzdt/201405/t20140520_612250.html)。
③ 《"十三五"前期研究第一批公开选聘重大课题入围名单公告》(http://www.shanghai.gov.cn/shanghai/node2314/node2319/node12344/u26ai39506.html)。

划课题,社会智库的认可度与竞争力得到社会验证,对国家机构类研究部门产生了新的压力,未来政策服务市场格局逐渐形成,政府与社会智库的思想市场竞争逐步在二者的分化与合作中得到完善发展。

(3)建立社会组织界别协商民主体系。将社会组织纳入协商民主体系,对于夯实党的领导基础,巩固和扩大统一战线阵营,发挥社会组织参政议政积极性,增强决策的民主化和科学化具有重大意义。社会组织迅速发展,其规模和影响力日益剧增,对于国家治理结构产生了深刻影响,成为国家治理积极争取和巩固发展的对象。2006年,中共中央《关于巩固和壮大新世纪新阶段统一战线的意见》强调,"要最大限度地团结包括新社会组织在内的新的社会阶层人士,充分发挥他们的作用,不断为中华民族的伟大复兴凝聚新力量"。2006年中央5号文件指出,要"研究并合理设置界别,扩大团结面,增强包容性"。2011年,中办发〔2011〕16号文件再次强调,要"突出界别特色,适应改革开放和经济社会结构发展变化,研究并进一步合理设置界别,更充分地体现和反映社会各界的愿望诉求,增进社会各阶层和不同利益群体的和谐"。社会组织由于其发展社会经济文化、参与社会服务与治理同国家治理方向是一致的,然而社会组织所代表的基层民众利益和声音,对现实政治问题提出自己的意见和建议,往往又与政府目标或利益产生差异化态势,政府如何有效利用社会组织的基层代表作用,吸取社会组织建议,扩大广大人民的利益,从而巩固社会主义治理基础,同时又积极进行政治体制改革,回应社会反映的突出问题,是党和政府与社会组织不断进行协商互动解决的重要目的。党和政府应积极回应社会组织的建议甚至批评,并且开通建言献策渠道,构建政社政治协商甚至竞争性合作的平台机制。2013年《中共中央关于全面深化改革若干重大问题的决定》指出:"构建程序合理、环节完整的协商民主体系,拓宽国家政权机关、政协组织、党派团体、基层组织、社会组织的协商渠道。深入开展立法协商、行政协商、民主协商、参政协商、社会协商。"此举为这一愿景带来了利好,政社基于求同存异的目的,相互取长补短,共同致力于社会发展。

(三)整合权力:放权与收权的双向递进(2013—)

社会组织依据宪法所赋予的自主性权力,以及日益扩大的交换资本,成为国家与社会治理的重要一极。但是由于我国目前正处于社会发展转型期,各种利益主体在发展中的纷争诉求以及不断涌现的新问题新挑战考验

第五章 "整体化分散治理"机制构想

着转型是否顺利。在这一发展的关键期,政府简政放权是重大改革任务之一,精简政府职能,增强政府执政效率,激发社会力量活力,实现政府与社会发展合力共赢是简政放权的重要目的,然而由于目前我国转型发展的新形势,社会组织自身发展的不成熟。社会组织服务和管理水平尚待提升,政府精简和权力下放如何使社会组织接得住、用得了是改革中面临的重大问题。党与政府根据我国发展形势以及未来发展趋势,审时度势,在简政放权的同时,采取舆论控制、思想引导、法制保障,有针对性地对社会组织加强监管和引导力度,使社会组织的发展和社会发展形成共性,从而保证社会转型发展平稳过渡。

1. 政退党进与加强党的自身建设

社会组织作为社会发展的新生力量,其作用与角色日益突出,规模与实力也不断增强。及时加强社会组织的党的建设,成为党巩固和加强执政地位的重要内容,然而在加强社会组织党建过程中,面临着许多新的问题和阻力,其党建效果也并不明显。在这种情况下,必须加强党的自身建设,提升党的素质与能力,以增强社会组织党建的说服力。

第一阶段,加强社会组织党建。从 2006 年开始,国家及地方出台的政策都明确规定党政机关与社会团体进行分离,但是实际上分离的只是政府与社会团体,在文件内容中几乎看不到关于党如何与社团分离的具体措施。而在"两新"组织中建立健全党组织的工作愈益加强。2009 年 9 月党的十七届四中全会明确提出,"实现党组织和党的工作全社会覆盖,哪里有群众哪里就有党的工作,哪里有党员哪里就有党组织,哪里有党组织哪里就有健全的组织生活和党组织作用的充分发挥"。同年 11 月,中组部又发文《关于在深入学习实践科学发展观活动中建立健全新社会组织党组织的意见》,指出"新社会组织中专职工作人员凡有 3 名以上正式党员的,都要建立党的基层组织;正式党员不足 3 名的,可与同一业务主管单位所属单位或其他单位联合建立党支部。尚不具备建立党组织条件的新社会组织,上级党组织要通过选派党的建设工作指导员等形式,为建立党组织创造条件。……注重在没有党员和未建立党组织的新社会组织中发展党员,努力消除发展党员的空白点"。然而,效果并不明显,一是社会组织党建覆盖力度没有达到既定要求,甚至在一些行业协会类、兴趣文化类等社会组织党建覆盖还处于较低水平,截至 2015 年底,全国社会组织法

整体化分散治理

人单位中建立党组织的20.4万个，占社会组织法人单位总数的41.5%[①]；二是社会组织与党的竞争愈来愈强烈，"以'取缔'各类社会组织为前提确立起来的党的领导、党的执政以及党的组织体系，不得不'遭遇'社会组织。在这种'遭遇'中，不断成长的社会组织对传统党的领导与执政构成了直接挑战，其中不乏社会公益追求的社会组织对党的领导与执政的挑战更为直接、也更为激烈。一是社会组织发展挤占了政党的传统空间；二是社会组织在一些领域替代了政党的功能。"[②] 因而加强社会组织的党建工作应该基于新的问题新的形势提出更为切合实际的要求，以缓和社会组织发展带来的党社权力关系的紧张趋势。

第二阶段，加强党的自身建设。在社会组织党的建设并不顺利的情况下，党应积极从自身着手，习近平总书记指出党必须坚强自身建设方能更好地发挥执政领导能力，"打铁还需自身硬"。从2013年5月《中国共产党党内法规制定条例》《中国共产党党内法规和规范性文件备案规定》对外公布，到8月中共中央对党内法规制度进行集中清理、决定废止和宣布失效一批党内法规和规范性文件，再到11月中共中央发布党内法规制定工作五年规划纲要，12月《党政机关厉行节约反对浪费条例》《关于严禁中央和国家机关使用"特供""专供"等标识的通知》《关于改进地方党政领导班子和领导干部政绩考核工作的通知》《中国共产党纪律处分条例》等文件出台，"从严治党"成为新一届政府的首要任务。针对党的建设，中央先后通过"八项规定""教育实践""打虎灭蝇""地方巡视""政绩纠偏"等措施，加强了党的领导力、增强了党的凝聚力。党的执政能力加强对于社会组织的发展也产生了积极作用，社会组织通过自身党组织，在党中央的统一领导下，各项活动有序开展，有效地打击了社会组织中的不良行为和不法分子，增强了党对社会组织的领导力和控制度。在社会组织党组织中，党也积极采取各种措施推进社会组织党的自身素质提升，浙江省《关于进一步加强社会组织党建工作的意见（试行）》指出："条件成熟的社会组织党组织，应设立党的纪律检查委员会或纪律检查委员。"只有党的纪律严明、以身作则、廉政为民，党对社会组织的整合力

---

① 《2015年中国共产党党内统计公报》，新华网（http://news.xinhuanet.com/politics/2016-06/30/c_1119139485.htm）。

② 管廷莲：《社会组织中党的建设研究——基于温州的实证分析》，知识产权出版社2012年版，第42页。

也必将顺势增强。

2. 法治建设与社会组织依法自治

2014年10月，中国共产党十八届四中全会通过了《中共中央关于全面推进依法治国若干重大问题的决定》，这一决定是对目前我国社会转型期，攻坚任务复杂，形势紧迫以及不确定性因素潜在威胁等问题作出的积极回应。依法治国的基本前提是依宪治国，宪法作为整合国家所有事务的基本前提，无论政府还是社会组织以及企业等社会主体必须遵守宪法，维护宪法，在统一口径下共同合作推动国家现代化建设，尤其针对目前简政放权、政社分开等政治社会体制的深刻变革，改革已进入深水区、高层区核心层，如果不及时用严格的法律精神和法律手段，引导政社平等合作，国家的稳定与发展将面临巨大威胁。

一是加强社会组织监管。建立由民政部、外交部、教育部、工业和信息化部、公安部、安全部、文化部、人民银行、税务总局、工商总局等10个部门组成的社会组织联合执法机制，进一步加大了执法力度。对于社会组织的监管主要体现于以下三个方面，（1）社会组织行政执法监管。监管方式与内容主要有：业务主管单位负责监督、指导社会组织遵守宪法、法律法规和国家政策，依据其章程开展活动，并协助登记管理机关和其他有关部门查处社会组织的违法行为。社会组织的活动违反其他法律法规的，由有关国家机关依法处理。社会组织登记管理机关负责对社会组织违反《社会团体登记管理条例》《民办非企业单位登记管理暂行条例》和《基金会管理条例》等法律法规的行为进行监督检查。逐步建立党委、政府统一领导，登记管理机关依法监管，相关职能部门各司其职、协调配合的社会组织行政执法体系。形成的条文在国家层面有2012年8月民政部《社会组织登记管理机关行政处罚程序规定》，在地方有青岛市《关于加强社会组织行政执法工作的意见》。（2）社会组织信息公开监管。在行政执法部门对社会组织工作性监察的同时，加强社会各层对于社会组织的监管是弥补行政监督不足的重要途径，要把民政部门实行的登记、年度检查、执法、评估的情况和社会各方面对社会组织的反映、评价及时反映在信息平台上，以利于加强社会监督、舆论监督。新颁布的《关于加强社会组织反腐倡廉工作的意见》指出："对基金会、社会团体和民办非企业单位需要公开的信息作了明确规定，并要求各级登记管理机关制定社会组织信息公开办法，为其发布信息提供有公信力的公共信息平台。"（3）社

整体化分散治理

会组织腐败问题监管，当前简政放权以及政社分开等改革中不可避免地会出现各种因法律和制度不健全而造成的权力寻租和腐败问题。2015年2月，李克强在国务院第三次廉政工作会议上指出："还有更突出的，就是政府放权降低了'门槛'，但有的地方中介'高墙'依然林立。有的中介打着政府的旗号，服务乱，收费高，搞垄断，被社会上称为'二政府''红顶中介'。有的行业协会，依托主管单位的权力，对企业强制服务，强行收费，如不交钱登记，企业就不能在当地承揽项目。这些中介乱象，使企业负担不减反增，成为新的市场'拦路虎'，严重制约市场活力，也为寻租腐败提供了机会。对这些问题，必须坚决纠正和治理。要对中介服务进行清理，破除垄断，规范收费，加强监管。推进行业协会商会与政府部门彻底脱钩，斩断背后的利益链条。"[①] 针对改革中出现的突出问题，民政部、财政部出台《关于加强社会组织反腐倡廉工作的意见》，从健全社会组织民主机制、加强社会组织财务管理、规范社会组织商业行为、实行社会组织信息公开制度等方面提出了具体要求，并强调社会组织要以章程为核心，建立健全现代法人治理结构和运行机制，要设立监事会或者监事，建立健全内部监督约束机制。（4）社会组织信用登记监管。2015年12月，民政部《社会组织统一社会信用代码实施方案（试行）》发布，实施统一社会信用代码制度，建立社会组织信用登记与其他社会信用业务办理的联系机制，为约束和惩治社会组织的失信行为提供依据。

二是社会组织依法自治。国家对社会组织的整合除了进行加强监管以外，目前主要从法律和制度方面进行改革，监管只能对于社会组织问题进行检查纠正，但是对于社会组织的日常性运行规则，社会组织的道德自律问题，社会组织的行为规范问题以及社会组织与其他社会主体的交往问题和社会组织参与各种社会事务问题等具体性细节，从监管层面来说难以达到有效目的。因此必须加强社会组织的法律制度，加强社会组织的依法自治，党的十八届三中全会指出"要建立政社分开、权责明确、依法自治的现代社会组织体制"。党的十八届四中全会通过了《中共中央关于全面推进依法治国若干重大问题的决定》，全文有11个部分20余处对社会组织作出新部署、提出新要求，加强社会组织立法，规范和引导各类社会组

---

① 李克强：《在国务院第三次廉政工作会议上的讲话》（http://mjj.mca.gov.cn/article/xzglxw/201503/20150300779567.shtml）。

织健康发展,"发挥人民团体和社会组织在法治社会建设中的积极作用。建立健全社会组织参与社会事务、维护公共利益、救助困难群众、帮教特殊人群、预防违法犯罪的机制和制度化渠道。支持行业协会商会类社会组织发挥行业自律和专业服务功能。发挥社会组织对其成员的行为导引、规则约束、权益维护作用"。目前民政部已完成《社会团体登记管理条例》《基金会管理条例》《民办非企业单位登记管理暂行条例》的修订工作,并报国务院法制办;展开制定《四类直接登记社会组织认定标准》和《全国性社会组织直接登记暂行办法》工作。2016年3月酝酿已久的《中华人民共和国慈善法》发布。在地方社会组织立法工作中,广东省计划用两年时间制定出台全国第一部综合性的社会组织地方法规。《广东省社会组织条例》已列入2014年人大立法规划,将对社会组织的法律地位、登记管理、权益保障、监管体系等方面作出规定。

3. 网络治理与安全化信息化协同发展

第一阶段,净网行动。当前网络技术发展,网络言论、网络资讯、视频甚至网络组织的各种活动形式越来越多,内容越来越复杂,给党和国家政治稳定性带来了一定冲击。从2009年起,国家开始有针对性地净网专项治理。一是"扫黄打非"行动。(1) 2011年8月24日起至11月底,公安部在全国范围内部署开展以清理整治制作贩卖枪支爆炸物品违法信息为重点的"净网行动";(2) 全国"扫黄打非"工作小组办公室从2012年3月上旬至5月底在全国范围内启动"净网行动",以整治网络文学、网络游戏、视听节目网站等为重点,开展网络淫秽色情信息专项治理;(3) 国家互联网信息办分别于2013年1月下旬及7月中旬两次组织开展净化网络环境专项行动;(4) 2014年4月由全国"扫黄打非"工作小组办公室、国家互联网信息办公室、工信部以及公安部联合启动"扫黄打非·净网2014行动"。"扫黄打非"行动由公安部到全国"扫黄打非"工作小组办公室再到以上两个部门与工信部、国家互联网信息办公室联合行动,国家对于"扫黄打非"行动逐步升级。二是思想类社群网站被封。如果"扫黄打非"主要针对的是淫秽等非法活动,同时兼及对于网络非法社群活动进行整治,那么国家相关部门专门对于网络社群的治理体现了对于这一问题的重视,2009年7月天益网被封,2012年中国选举治理网、乌有之乡、毛泽东旗帜网、四月青年社区被封。2014年7月国家互联网信息办会同有关部门依法对一批传播谣言的互联网站进行查处，31家谣言信息较为集中、没有采取管理措施的网站被关停整改，北京知青网、莲池论坛、韶关家园、共和网、八达网等30家网站给予临时关闭整改处罚；对抽屉新热榜移动客户端应用给予暂停服务7天的处罚。① 三是对于政治类谣言的治理行动。在以上两类活动中均已涉及对于政治网络谣言的治理，而从2014年始，国家相关部门开始专门对于政治类问题的网络活动或谣言进行专项治理。2015年2月1日至4月30日期间，四川省公安厅集中开展为期3个月的"铁帚净网"专项行动，重点清理政治网络谣言，打击涉财、涉众、涉恐类网络违法犯罪活动，净化网络环境。② "净网行动"开展以来，各种网络犯罪活动得到有力打击和控制，但是随着网络技术的发展，人们应对社会问题的反应措施增强，网上原有的犯罪活动主要集中于分散的个体性特征，发展到现在网上人们的聚众意识和集合平台的激增，国家在进行网络治理中面对的问题与压力也越来越重。

　　第二阶段，网络安全化信息化建设。一味地对于网络问题的"堵"已难以解决根本性问题，并且问题是越堵越多，在国家面对网络社会组织发展带来管理压力的同时，单纯地"堵"，将网络社会组织推向了"左右为难"的境地，许多合法网络社会群体也因"堵"的方式过严而被排斥在网络之外，政府与网络社会组织的关系面临着较为紧张的局面。因此国家在进行取缔非法网络群体的同时，还应积极争取网络社会组织这一新的社会力量进入国家治理新体系。针对这一认识，国家开始"堵"与"疏"的策略结合，即进行国家网络安全化信息化同步建设。"网络社会组织应当把握时代机遇，努力在网信事业大局中找准位置，力争有所作为，成为网络强国建设的重要力量。既要有软性的行业自律倡导，也要有硬性的行业自律约束措施；既要树立正确的网络安全观，也要发动社会各界力量维护网络安全。"③ 习近平总书记在关于《中共中央关于全面深化改革若干重大问题的决定》的说明中指出：应该"坚持积极利

---

　　① 《重拳出击网络谣言　国信办严肃查处31家传播谣言网站》（http://news.xinhuanet.com/legal/2014-07/18/c_126767553.htm）。

　　② 《"铁帚净网"需以法为帚》，人民网（http://gs.people.com.cn/n/2015/0205/c183343-23800605.html）。

　　③ 《中央网信办召开全国性网络社会组织第一次联席会议》，2016年7月28日，中国网信网（http://www.cac.gov.cn/2016-07/28/c_1119297412.htm）。

用、科学发展、依法管理、确保安全的方针,加大依法管理网络力度,完善互联网管理领导体制。目的是整合相关机构职能,形成从技术到内容、从日常安全到打击犯罪的互联网管理合力,确保网络正确运用和安全"。目前,对互联网管理的法律法规主要有三个:《全国人民代表大会常务委员会关于维护互联网安全的决定》《互联网信息服务管理办法》《互联网文化管理暂行规定》。从内容上看,主要是对网络信息服务进行规范。各种禁止性行为规定也适用于社会组织。但是,这些法律法规毕竟不是专门针对社会组织的,所以有必要在修订社会组织登记管理办法时加入网络管理规定条文,一旦制定《社会组织促进法》的条件成熟,就可以将网络管理纳入其中,作为规范社会组织的基本法律依据。在《社会组织法》缺位的情况下,国家相关部门从不同方面制定对于网络社会群体(团体)的管理规定,特别是针对网络安全问题先后于2013年9月发布《最高人民法院、最高人民检察院关于办理利用信息网络实施诽谤等刑事案件适用法律若干问题的解释》,2014年3月发布《党政机关、事业单位和社会组织网上名称管理暂行办法》,2014年8月发布《即时通信工具公众信息服务发展管理暂行规定》。在三个文件的共同内容即是对于网络使用者的"底线要求"包括:(1)严重危害国家利益;(2)引发群体性事件的;(3)引发公共秩序混乱的;(4)引发民族、宗教冲突的;(5)危害国家安全,泄露国家秘密,颠覆国家政权,破坏国家统一的;(6)散布谣言,扰乱社会秩序,破坏社会稳定的。在加强网络安全化建设,保障社会组织有序参与网络活动的同时,国家积极开展信息化建设以推动政府信息和社会组织信息公开互动的良好局面。2014年2月,由习近平总书记担任组长的中央网络安全和信息化领导小组成立,习近平强调,"网络安全和信息化对一个国家很多领域都是牵一发而动全身的,要认清我们面临的形势和任务,充分认识做好工作的重要性和紧迫性,因势而谋,应势而动,顺势而为。网络安全和信息化是一体之两翼、驱动之双轮,必须统一谋划、统一部署、统一推进、统一实施。做好网络安全和信息化工作,要处理好安全和发展的关系,做到协调一致、齐头并进,以安全保发展、以发展促安全,努力建久安之势、成长治之业"。网络信息化建设的首要任务就是加强政府网络建设,截至2015年,我国政务微博认证账号(含新浪微博、腾讯两大平台)达到28.9万个,累计覆盖人次达40亿。2015年,中国政务微博发布量达到2102.7万余条，转发评论量达 2.7 亿条。① 而加强社会组织信息化建设也日益得到重视，并迅速发展。政府与社会组织及其他主体的信息公开化有利于各主体信息沟通、资源共享，并有利于相互监督、相互督促，从而有利于构建政社合作的联通机制，整合政社之间的合作共识，形成政社权力运行网络化、规范化机制。

四 深化社会组织的权力机制改革

权力关系的演变反映了社会组织的地位和角色的发展变化，但是没有给予社会组织权力以实际运行空间和运行方案，社会组织的权力实现仍然没有得到真正落实。权力机制的建设就是解决这一问题的必然途径。

权力机制从其核心要素来说，一般包括权利、权益、权力和权责四个方面。这四个方面要素的标准内涵呈递进态势，由权利到权益再到权力，最后至权责。权利是最基本的基础性前提，主要体现在个体的私利的要求，权益则已经上升到与他人的利益关系的博弈诉求，权力更是上升为国家性的或者政治性的公共控制和支配要求，它在所有主体之间进行宏观总体调控。权责是对权力的一种约束和协调，是对权利、权益以及权力的问题与作用的综合协调和约束。

一般而言，权力可分为国家权力和社会权力。国家权力在以上四个权力机制的要素拥有方面，更多考虑的是权责机制的构建，因为国家权力的强势地位使其权利和权益并无多大的诉求意义，而对于国家权力的约束监督是当前发展和研究的重点。社会权力的实现却与国家权力有着相反的方向，并且需要经历漫长的时间。在西方发达资本主义国家，社会权力是在与教会权力、国家权力、贵族权力的不断抗争中实现的，是在其土地制度、商品市场、民主文化、法律精神不断发展完善的基础上逐步建立起来的。这个过程从中世纪乃至更早的时候就开始了，大约经历了千余年的漫长过程。

但是中国近代以来，社会的权利、权益、权力、权责的实现，是同时进行，同步发展的。在一百多年的时间里，完成西方国家千余年完成的任务，其艰巨性、复杂性前所未有，无经验可借鉴，无模式可遵循。历史和

---

① 《2015 年全国政务新媒体综合影响力报告》，新华网（http：//news.xinhuanet.com/yuqing/2016-01/18/c_128638812.htm?mType=Group）。

第五章 "整体化分散治理"机制构想

实践证明，无论以何种方式发展，其基本的发展规律不能打破，那就是社会权力的真正实现必须有牢固扎实的社会基础力量的支撑。从权利到权益再到权力和权责体现了这一路径选择，同样每一个要素的实现也必须进行社会的变革与重塑。权利、权益、权力和权责都离不开社会基础和社会改革的不断维护支持。

在社会权力主体中，当前和未来起着主要作用的或者说社会权力的实际执行者是社会组织，因为它的纪律性、组织性、技术性、专业性，以及自身的凝聚力量，中介作用都无可争议地成为政府权力转移的第一承接者。或者说社会权力的所有者是人民，而社会权力的实施者是社会组织，因此社会组织的权力机制构建成为社会权力机制研究的重点。社会组织权力机制的建设与发展所体现出的社会基础建设和发展问题是当前迫切需要研究和重视解决的关键问题。

表 5-2　　　　　　　　社会组织权力机制演变及其影响

权力机制演变	产生影响			
	权力演变	主体发展	治理转型	
权利机制	自主权力	有：自主性	分散治理	政府的主要任务是放权，向市场放权、向社会放权、向地方放权
权益机制	交换权力	大：能动性	分散治理与整体治理	在政府放权的同时，基于社会自我治理能力欠缺，尤其是社会组织自治机制不健全，违法乱纪现象发生，加之多中心治理造成的碎片化、离散化管理问题，要求整体治理模式出现
权力机制	参与权力	强：能促性	交互治理	分散治理与整体治理继续发展，随着社会组织权力增加，社会治理的多中心意识和能力的增强，各治理主体之间的相互监督、相互合作趋势明显
权责机制	整合权力	好：善治性	整体化分散治理	分散治理与整体治理经常产生冲突，各治理中心权力过多考虑自身利益对对方进行合作和相互监督，对公共利益考虑偏少，需要对于分散治理与整体治理模式进行整合

（一）权利机制构建：顶层设计→地方实验→社会培育

当前我国在改革进程中实施的战略决策，基本上是两个路径展开，一是顶层设计；二是地方实验（或基层改革）。这种由上而下或者由下而上双向互动的改革路向，很好地迎合了我国改革的整体化作用。然而这两种

整体化分散治理

改革路径的选择，其实某种程度上是对另一种重要路径选择的忽视，即社会的自我发育。顶层设计与地方实验的实施，最大的优势就是很好地利用了体制内资源，使改革能够在国家整体调控下进行合理有序地调配和变革。而社会的自我发育，尤其是新兴社会组织的出现与发展，在我国得到认同与鼓励发展经过了很长的论证阶段。这种渐进适应和逐步开放的策略格局，是对我国整体化发展和科学化发展的正向回应，它最大限度地利用好政策，同时将改革带来的社会风险降低到可以接受的范围之内。然而如果一味借口"风险回避"和"政策护法"，可能在某种程度上挤压了社会发展空间，限制了社会自我创新和压制了社会基础动力。20世纪的"家庭联产承包责任制"的最终出台，就是体制内与体制外改革的博弈结果，从1958年人民公社化以来，"包产到户"这个词汇，是常被质疑和批判的。即使在小岗村获得丰收的1979年，批评"包产到户"的声音也是不绝于耳。当时国家领导人万里和邓小平先后对这一举动表示支持。1983年中央下发文件，指出联产承包制是在党的领导下我国农民的伟大创造，是马克思主义农业合作化理论在我国实践中的新发展。然而大多数博弈的一般结果是，大量社会自我发育受到了不公平的待遇，由于与现有政策冲突，而"昙花一现"或"半路夭折"。

在社会组织领域社会组织自我发育一般体现在三个方面：

一是新形式。社会组织形式主要有社会团体、行业协会、基金会和民办非企业（2016年中央文件改称"社会服务机构"）。

表5-3　　不同类型社会组织年度数量及增长率（2008—2015）

单位：个；万个

年份	工商服务	科技研究	社会服务	文化教育	体育卫生	生态环境	法律	宗教	农业农村	职业从业	国际涉外
2008	20945	19369	29540	31913	23218	6716	3236	3979	42064	15247	572
2010	23467	19494	32752	33529	24145	6961	3121	4384	47719	16893	427
2011	24894	19126	33987	34963	24310	6999	3148	4650	52105	17648	519
2012	27056	18486	38381	36690	25500	6816	3191	4693	55383	18611	499
2013	31031	17399	41777	38868	27822	6636	3264	4801	58825	19743	481
2014	34099	16923	44630	41513	30908	6964	3270	4898	60202	19867	516

续表

年度数量										
年份	工商服务	科技研究	社会服务	文化教育	体育卫生	生态环境	法律	宗教	农业农村	职业从业	国际涉外
2015	3.7万	1.7万	4.8万	4.3万	3.3万	0.7万	0.3万	0.5万	6.2万	2.1万	

年增长率										
年份	工商服务	科技研究	社会服务	文化教育	体育卫生	生态环境	法律	宗教	农业农村	职业从业	国际涉外
2008											
2010											
2011	6.1	-1.9	3.8	4.3	0.7	0.5	0.9	6.1	9.2	4.5	21.5
2012	8.7	-3.3	12.9	4.9	4.9	-2.6	1.4	0.9	6.3	5.5	-3.9
2013	14.7	-5.9	8.8	5.9	9.1	-2.6	2.3	2.3	6.3	6.1	-3.6
2014	9.9	-2.7	6.8	6.8	11.1	4.9	0.2	2.0	2.3	0.6	7.3
2015	8.5	0.5	7.6	3.5	6.8	0.5	-8.2	2.1	3.0	5.7	

注：以上数据来源于每年的社会服务发展与统计公报（http://www.mca.gov.cn/article/sj/），关于社会组织分类数据的统计公布开始于2008年，而2009年的数据民政部没有提供。

在对待不同类社会组织政策上，国家态度是不一致的，"重点培育、优先发展行业协会商会类、科技类、公益慈善类、城乡社区服务类社会组织。成立这些社会组织，直接向民政部门依法申请登记，不再需要业务主管单位审查同意。考虑到政治法律类、宗教类等社会组织以及境外非政府组织在华代表机构的情况比较复杂，成立这些社会组织，在申请登记前，仍需要经业务主管单位审查同意"。[①] 行业协会商会、基金会以及民办非企业虽然起步较晚，但是后来者居上，并且增速增幅远远超过社会团体，尤其是作为新兴社会组织形式之一的社会智库，其国家政策态度一波三折，国家工商总局在2005年进行了一次彻底的规范清理工作，将社会智库全部改为公司性质，并要求在工商部门登记注册，否定了其社会组织性质和类属。2014年以来，社会智库得到了中央重视，提出大力扶持社会智库事业发展，然而从调研数据来看，社会智库无论从数量还是质量，都是处于智库类别

---

① 马凯：《关于国务院机构改革和职能转变方案的说明》，2013年3月12日（http://gongyi.china.com/xwsc/sptj2/11098777/20130312/17724439.html）。

中的弱势群体。社会组织的另一种新形式是网络社会组织，国家互联网信息办公室统计显示，2015年，全国共有546家网络社会组织。此次统计的网络社会组织，是指以网络安全和信息化建设为主要业务，在各级民政部门登记的基金会、民办非企业单位和社会团体。① 然而同期中国已经拥有6.5亿网民，超过5亿移动上网用户。这种网络社会组织与网民的比例呈现明显的比例落差，我国网络社会组织发展严重滞后，"网络社会组织是党和政府推进网络安全和信息化工作的重要手臂，在当前争夺网络空间舆论主导权、促进网络空间治理从外在管网到内在治网的转变、推动'互联网＋'深入实施、促进互联网时代社会管理创新等重大战略问题上，都担负着重要职责"。② 网络社会组织的数量也与其重要的社会职责难以匹配。

二是新思想。"虽然目前社会组织在社会生活中正发挥着越来越重要的作用，但总体上看，社会组织在政策执行方面所发挥的作用还比较小，远远不能和公共部门相比。从对决策的影响力方面来看，现有的协商大部分是建议型协商，占了总数的93%，附带表决权的协商只占了7%，这说明政府虽然会听取社会组织的建议和意见，但最终是否采纳依然取决于政府，附带表决权的协商还比较少，现有的属于这种类型的案例大部分都是在立法协商中，即社会组织负责人作为人大代表参与立法过程。从政策过程的阶段来看，目前的协商更多聚焦于政策的形成阶段，也就是事前协商较多，占了72%，在政策过程中和政策结束后的协商较少，其中执行阶段占19%，反馈阶段占9%。"③ 尤其是在我国政协界别协商体系中，目前我国共有32个协商界别，而没有社会组织类别，目前在广东、湖北和海南等地对于社会组织参与政协协商和人大会议已经进行了试点实验，但仍旧没有上升到国家政策层面，也没有在更多的地区内推广。作为社会组织中思想最为活跃，以开发和研究思想，为政府决策服务为宗旨的社会智库，其思想产品同样没有得到政府的充分重视，大量社会智库目前处于"自导自演"，其建言献策停滞于会议、研究、媒体、书籍之中，真正进入政府决策的微乎其微。

---

① 国家网信办统计：《全国现共有546家网络社会组织》，2015年8月28日（http://news.xinhuanet.com/zgjx/2015-08/28/c_134563406.htm）。

② 徐可：《建设网络强国 网络社会组织的参与不可或缺》（http://news.sina.com.cn/o/2015-11-09/doc-ifxknivr4364465.shtml）。

③ 蓝煜昕等：《社会组织协商民主机制构建研究》，2015年6月26日（http://www.chinanpo.gov.cn/700105/92396/newswjindex.html）。

第五章 "整体化分散治理"机制构想

表5-4　　部分社会智库被引用和采纳次数

社会智库	两会参考	期刊引用	公共网站引用	电视引用	政府采纳	其他
大军经济观察中心	1	458	4	6		
世界与中国研究所		27			12	
中国战略与管理研究会					2	
零点调查公司		93				每周发表的研究成果在全球超过600家中、英、日、德、法等多语种的传媒上被运用
察哈尔学会	5		2			咨询报告74项
九鼎公共事务研究所						媒体报道95次
南方民间智库					7	惠民在线论坛95期，网友累计发言17086条，领导在线回答1714条。部门回复3849条
北京生态文明工程研究院	1			3	1	
河北民营经济研究中心	1			2		
中亚智库	1	2	6	1	2	
北京视野咨询中心		152	7	8		
天府问计	4	4	11	1	4	
重庆民营经济研究会		10	1			

注：由于数据来源渠道有限，以上数据主要是从百度学术以及社会智库自建网站上进行搜集整理而成。

思源兼并与破产咨询事务所所长曹思源最早提出了国有企业破产的建议和实施方法。北京大军经济研究中心主任仲大军早在2002年，就明确提出中国要避免重商主义的发展方法，及时调整人民币汇率，避免经济失衡。北京视野咨询中心主任钟朋荣针对民营经济提出的"小狗经济"理论以及县域经济发展战略和企业发展战略。世界与中国研究所主张的"公民社会"、"民主直选"、"预算改革"等都是我国民主政治改革的最前沿问题。这些改革思想虽然后面逐步得到政府肯定支持，但仍旧未受到足够重视，甚至受到冷落。

整体化分散治理

三是新实验。社会组织参与社会治理创新已经成为目前社会治理创新的重要来源。然而社会组织的治理创新能够留存并持续下来的，却非常少。相当多的创新是"开头热，结尾冷"，有些是因为与现有政策不合，而被政府叫停，有些是因为资金缺乏，而难以为继，有些是因为政策转向，而使创新对新政策产生不适，导致中断，还有的是因为主持创新的主要领导工作调动，新任领导未能继续担纲，等等。中央编译局"公共管理创新"课题组的千人问卷调查显示，在列举的各种导致政府创新中断情况中，"改革创新过程影响到执行部门的利益"被列在首位（30.4%），其后是"上级没有表示明确的态度"（24.2%），而"创新项目原负责人发生变化"位列第三（20.7%）。[1] 2009年重庆市巫溪县乐和家园建设，是北京地球村组织在贫困山区进行的一次社会治理创新，然而在2012年因为主持创新工作的县委书记郑向东调到重庆市南岸区任区长，因而巫溪的乐和家园就此中断。南岸区则因新书记的到来，又开始了新的乐和家园创新治理。当前的乐和家园治理创新试点已经推广到重庆武隆县、重庆黔江区等地，然而这些新的乐和治理创新已经演变为经济服务和旅游发展项目创新，原来的巫溪乐和治理中的基层政府机构改革和基层组织制度创新已经难见踪影。同样是在重庆，2003年8月，重庆市城口县坪坝镇出现了一份发至村级的改革方案：镇党委书记的产生实行三票制，先由党代表预选，再由全民投票选出正式候选人，之后由全体党员直接投票产生党委书记；镇长由全民投票选出；副镇长及各部门领导由镇长组"阁"；建立党代表常任制，由党员从现任党代表中每一个支部选一人担任；组成镇党内讨论重大事项的议事机构；人大常任代表则由村民直接从现任人大代表中每一个选区选一名，每两个月召开一次例会，监督政府财政预决算的全过程，还可以对镇政府提出不信任案等。推动这场直选实践的主要领导是坪坝镇党委书记，时年34岁的魏胜多。[2] 而背后真正推动和策划改革全程的是一直在国内进行基层民主改革的社会组织"世界与中国研究所"。世界与中国研究所曾先后策划与主导了四川步云乡直选、广西社区直选、宁波社区选举、湖北潜江人大选举

---

[1] 杨雪冬、陈雪莲：《政府改革创新的社会条件与发展状态——地方干部的视角》，《社会科学》2010年第2期。

[2] 《重庆一镇委书记尝试书记镇长直选被"双规"》，2008年2月12日（http://news.qq.com/a/20080221/000940.htm）。

等改革，然而重庆城口的镇长直选改革却戛然而止，世界与中国研究所网站也被查封，学者党国英认为，魏胜多的改革把政府改革与党的领导机制的改革同时进行，具有彻底性，但却与现行制度安排有冲突。在2004年末换届到期前，违反选举法提前进行选举；实行直选，违反"党管干部"的原则。[①] 因而之后世界与中国研究所将改革突破口转向较为"中间性"的公共预算改革，先后策划了四川巴中预算改革、浙江温岭预算改革等。

（二）权益机制构建：政府包揽→政府购买→社会购买

计划经济时代，政府以行政命令方式对国家有限资源按照统一分配原则进行社会结构和生产任务安排，社会组织发展十分缓慢，到1965年全国性社会团体不到100个，地方社会团体也仅有6000余家，并且这些社会组织只有以学术性、专业性或联合性的社会团体形式存在，没有出现基金会、行业协会和民办非企业等新的社会组织形式，到1966年由于"文化大革命"的革命促生产运动，代表社会基础力量的社会组织被明令禁止，社会组织工作处于瘫痪状态。政府决定和包揽一切的行动纲领更加普遍牢固。

对社会组织的重新认识是2008年汶川地震后。在地震救援任务中，政府和军队主要担负基础设施抢修维护，失踪人员搜救和运送等基础性、攻坚性任务，而社会组织如红十字会、各医疗协会以及救助救灾协会等则具体担任救死扶伤，尤其是救灾后期的心理疗伤，残疾扶助等具体性、专业性工作。汶川地震中社会组织的出色表现和不可替代作用，直接为2008年奥运会志愿者的招募提供了现实参考。2011年胡锦涛总书记提出社会管理创新重要举措，正式为社会组织参与社会治理提供了政策保障。自此社会组织在各行各业的发展以及所起的作用与日俱增。在这种情况之下，国家开始重新筹划社会资源的角色配置和优化调配，政府一手包办的模式已经不能适应市场经济与社会管理的需要。从2011年政府开始将政府购买服务改革由试点阶段向全面展开推进，并以《指导意见》的形式向下发布，2016年5月国务院办公厅关于成立政府购买服务改革工作领导小组，统筹协调政府购买服务改革，组织拟定政府购买服务改革重要政

[①] 党国英：《魏胜多改革是基层民主改革的必由之路》，2008年5月26日（http://www.eeo.com.cn/2008/0526/101412Shtml）。

整体化分散治理

策措施，指导各地区、各部门制定改革方案、明确改革目标任务、推进改革工作，研究解决跨部门、跨领域的改革重点难点问题，督促检查重要改革事项落实情况。

表5-5　　我国政府向社会组织购买公共服务发展历程

阶段	典型案例		
	年份	地区	主要内容
1995—2004年地方起步探索阶段	1995	上海浦东新区	委托基督教青年会管理综合性的市民社区活动中心——罗山会馆
	1999	深圳	环卫清扫工作外包
	2000	上海市卢湾区	民政局购买"居家养老服务"和"入住养老服务"
	2003	南京市鼓楼区	政府购买服务、社会组织运作的居家养老服务网
	2004	上海市	委托民办非企业单位开展社区矫正人员、"失学、失业、失管"社区青少年和药物滥用人员的相关社会服务工作
		佛山市南海区	狮山镇政府向辖区内民营医院购买公共卫生服务
		宁波市海曙区	向星光敬老院购买养老服务
2005—2010年全国推广试点阶段	2005	国家层面	国务院扶贫办、江西省扶贫办、中国扶贫基金会和亚洲开发银行共同启动"非政府组织与政府合作实施村级扶贫规划试点"
		无锡市	在市政设施养护、污水处理等十多项公共事业领域实行政府购买服务
	2007	江西省	以公共卫生服务券及教育券的方式购买公共服务
		深圳市	培育社会工作机构，购买社工服务试点
	2009	国家层面	财政部批准国家彩票公益金向中国红十字基金会救助贫困家庭白血病儿童专项基金注资5000万元
		广东省	将三大类17项职能通过授权、委托及其他方式转移给社会组织
		天津市开发区	委托泰达公共服务中心依托社区提供政府公共服务和行使部分公共管理职能
		成都市	发布指导意见，探索建立政府购买社会组织服务制度
	2010	北京市	将社会组织公益行动纳入民生服务领域，投入4277万元安排300项政府购买服务项目
		杭州市	下发指导意见，向社会组织购买八大类服务

第五章 "整体化分散治理"机制构想

续表

阶段	年份	典型案例	
		地区	主要内容
2011年以后制度化推广阶段	2011	北京市	社工委发布《2011年政府购买社会组织服务项目指南》
	2012	国家层面	《中央财政支持社会组织参与社会服务项目公告》;民政部、财政部联合发布《关于政府购买社会工作服务的指导意见》
		广东省	出台《广东省推进政府向社会组织购买服务工作暂行办法》和《省级政府向社会组织购买服务目录》
		温州	民政部和浙江省政府在温州共建民政综合改革示范区,其中就涉及政府职能向社会组织转移工作
	2013	北京市	计划安排8000万元市社会建设专项资金,向社会组织购买500个公共服务项目
		国家层面	《国务院办公厅关于政府向社会力量购买服务的指导意见》(国办发〔2013〕96号)
	2014	国家层面	《政府购买服务管理办法(暂行)》(财综〔2014〕96号)
	2016	甘肃省	科协开展承接政府转移职能试点
		陕西省	民政系统购买社会组织服务指导目录发布
		山东泰安	124家社会组织拟承接今年政府购买服务
		广西壮族自治区	《推行自治区政府购买服务改革工作实施方案》
		温州	转移252项政府职能,让社会组织参与更多公共服务领域
		云南省	《省文化厅等部门关于做好政府向社会力量购买公共文化服务工作实施意见的通知》,公布政府向社会力量购买公共文化服务指导性目录,涉及5大类44个项目
		国家层面	《国务院办公厅关于成立政府购买服务改革工作领导小组的通知》(国办发〔2016〕48号)

资料来源:在赵雪峰《我国政府向社会组织购买公共服务研究》(http://www.china-reform.org/?content_501.html)一文相关内容的基础上整理而成。

政府向社会组织购买服务,在服务市场化阶段是一个必然的过程,在市场还未成熟,而社会基础力量还未夯实之初,政府有责任也有义务在购买服务中起主导作用,这种购买方式在未来一段时间还会持续很久。但是,政府购买社会组织服务,本身也存在一些难以逾越的客观条件限制,当下"大政府、小社会"的现实及理念还根深蒂固,在政府主导购买服务中,政府由于其自身利益,利用手中权力,往往超出市场公平竞争的界限。由于缺乏公平竞争和法制保障,社会组织难以真正凭借实力获得招标机会,因而就铤而走险,与政府进行私下"串通",从而赢得招标出头。

整体化分散治理

因而政府购买社会服务的单向竞争行为，难以打破行政计划运作模式，便利了政府权力谋利，也诱使了社会组织违反规则法律，导致整个政社系统和市场氛围处于较低信任度和透明度的交易状态。打破这种困境的必要途径就是引入社会购买服务模式。社会购买服务模式，就是充分尊重了公民是纳税人的原则，也符合市场公平竞争和自由愿望的原则，允许社会向社会组织购买服务，当然社会组织通过这种方式的收入，必须运用到社会组织的公益事业中来，而不是成为盈利的便利渠道。这种模式其实已经存在，比如民办非企业的经营模式，社会智库的运营模式都是社会向其购买服务的结果。但是这里的社会购买社会组织服务还不限于这些，它不仅是从中获得继续发展的资金，并且这些资金一旦以这种渠道交由社会组织去做，那么政府就没有权力再从中获取纳税人的税额，因为这个权力已经交给了社会组织。也就是原来纳税人先把税额交给政府，由政府再来购买社会组织服务，现在则社会不将这笔费用交给政府，而是直接给予社会组织，这不仅减少了程序环节，节省了成本，提升了效率，更关键的是它重新界定了政府、社会与社会组织的三者关系，它将社会的公共服务在政府与社会组织之间进行了一次选择，"政府是必要的存在"，但不是"政府全部必要存在"。

社会购买社会组织服务，在政府与社会组织之间进行选择，还不是最终阶段。在市场机制健全和成熟、社会组织发达、法律健全完善的条件下，社会组织甚至可以反过来购买政府的服务。当然这种购买不是消解政府的作用，也不是淡化政府的角色，而是社会组织在向社会（包含政府）发布招标公告后，政府是其招标的对象之一，比如某一大型民办非企业机构，面向几个县级地区招标其分支机构的落户和建设资格，有几个县级政府同时向这一民办非企业发出竞标函，最终花落谁家，则由这一民办非企业作出选择决定，从而将这一建设权交给对方，这一获标政府则可以进行这方面的组织和建设工作（由其所辖企业完成）。当然在这种竞标中，政府不是唯一的入围者，其他社会主体同样有资格竞争，很有可能被其他私有企业或者社会组织赢得建设的机会。这种模式的构建，将彻底打破政府一揽独大的局面，政府将与企业、社会组织并列成为社会服务的一员，即使政府还具有行政管理权，但这种权力不能无故干涉市场的运行规则。

表5-6　　　　　政府向社会组织购买公共服务的主要方式

阶段	分类	购买方式		主要内容
政府向社会组织购买（实施阶段）	直接购买	授权或委托		政府在保留公共服务设施所有权的前提下，直接或间接地授权或委托社会组织生产和提供相应的公共产品和服务，政府付费购买其提供的公共产品和服务
		合同外包	竞争性购买	通常采用公开招标与邀请（有限）招标的方式，其中公开招标是通过广告进行大范围的投标邀请，邀请（有限）招标是指政府邀请若干选定的供应商报价投标
			谈判式购买	通过与多家供应商进行协商，最后从中选择合适的供应商
			指定性购买	政府向指定的供应商直接购买
	间接购买	补贴制		政府通过向服务生产（供给）者给予补贴来增强其提供公共服务供给的能力。形式有资金支持、免税或者其他税收优惠、低息贷款、贷款担保等
		凭单制		政府围绕特定的公共产品和服务，用服务券形式对具有"资质"的消费者直接补贴，使其自由选择消费，然后政府用现金兑现社会组织接收的服务券
社会向社会组织购买（初期阶段）	社会选择	市场模式		社会组织作为与政府、企业并列的第三部门，在社会选择中标机构时，同时在三者之间进行选择，一般来说社会组织参与的竞标内容，是公益的、专业性的，可以赢利为目的的。因而社会选择时，也要考虑到这一性质的不同问题
社会组织向社会或政府购买（探索阶段）	社会组织选择	市场模式		社会组织在选择自己的中标者时，也要充分从公共利益角度，以市场公平原则，维护社会秩序，政府和社会作为候选者，在竞争中以平等的角色。当然政府不能脱离监督者和调控者角色，在国家社会宏观调控中，政府不能缺位，同时也应加入社会第三方评估机构

资料来源：在赵雪峰《我国政府向社会组织购买公共服务研究》（http://www.china-reform.org/?content_501.html）一文相关内容的基础上整理而成。

（三）权力机制构建：政府权力→企业权力→社会权力

改革开放以来，我国的权力经历了三个阶段的演变历程，从政府权力到企业权力再到社会权力的权力方式转化与权力要素转移。这种转变过程体现了民主现代化进程与治理现代化的需求倾向。这种演化也是权力要素和参与要素在政治发展中的博弈过程。首先，从权力要素看，中国的政治发展需要处理好权力能力与权力制衡问题。其次，从参与要素看，中国的政治发展一直强调以保证人民当家作主为根本，公众参与的渠道、方式、

整体化分散治理

效果等都需要在评估的基础上予以强化。① 政府权力、企业权力与社会权力也代表了当前国家治理的三个部门的权力，即第一部门（政府）权力、第二部门（企业）权力、第三部门（社会组织）权力，三种权力也体现了现代社会的三种治理核心，政府权力代表主权，企业权力代表市场，社会权力代表民主，三者的合一就是现代民主自由的国家体系。

从政府权力到企业权力再到社会权力的实现，我国依次经历了政企分开、政资分开、政事分开、政会分开、政社分开，最后再到党政分开。这种分开路径符合我国政治发展的稳定要求，也符合政治改革的基本规律。然而这种政治发展的中国规律却与社会发展的自我要求有着一定的差异。按照社会发展的基本要求，首先是经济的自由发展导致社会的独立实现，政治的干涉是经过革命的方式将其剥离出经济与社会的核心位置。因此党政分开应是我国的首要问题，但是基于我国的现实与历史经验，需要"迂回"策略实现，因而就出现了社会权力改革的末后次序。指导和引领这种路径逐步实现和正确发展的是我们党的领导。党的领导既是改革的统领者，也是自我改革的关键问题，因为在社会权力实现过程中，党政关系，以及党与其他主体的关系的优化安排是决定社会权力最终实现的关键要素。参见改革开放以来的政府与各主体分开过程党与各主体的关系演变历程，我们会发现其中的内在逻辑。

表5-7 政府与各主体分开过程党与各主体的关系演变历程（1979年至今）

党政分开		党政关系演变
十一届三中全会	加强党的领导，变成了党去包办一切、干预一切；实行一元化领导，变成了党政不分、以党代政；坚持中央的统一领导，变成了"一切统一口径"	党的十四大	恢复了十二大党章关于在中央和地方国家机关、经济组织和文化组织中成立党组的规定，并增写了其讨论和决定本部门的重大问题和指导直属单位党组织的工作的内容
1980年《党和国家领导制度的改革》	今后凡属政府职权范围内的工作，都由国务院和地方各级政府讨论、决定和发布文件，不再由党中央和地方党委发指示、作决定	党的十五大	通过的党章完全继承了十四大党章有关党组的性质、地位和基本任务的规定

---

① 褚松燕：《全球视野中的中国政治发展》，《上海行政学院学报》2015年第5期。

第五章 "整体化分散治理"机制构想

续表

党政分开		党政关系演变	
1980年《贯彻调整方针,保证安定团结》	各级党组织应该把大量日常行政、业务工作,尽可能交给政府、业务部门承担,党的领导机关除了掌握方针政策和决定重要干部的使用以外,要腾出主要时间和精力来做思想政治工作,做人的工作,做群众的工作	江泽民	《中共中央关于加强党的建设几个重大问题的决定》的报告
1986年邓小平	政治体制改革的内容,"首先是党政要分开,解决党如何善于领导的问题。这是关键,要放在第一位"	胡锦涛	关于加强党的执政能力的报告
十三大报告	"党政分开即党政职能分开"	2013年	成立中央全面深化改革领导小组、中央国家安全委员会、中央网络安全和信息化领导小组
政事分开		党事关系演变	
2013年《关于全面深化改革若干重大问题的决定》	加快事业单位分类改革,加大政府购买公共服务力度,推动公办事业单位与主管部门理顺关系和去行政化,逐步取消学校、科研院所、医院等单位的行政级别	党的十三届四中全会	确立了普通高校全面实行"党委领导下的校长负责制"
2014年教育部核准发布了北京大学、清华大学等9所高校章程	涉及政校分开、去行政化等重要内容。截至2015年,国内已有32所高校的章程核准发布	1999年《高等教育法》	"党委领导下的校长负责制"予以明确。这一制度在中国高校的管理模式中已采用20余年
2015年中办发《事业单位领导人员管理暂行规定》	选拔事业单位领导人员,根据行业特点和岗位要求,采取组织选拔、竞争(聘)上岗、公开选拔(聘)等方式进行,探索委托相关机构遴选等方式进行	2014年,中办发《关于坚持和完善普通高等学校党委领导下的校长负责制的实施意见》	文件明确了高校党委和校长的权责

整体化分散治理

续表

	政企分开		党企关系演变
1984年《关于经济体制改革的决定》	提出发展社会主义商品经济，改革的中心任务是增强企业活力。与经济体制改革相配合，行政体制改革的主要任务是精简机构，实行政企职责分开	2013年《指导意见》	首次统一和明确了企业党组织参与重大决策的程序问题。在作出重大决策前，党委或党组应首先开会，然后由党组织的主要负责人与董事会和经理层的非党委成员沟通；在开总经理办公会和董事会的时候，党委成员要充分表达党委的意见；党委成员在总经理办公会和董事会后，要向党委反馈决策结果
1992年《关于党政机关兴办经济实体和党政机关干部从事经营活动问题的通知》	必须坚持政企分开的原则。为了防止出现政企不分，官商不分及以权谋私等问题，需要重申一些基本原则和政策界限	2015年《关于在深化国有企业改革中坚持党的领导加强党的建设的若干意见》	把加强党的领导和完善公司治理统一起来，明确国有企业党组织在公司法人治理结构中的法定地位
2014年《中央管理企业负责人薪酬制度改革方案》	坚持国有企业完善现代企业制度的方向，建立健全薪酬分配的约束和激励机制；坚持分类分级管理，建立差异化薪酬分配办法；完善中央企业薪酬监管机制等改革方法以促进社会公平正义，调节行业间的薪酬差距，建立合理的工资收入分配关系	2014年《企业（公司）关于党委参与公司重大问题决策的若干规定》	党委参与企业重大问题决策的内容：(1)企业发展目标、经营策略和方针；(2)企业中、长期发展规划、年度工作计划；(3)企业内部重大的改革方案和重要规章制度出台、修订或废止；(4)重大的基本建设、设备技术改造和技术改进方案，重大经济活动；(5)职工教育培训计划；(6)机构设置和人员编制方案；(7)中层干部的推荐、考核、任免和奖惩，后备干部的选拔、培养、教育和管理
2015年《中共中央、国务院关于深化国有企业改革的指导意见》	强调国有企业和其他类型企业交叉持股、相互融合；强调经营权和所有权分开，让企业走向市场；强调由董事会聘用经营层；推行职业经理人制度，内部培养和外部引进相结合等都是围绕政企分开	2016年，央企一汽集团下属的两家公司修改后的公司章程	公司党委职权包括：发挥政治核心作用，围绕企业生产经营开展工作；保证党和国家的方针、政策在本企业的贯彻执行；研究布置公司党群工作，加强党组织的自身建设，领导思想政治工作、精神文明建设和工会、共青团等群众组织；参与企业重大问题的决策，研究决定公司重大人事任免，讨论审议其他"三重一大"事项。此外，公司党委对董事会、经管会拟决策的重大问题进行研究，提出意见和建议

· 216 ·

第五章 "整体化分散治理"机制构想

续表

	政社关系		党社关系演变
2007年《关于加快推进行业协会商会改革和发展的若干意见》	行业协会要严格依照法律法规和章程独立自主地开展活动,切实解决行政化倾向严重以及依赖政府等问题。从职能、机构、人员、财务等方面与政府及其部门、企事业单位彻底分开	十七届四中全会	实现党组织和党的工作全社会覆盖,哪里有群众哪里就有党的工作,哪里有党员哪里就有党组织,哪里有党组织哪里就有健全的组织生活和党组织作用的充分发挥
2012年国务院《关于第六批取消和调整行政审批项目的决定》	凡公民、法人或者其他组织能够自主决定,市场竞争机制能够有效调节,行业组织或者中介机构能够自律管理的事项,政府都要退出	2011年《关于在深入学习实践科学发展观活动中建立健全新社会组织党组织的意见》	新社会组织中专职工作人员凡有3名以上正式党员的,都要建立党的基层组织;正式党员不足3名的,可与同一业务主管单位所属单位或其他单位联合建立党支部。尚不具备建立党组织条件的,上级党组织要通过选派党的建设工作指导员等形式,为建立党组织创造条件
十八届三中全会	限期实现行业协会商会与行政机关真正脱钩	2015年中办发《关于加强社会组织党的建设工作的意见(试行)》	要加大党组织组建力度,推进社会组织党的组织和党的工作有效覆盖,创新党组织工作内容和活动方式,切实发挥好社会组织党组织的政治核心作用
十八大报告	加快形成政社分开、权责明确、依法自治的现代社会组织体制	2016年《民间组织服务中心关于推进部管社会组织"两个全覆盖"的方案》	分别对171家部管社会组织建立党组织和开展党的工作进行"一对一"督促指导,坚持成熟一个组建一个,建立一个巩固一个,巩固一个带动一批,争取在党的组织和党的工作"两个全覆盖"上取得更大突破

因而社会权力的构建,是政府与企业、事业单位、社会组织等关系的重构优化,在中国特色社会主义国家的特殊历史背景和社会发展基础,党更是一个重要的影响主体,它的作用优劣将直接影响改革的成败。

一是党适度压缩政府权力,有利于培育市场和社会中间环节,从而更利于真正的党政分开。因为党进一步向政府放权,政府权力过大,反而会加大政府对社会组织的控制权,限制了社会组织的自由发展。过去的党向政府放权是行政性的,加大了政府的权力,在当时某种程度上主导了社会的快速发展,但是随着社会的体量过大,政府的拉动效应明显不足,必须

整体化分散治理

发挥社会自我的发展推动力,因而现在的党收紧政府的权力并督促政府放权是一种市场化的路径模式,培育和激发了市场的作用。"如果这种权力的转移最终有利于分权和自治,比如取消事业单位的行政化,能够推动社会组织更加自主,能够推动协商民主体制的形成,能够让市场在资源分配中发挥决定性作用而压缩政府的权力边界,能够管住地方政府,那么这种权力转移最终是积极的,因此倒也不必依据过去的党政分开改革思维而看待这次的权力转移。过去的分权化改革是行政性而非市场化的,结果使得部门和地方政府占有了更多的资源,获得了更多的权力。面对这种格局,只有更有权威的部门才能破解特殊利益集团。从这个角度看,更大的集权恰恰是为了合理的分权和制约权力。"①

二是"收权"与"放权"双重路径符合"平衡"发展规律。中国改革能够得以平稳过渡,就是需要一种收放自如的整体调控能力。改革开放以来,为了加快市场经济的构建,党向政府放权,实施党政分开,某种程度上促进了经济社会快速发展。但是党政分开,减弱了党对经济健康发展的控制力,政府利用"超大"的权力,反而干涉了市场的自我正常运转。21世纪以来,基于政府手中的权力过大,中央开始有步骤地实施政府简政放权,从2002年至今已经实施了15次放权,但是以目前的放权情况来看,放得太快,而社会组织真正接得住、用得好的却非常少,甚至出现了"红顶中介"、"社会政府"等新的组织权力形式,这种权力不仅不是社会权力,而且是政府权力延伸到了社会之中。面对这种问题党适时从中调控,适度收紧手中的权力,就如"放风筝"原理,"风筝"意如"社会","线"意如"政府",而"手"意如"党"。当风力急速变化,或者风向突然改变,或因其他阻力,风险突然出现,"手"必须指挥政府收紧线绳,稳住"风筝"。这种"平衡"的思维战略需要考虑两方面问题,一方面是政府放权的同时,党对社会的控制要注意有一个度,否则政退党进的结果对于改革的进步意义会大打折扣;另一方面是党收紧政府权力也应该有个度,否则政府在放权,上面在收权,政府的权力急剧下降,在社会建设与改革中作为执行者的政府角色作用将会出现地位失控危机,难以进一步主导改革。

---

① 杨光斌:《中国政治的变局:党政关系的新走向》,2014年1月26日(http://www.21ccom.net/articles/zgyj/ggcx/article_2014012699727.html)。

第五章 "整体化分散治理"机制构想

三是构建党与社会组织之间相互赋权机制。在欧美发达国家，社会组织与党之间是一种"紧密共生模式"①，政党在选举时充分利用社会组织的社会覆盖优势，社会组织也乐于为政党服务，从中社会组织可以获得政党上台后的优厚政策支持。在欧洲，如英德国家，很多政党与社会组织之间有相互转化趋势，为了各自的社会治理理念的实现，政党转化为社会组织，社会组织转化为政党，是较为常见的现象。在21世纪的中国，作为执政党，中共应该很好地利用社会组织这一社会力量。社会组织因为代表面广，覆盖面广，据《2015社会服务发展统计公报》，截至2015年底，全国共有社会组织66.2万个；吸纳社会各类人员就业734.8万人；全年累计收入2929.0亿元，支出2383.8亿元，形成固定资产2311.1亿元。②同时社会组织在基层，接地气，近民意，务民生，具有较高的社会影响力；社会组织也因为其专业性、技术性同时规范性和组织性等优势。这些都可以为党加大社会联系，扎实社会基础，巩固社会地位起到枢纽性的传输作用。党可以在选举、宣传、发展党员等方面利用这一优势。当然要得到社会组织的支持拥护，同时让社会组织起到更大的社会扶持作用，也要大力发展社会组织，赋权于社会组织，让社会组织更好地、独立自主地为社会服务。

（四）权责机制构建：经济改革→政治改革→社会改革

从经济改革到政治改革再到社会改革符合我国改革由易到难的基本理念，这种改革路径既调动了社会各界的积极性，又回避了极左极右势力的借机阻挠，维护了社会和国家的稳定发展。经历了"文革"和"大跃进"政治运动挫折之后，国力衰退，民众困苦，改革开放的主要目标就是先把"蛋糕"做大，唯有如此才能使得国家财力复苏，民众过上好的生活。而政治改革的目的是破除经济改革的障碍，建立公平正义的社会制度机制，将做大的"蛋糕"进行合理公平的分配，从而实现"效率"与"公平"的有机结合。这种改革的思路一直是改革开放以来主导的思路。然而随着经济的高速发展，贪污腐败、环境污染、贫富差距、道德滑坡等社会问题呈现出来。人们不禁要问，"蛋糕做大"和"公平分配蛋糕"是否就是当

---

① 高奇琦：《国外政党与公民社会的关系——以欧美和东亚为例》，中央编译出版社2011年版，第139页。

② 《2015年社会服务发展统计公报》，2016年7月11日（http://www.mca.gov.cn/article/zwgk/mzyw/201607/20160700001136.shtml）。

整体化分散治理

前最好的路径选择。在经济利益驱使下，人们的物质金钱崇拜盛行，经济市场竞争缺乏道德约束，大量污染有害或者非法的产品在市面上出现，因此如果公平分配的大蛋糕是"有毒"或"变质"的蛋糕，这种蛋糕再大，分配再合理，又有什么意义？因而基于将社会变好的"社会改革"呼之欲出。

在社会改革中，"社会组织"是一个基础性和关键性的改革对象。在当前和今后国家政府部门向市场和社会放权，让社会自我掌握运行的技术和规则，而政府放权社会的主体即是社会组织，社会权力运行的主体也是社会组织，社会组织作为社会权力的承载者，社会与政府的中介者，社会成效的评判者，社会资格的鉴定者，社会问题的解决者。同时社会组织又是市场经济的基础力量，没有社会组织的成熟完善，市场经济也不可能是真正的市场经济，市场经济的本质诉求是自由公平竞争，那么由谁来平衡或者协调政府企业或者强者与弱者的平等交易，公平谈判？那就是社会组织。社会组织也是实现民众与政府平等对话的联络者或者中间者。更重要的是社会组织是社会活动和社会行为的引领者，社会组织的行为方式、行为习惯、行为规则以及行为道德都将影响整个社会民众的相应行为方式的形成。因此社会改革的主要任务就是对社会组织的改革。综其社会组织影响社会的四个问题，或者说社会组织改革的四个主要问题是，社会组织的稳定风险、腐败风险、能力风险和民主风险。

一是稳定风险。从主体来看，主要是新形式的社会组织的不断出现，如网络社会组织。21世纪是信息时代，越来越多的公民通过自媒体的各种形式在网络空间形成公共领域，即自媒体时代的公民组织形式。这种新形式既不同于以往原子化的网民个体，又区别于传统的社会组织，它没有固定的活动场所，没有严格的组织规则，甚至没有实体的组织机构，因而在虚拟化、聚散性、多向性的自媒体传播时代，这种新型的组织形式的发展给社会稳定及政府治理带来了新的考验。[1]另一种新形式的社会组织是社会智库，在社会发展转型的关键期，经济形势发展的复杂期以及文化交流互动的活跃期，各种思想主张的社会智库竞相发展，对于我国新时期，新形势的判断作出新观点、新思考。然而，有些社会智库的形成与发展，

---

[1] 王栋：《从分散协同到整体联动：自媒体时代网络公民组织发展与治理》，《黑龙江社会科学》2015年第3期。

第五章 "整体化分散治理"机制构想

其思想主张与我国当前主流意识形态形成了差异化发展趋势,特别是随着全球化、网络化、分散化社会结构形态与形式的演变,这些非主流社会智库及要素从发展模式、切入点和目标序列、方式转化及性质导向四个方面,呈现出新的集聚分合形式,对我国社会稳定和政治和谐产生了新的挑战和威胁。还有一种形式的社会组织即境外社会组织也对我国安全稳定带来隐患,据不完全统计,目前在我国长期活动的境外非政府组织有1000个左右,加上开展短期合作项目的组织数量,总数可能多达4000—6000个。每年通过境外非政府组织流入我国的活动资金可达数亿美元。[①] 这些境外社会组织往往借助扶贫、助残、环保、卫生、教育等项目,有目的地对我国政治、文化进行潜在渗透,甚至有些境外社会组织利用国内政府官员、高校教师、企业高管、智库学者等合作、培训、交流等形式来参与、影响或干涉我国重大决策。从行为来看,社会组织参政要求呼声越来越高,争取将社会组织纳入政治协商的地方性实验也在广东、海南等地试点。增加社会组织的协商治理参与,对于制度民主化进程提供了新的动力基础,但是无形之中也带来了利益冲突的危机,如果社会难以满足社会组织的现实需要,而社会组织的参与增强了社会公开抗衡的民主意识,从而增加了公共危机的风险,况且不是所有社会组织都是完全有着规范、民主和公益性态度,还有许多非法的或者带有营利性质的社会组织参与其间。[②] 另外,在网络虚拟空间、微信公众空间,人们对于自己利益受损、政策不满,即可在网络友群进行号召集合,并约定参与线下聚会、游行等活动,给社会治安的及时有效管理带来了难度。而正在构建的思想市场,社会组织起着主要的发起作用,如果在思想领域实施各主体的自由竞争氛围,那么难免对于非主流思想的泛滥难以控制。

二是腐败风险。有学者对近年来社会组织的各类腐败案件进行了系统梳理,将容易导致腐败行为的因素进行了归纳和分析,主要集中在社会组织民主机制不健全、财务管理存在漏洞、商业活动过多且缺乏规范以及外部监督乏力等方面。[③] 而从现实环境来看,我国社会组织的腐败问题还带

---

① 王存奎:《辩证看待境外非政府组织》,《中国社会科学报》2014年5月14日第595期。
② 王栋:《社会组织参与协商治理程序的规范化逻辑》,《天津行政学院学报》2015年第6期。
③ 戴南:《编织社会组织惩治和预防腐败之网——访民政部民间组织管理局有关负责人》,《中国纪检监察报》2014年12月29日。

有很深的历史遗留痕迹，一是在与政府关系不明确的情况下，造成的腐败违规行为。由于我国的社会组织与政府走得很近，带有很浓的行政色彩，这就为社会组织滥用政府权力埋下了伏笔。尤其是当前实施政府简政放权，政府将大量权力下放给社会组织来实施，而有些社会组织发展还不成熟，不遵守法律法规，利用政府交给的权力，不仅没有从自身服务的专业和角色优势为社会服务，反而变本加厉，比起政府以前的滥用权力，有过之而无不及。不但收受被服务或者评估的企业或其他社会部门的各种费用，还设立各种障碍，增加了企业审批等各种业务的时限，增加了社会成本降低了市场效率。二是有些社会组织在政府简政放权和廉政建设时，一转身变成了有些政府的小金库，政府将征收或者敛财得来的资本放置于下属的社会组织，躲避纪检或司法部门的责任追究，甚至有些政府官员通过社会组织来进行一些经营活动或者明令禁止的盈利行为，将这些非法征收的资金摇身一变为市场流动的资金，掩盖资金的来源出处。三是除了政府利用社会组织"洗钱"活动以外，还利用社会组织"洗权"。与"洗钱"方式一样，"洗权"就是政府打着放权的名义，将这些权力下放给自己关系密切或者听自己话的社会组织，政府自己虽然不能发号施令，但是它可以背后指示这些社会组织为其效力，社会组织从中得到好处后，当然也乐于这种"交易"，服从指挥。

　　三是能力风险。社会组织在政府简政放权中是承接政府权力的主要力量，如果社会组织缺乏治理社会的能力，不仅不能减轻政府的负担，反而增加处理不当等问题，从而在社会群众中形成不信任的危机，这就为刚刚起步的社会组织的进一步发展，造成负面影响。由于社会组织承担的社会权力是政府临时性赋予的，第一责任人还在政府那里，如果发生社会危机，被究责的第一责任人即是政府，因而，社会组织由于自身能力不足问题而产生的追究责任需要政府来扛，损伤了政府的形象，更为重要的是当前党加大了社会组织的党建工作，社会组织的思想、政治、组织等方面都有党的引领指导，这也为党的执政形象产生了不利影响，当社会组织产生不良社会问题时，党也将成为矛盾一方指责的对象。更重要的是，国家将大量权力下放给社会组织，一旦发生重大社会危机，而社会组织还不具备应对危机的宏观调控能力，政府又因权力下放，减弱了社会掌控能力，此时社会风险的处理将会面临巨大考验。

　　四是民主风险。民主的发展是社会和国家发展的必然选择也是大势所

第五章 "整体化分散治理"机制构想

趋。然而民主的发展如果没有与现实问题进行有效接轨，如果没有社会基础的强大支撑，如果没有处理好改革中的利益纠纷，如果没有将权力化为责任，如果没有建设好道德基础，这些都将使得民主化为危机的潜在要素。由于我国自古以来建设的政治道德是指政府和官员道德，那是因为封建社会的中国，民众是没有政治参与机会可言，社会组织也没有现实存在，然而随着现代化社会的发展，民主、自由、平等都先后在我国得到大力发展，特别是民众有了参政议政问政的渠道，尤其是社会组织由于其组织性等优势，代表民众参与了更为高级的政治活动，社会组织也被赋予了参与政治的相应权力，然而道德的建设滞后于物质的建设，除了国家在发展中，以经济建设为中心，道德建设被忽视，道德滑坡现象严重，还有从社会发展本质规律来说，精神的东西是需要长期的历史积累过程，没有物质来的速度快，特别是政治道德的建设，还受着传统思维的束缚，人们还将这种政治的责任和素质要求归结于政府和党，而无视近几十年来，社会组织等社会主体的政治参与现实，因而加强社会政治道德势在必行（见表5-8）。

表5-8 社会组织发生风险类型及变化走势表

类型	要素	影响阶段 年限	影响阶段 标志	影响级别 目标	影响级别 层级
利益—利益冲突	社会组织之间的资源争夺，社会组织向政府的利益争取，社会组织代表相关利益群体的言论取向、社会组织市场拓展业务冲突、社会组织内部成员利益分化及冲突、社会组织库代言业务利益纠纷等	20世纪八九十年代	政府官员下海创办社会智库	经济利益诉求，社会组织内部	社会组织地位得到政府认可，开始进入经济和社会服务领域
利益—权力冲突	社会组织空间发展与政府政策冲突，社会组织利益与政府价值导向冲突，社会组织代言群体与政府权力冲突，社会组织与政府权限划分	2000年始	政社分开改革开始	经济权力诉求，社会组织与政府	社会组织议政扩大
权力—权力冲突	社会组织议政批评、社会组织非正式参政活动、社会组织权力争取、社会组织权力增长、西方社会组织在华权力诉求	2012年始	简政放权改革加速	政治权力诉求，政府与党政	社会组织扩权

整体化分散治理

续表

类型	要素	影响阶段 年限	影响阶段 标志	影响级别 目标	影响级别 层级
制度—制度冲突	社会组织制度诉求、社会组织政治参与渠道制度化滞后、西方社会组织制度理念与国内制度冲突、西方社会组织在华法律保障	2015年始	群体性事件升级	政治制度诉求，中西社会组织，中西政府	依法治国加强
文化—互动冲突	社会组织思想分化、社会组织价值理念不同、中西社会组织思想之争	20世纪80年代至今	外交战略拓展	文化思想诉求，社会思潮分流、国家内外宗教文化	西方渗透转向

以上五种社会组织发生的风险，基本体现了由经济到政治再到社会文化改革的问题趋势。仔细分析，每一种冲突其实与根本的社会文化体制改革都有着深刻关系，都可以归属到社会的基本层面的解决上来。

一是利益—利益冲突：社会自我生成的新产物、新思想、新观点等得不到重视，或者没有从战略角度给予肯定和政策扶持，甚至某种程度上进行着打压，社会智库及其思想产品就是典型例子，如何认可、扶持和吸纳社会智库思想产品，形成思想市场是目前待解决的问题。

二是利益—权力冲突："寓政治改革于经济发展之中"是改革的智慧之举，然而官僚主义顽疾、民主体制缺乏等问题严重影响了经济发展，同时也是各社会单位政治权益诉求的新表现。更为迫切而严重不足的是谋求社会基本权益为目标的社会改革处于什么位置，担何角色还没有真正落实，经济问题、政治问题最终都会落到社会问题上来，解决经济问题与政治问题就是为了解决社会问题，社会改革却是不温不火，值得反思。

三是权力—权力冲突：放权与收权是目前中央的新战略，"中央收权—地方放权"，"中共收权—政府放权"，"思想收权—市场放权"，这种"放风筝"战略思想就是为了于收放平衡中实现改革平稳过渡，但是如何限权却一直没有拿出实质性的对策，"将权力关在笼子里"是新一届政府的目标，但是"笼子钥匙"在谁手里，一直是个难解的问题。

四是制度—制度冲突：法大和党大已经基本没有什么争议，整体而言法律制定必须坚持党的政治立场，具体而言党的组织与干部必须遵守法律的约束，但是民众与这两者谁更为突出，成为各类社会智库不可绕开的话题，虽然"一切权力属于人民""最高权力机构是全国人民代表大会"，但是在现实中却没能与法律、党政形成科学架构之势。

五是文化—互动冲突：马克思主义思想、传统文化与西方普世价值的融合问题。如前所言三种思想代表着不同的经济立场，虽然当前中央对"左"、右之争和古今之争进行了弥合工作，但问题是这三者如何实现融会贯通。当前马克思主义中国化、时代化和大众化以及社会主义核心价值观可谓是对这一问题的回应，但收效还不很明显。加之我国全球化进程步伐加快，中国文化与西方思想以及各地区特殊的宗教文化因素产生新的冲突与谋和之势，中国面临的全球文化冲突将与我国的经济、军事和领土问题形成更为复杂的交集影响。

第三节 "整体化分散治理"机制构建进路

"整体化分散治理"为目前我国政社分开以及政社分开后的治理取向提供了理论参考，它代表了四种治理转型发展趋势的集合：（1）自主性与协同性的结合；（2）中国历史过程与国际先进经验的结合；（3）政府与社会双向选择的结合；（4）权能分衡与民主集中的结合。[①] 整体化分散治理如何上升为国家战略，构建适合中国实际的具有中国特色的政社合作治理模式，需要一个逐步实现的改革过程。

一 结构机制

（一）根据各治理主体的差异性特征，需要建立相应的规范机制

一是各治理主体职能互补性，要求建立相应的分工机制。政社分开的实质就是充分发挥政府与社会组织的各自优势，使政府专心于国家性公共事务的处理，社会组织则专注于微观生活生产领域的社会事务的运作。政府的优势是国家政策产出地，精英人士的集中地以及公共资源的分配地，因此有关国际外交、政治法律、军事国防等重大性公共事务交由政府办

[①] 王栋：《整体化分散治理：一种新框架——基于津、杭、深的公共代理机构比较分析》，《湖北社会科学》2016年第4期。

整体化分散治理

理，而社会组织则将重心倾向于日常的百姓生活、企业生产活动、社会集体交往以至居民的自我治理、自我消遣、自我建设、自我救助等。社会组织的优势就是话语通俗性、交往生活性、生产利益性，这些极为平常但又必需的事务只有交给社会组织精心打造。在实施这一改革过程中，需要建立权责一致的治理体制，政府权力与社会权力相互制约，并协调互动。同时政府与社会组织都有着相应的责任约束，二者遵守的基础原则是法律规章，具体可以建立"权力清单、负面清单及责任清单"的模式来界定政府与社会组织的公共权力边界。在分工机制上，可以进行归属分类，设置"岗位"或"行业"的权责边界，政社之间不能相互侵犯。在具体事务上引入"项目"制。以需求为驱动，以项目为载体。"以需求为驱动"反映了社会的真实需要，这种形式改变了单向的指令方式，也改进了仅以效率为目标，追求利润最大化的市场方式。这种服务更多样更个性，组织模式更民主。另外"以项目为载体"，体现了服务供给从单一主体向多元主体参与的转变，形成了自上而下的，由内向外的以社会需求为驱动的权力和资源分配体制。

二是各治理主体的趋利性，要求建立相应的竞争机制。各治理主体因利益向度的不同，如果得不到有效引导，则会导致利益的侵犯问题。如果处理得好，将会实现社会共同体利益的最大化。因此引入民主竞争机制，参照市场运作手段，建立公平、公开的竞争平台，是解决以上利益秩序失衡的有效途径。使社会组织运营符合市场规律，将资源向资质优秀、能力强、信誉好、服务好的社会组织转移，从而净化社会组织市场，优化社会组织系统进出机制，淘汰不合格的社会组织，引导社会组织健康发展。当前，我们国家在这方面还存在缺乏竞争机制的问题。如根据《社会团体登记管理条例》第13条第2项的规定，在同一行政区域内已有业务范围相同或相似的民间组织，没有必要成立的，对于民间组织的成立申请不予批准。另外，社会组织不得设立地域性分支机构。可以看出，我国在民间组织问题上实行的是垄断政策，这不利于市场的自由竞争，也不利于整个社会组织系统的可持续发展。甚至，在缺乏最基本的竞争压力的情况下，这些社会组织往往存在职能荒废或者权力寻租的现象。因此，打破这种封闭机制，在现行政策环境允许的条件下，适当放开，通过增量的改革促进存量的调整，逐步形成社会组织优胜劣汰机制。在引入社会组织机制上，采取竞标方式，甚至可以同时引入两家或多家同类社会组织参与服务项目，使其展开竞争，提高服务质量，降低消费价格。

三是各治理主体的权力不对等，要求建立相应的制约机制。怎么才能将政府、社会组织及其他主体的权力达到平衡制约的效果。首先是权力要对等。政府的权力独大一直是我国的现实特征，但绝不能成为我国的"特色"，政府权力过大是一种极为不正常的现象，无论是腐败源头，还是社会不公平问题，都是"绝对权力产生绝对腐败"的必然结果。对于社会组织来说，政府的权力将压制社会组织的健康发展，挤压其生存空间，阻碍其正常业务运作等，因而必须下放政府权力，同时还应增加社会组织的权力，且要增加其实质性的能够起到制约政府的权力项目。其次是权力要实现制衡。单纯的各主体之间权力对等还没有解决实际问题，在制度的建构或机构的设置以及人员的安排中，都应考虑这些机制或结构的相互制约关系，如各个制度的要素关系，部门的业务或者监督关系，人员的设置中的相互制衡关系等，可充分体现对于权力的监督和制约，杜绝不正常和不公平的权力存在。最后是加强对于权力约束的立法，执法。目前对于政府的权力约束还停留在"说大于做"的阶段，很多权力的监督立法已经有了，但执行起来却由于没有相关制约体或者监督者而形同虚设。对于社会组织来说，由于权力逐渐增加，很多社会组织也因为没有法律的约束，其犯罪现象也日趋增多。因而在立法方面无论哪种主体必须限定在法律的框架内行事。

（二）合作、竞争和制约机制的互动协作，需要建立相应的协调机制

一是建立统一的社会治理机构。当前政府大力推进简政放权，将大部分前置性审批权力下放给市场和社会，各个部门的办事机构都集中到一个办事中心——行政审批服务大厅（中心），并实现了与政府办公场所的分离。在地方基层，社区服务中心、公共服务中心以及办事大厅等机构都与传统政府分署办公，承担了大量政府原有的社会事务。其他如事业单位也在进行分流改革，符合行政特征的划归政府机构，符合事业单位性质的保留原制，符合社会自治功能的改为社会组织，从而社会事务实现了分流，事业机构也变为多元化的形式存在。至于社会组织的兴起发展，相应治理机构普遍成立，并承接了政府的部分公共管理和服务职能，大多以灵活机动的方式存在于大街小巷，诸如服务队、巡逻队、环保组、志愿亭、爱心角等。另外在政府、事业单位和社会组织的治理机构之外，还形成了一些新的交叉形式的机构组织，如上海的社会组织孵化机构、北京的枢纽型社

整体化分散治理

会组织、杭州的社会复合主体以及深圳的法定机构都是政府支持或社会组织自发组成的联盟机构，当前以它们的角色和功能，一般将其界定为事业单位的代理机构、社会组织扶持机构或者支持型社会组织等，它们在培育社会组织发展、监督政府行为、承接政府职能等方面起到了积极的作用。这些机构的存在促进了社会民主治理程度的进步，优化了社会资源空间，形成了相互协作，相互制约的治理格局。然而这种分散化的治理模式除了明显的优势之外，也难掩其缺乏沟通，不利来往的现实困境。由于治理的分散化特征，人们的需求多元化要求，使各自利益和观念的差异和分化日益严重。因而在体现治理自由精神的同时，应该基于社会的总体性需求和人们的共同爱好，成立相应的公共治理机构，统一办理类似的相近的社会事务，并携手发展，共同提高，相互救济，优势互补，资源整合，共同致力于更为难以治理的社会问题。

二是构建软法治理机制。"软法"相对于"硬法"来说更具有亲民性和融合力，它往往是民间相互交往中自我形成的约定俗成的习俗或者规则。社会组织在软法的形成中起到了重要作用，社会组织不同于政府，它们形成的规则仅是针对社会组织内部或者相关的人群，每个社会组织大都有其不同于其他社会组织的规则要求，这就形成了国家内无数社会组织的要求标准，这无数的规则要求渗透于社会的角角落落，扎根于人们的言行举止之中，因而相比政府的控制性、宏观性的制度要求，它规范的是乡里乡亲，家里家外的或者是生产活动或者是婚丧嫁娶或者是家长里短。这些约定俗成虽然没有国家法制严格有力，但是绝对执行起来无声却有效。并且这些日常性规则与文化传统结合起来具有长久的生命力和广泛的适应力。在这些无数的社会组织为中心的生活领域，相互之间规则既相互联系，又相互冲突，因此这些"文化圈"之间就形成了相互的交集。交集的重合之处是不同社会组织之间形成的共同的规则标准，从而将社会的分散化中心整合为一个多中心网络格局。当前社会组织的特征形形色色，有思想性的，有研究性的，也有服务性的或者是管理性的，还有的是带有半官方色彩的，也有的是纯民间草根组织的，也有的是实体组织的，还有的是网络群体的，甚至或者是书信群友的，未来的社会组织将是更为复杂、更为新奇，政府应该在接受这一飞速变化新常态的境况之下，积极构建各种社会思想文化和生存理念的交际哲学，求同存异，互融共通，在政府正式性规则的引导下健康成长。

第五章 "整体化分散治理"机制构想

三是构建公共生活领域机制。所谓公共领域是指那些与市民社会相对应的社会生活内容,是围绕着公共部门的核心而展开的公共生活形态①。可见,公民社会的活动空间和生活内容可以看作是公共领域的核心思想。当前我国公共领域的生成存在着一定的困境,其一是国家纵向的制度设计是为了通过制度化的途径实现对社会治理的合法性和有效性,但它受到了政治空间转型机制的制约;其二是公民在横向的政治生活方式中,编织自己的社会资源网络,是为了减少市场风险的冲击,但受到了资源和制度供给不足的约束。因此我们需要打开路径,给予公共领域发展的空间,其一是在渐进转型的大局下,如何获取、积累和使用已有的公民公共生活的资源;其二是在保持转型秩序的前提下,如何使政府介入公民政治生活的方式更加与市场经济,公民社会的空间机制相一致。除此以外,我们还应实施对公共领域本体微观体系的构建。汪民安提出了公共领域的基本特征:"普遍的接近性、公共议题、体制化的空间和法律保障、展开公共辩论的空间、理性的,非支配性的辩论。"基于以上理念支撑,还需发挥载体的作用,通过媒介的传播,将公众的声音转化为公共舆论,同时,设立公众进行商谈或展开辩论的公共场域,使人们的不满在这里得以化解,矛盾得以妥协,从而达成一致意见。再者,健全协商机制,人们在进行商谈或辩论时,是理性的和非支配性的,特别是处于不同阶层的或者是政府与群众之间的对话时,要有一个畅通的沟通机制。

四是建立科学的党社关系机制。加强社会组织党的建设是我国推进治理体系与治理能力现代化的重大举措,党作为社会主义治理体系的引领和统领者,在国家现代化发展时期、社会转型时期以及改革关键期多重重大战略期交织一起的情况下,加强党的地位与作用,是必然也是首要的问题。同时,由于社会组织在我国的发展还处于初期阶段,各种新形式的社会组织不断涌现,为了规范社会组织的服务市场和发展形势,必须对于不规范、不成熟甚至不健康的社会组织进行党的教育和引导。在加强社会组织党的建设的要求之下,党与社会组织的整体协调机制还需加强建设。在我国,社会组织作为政府、企业之外的第三部门,发挥着其他部门难以替代的社会治理和服务角色,党在与社会组织进行合作互动的过程中,也应

---

① 汪民安:《文化研究关键词》,凤凰出版传媒集团,江苏人民出版社2007年版,第91页。

整体化分散治理

在相关法律法规以及市场和社会普遍规则的约束下，展开活动。除了在社会组织内部建立党的基层组织，还应在党的组织机构内设立专门的社会组织建设和联络机构（人员），并且在整个社会体系大环境内也应设立党、社会组织及其他部门共同的合作协调机构。目前社会组织承接的服务主要来自政府、企业和社会，党也可以将相应的党的事务，比如宣传思想工作、服务群众工作和组织党务活动等承接给社会组织代办。在西方许多国家，其政党选举、党外活动等都引入了社会组织的支持，由于社会组织的规模和力量，尤其是其民众间的普及性和广泛代表性，都成为其扩大影响，助推活动开展以及连接自身与其他组织部门关系的重要纽带。新时期的中国，应该积极面对这一发展趋势，提出应对措施，通过社会组织的作用和影响来巩固党的执政能力，提升党的领导力和决策力。

（三）规范机制和协调机制组成了社会合作治理民主机制的静态部分，还需要具体运行机制，即动态部分

1. 公共决策机制

在当前政府主导的社会体制中，决策参与者范围较为有限，尤其是作为社会利益的集中代表者，有着突出明显的民间色彩的社会组织难以真正参与其中，一是在制度要求中未能体现社会组织的主体地位；二是在现实政策制定中也难以接受社会组织的建议，较为明显的原因是社会组织的声音有时与国家治理的整体利益带有一定差异；三是社会组织的声音没有成为切合政府政策制定的符合者。尤其是随着社会智库的兴起，作为较为尖锐和个性的民间思想引领者，社会智库极力想通过超前或者理想化的理念给予政府制定政策以更为合理化的建议。然而，目前社会秩序较为稳定，国家治理较为固化的情况之下，并不需要过多的先锋思想的进入，很多社会智库的数据方案只能成为政府政策的参考，不能成为政策实际的内容条文。如果从短期来看，这种形势的存在是没有多大的不利影响，但是在日益竞争的国际化趋势过程中，作为我国政策的制定者，政府已越来越难以与国外国家集体智慧抗衡，我们必须与时俱进，相信自己的人民一定支持自己的国家，让更多的社会组织参与到政策制定的实际程序中来。可以在人大、政协或者党组织中建立社会组织的代表、机构或者在决策制定中引入社会组织的第三方监督，甚或是让社会组织参与决策的列席发言等等。这种政府取智于民，用智于民的风度一定会赢得决策利益的最大化和社会共识的凝聚力。

2. 公共协商机制

协商机制是相对于选举机制的另一种民主机制，在选举机制难以体现大多数人参与的现实境况之下，利用社会自我交往中的协商空间和机会优势，将各种社会主体的意见纳入协商的体系之中。社会组织作为社会的主要活动者以及专业的技术开发者，它所发出的声音和提出的方案代表着民众声音中较为理性和科学的一面，应该积极引入这一角色。尤其是目前我国治理体系中，党政机关或者成员是国家政策制定的主体，社会组织以及个体公民难以参与其中，另外在较为正式的协商机制中，如人大、政协等协商场合，社会组织也没有资格参与其中，因此应积极建构正式协商体制之外的社会协商，在社会协商中不论资历、性质、特征或者实力等都可以参与到协商的场域中来，并且建立社会协商与正式（会议）协商的沟通机制，形成社会协商在前，会议协商在后的总体性协商治理体系，同时社会协商的诸多建议应该成为会议协商的前提或者参考资源。浙江省温岭市的民主恳谈活动是一个很好的例子，民众可以聚到一块，商谈自己关心的事务，特别是政府预算、政府决策等。一些问题通过公共协商得到了很好的解决。如果没有得以解决的可以进入下一步骤即会议协商的议程。社会组织可以作为集体的代表以合法的身份参与到会议协商中来，制定出倾向于民众的政策条文。

3. 公共监督机制

如何对各职能部门的不同职责和利益进行规范约束，使其公平透明，实现利为民谋，权为民用，这就需要充分发动各方社会力量参与对公共职责部门的监督。社会组织因为有着明确的利益诉求，有着较为成熟的政治参与能力，且代表的群体较为广泛，因此发挥社会组织在监督中的作用，是比较理想的方式之一。同时社会组织作为社会自发力量，代表着组织和成员的利益，可以参与到对政府的工作监督中去。一是监督政府部门浪费问题。通过调查，确定政府部门是否浪费纳税人的钱，对于浪费的项目和现象，通过媒体公布，公开批评。二是监督政府部门责任和伦理问题。主要是防止政府、官员腐败，通过调查政府领导干部的廉政作风问题以及普通公务员的履行职责问题，查到腐败现象通过媒体公布。三是监督政府预算。督促政府减少赤字，做预算时要有责任。然而，我国尚处在社会转型期，市场发育不成熟，社会自治能力较弱，还远不能适应政府职能转变的需要，所以政府应加强对社会组织的规范、引导和监督。目前，我国除了

《社团管理条例》和《民办非企业组织管理条例》等少数法律法规外，对社会组织监管问题没有具体得到落实。因此政府应加大对于社会组织监管的立法和执法的力度，具体而言，一是应通过制定法律法规对社会组织的主体资格、活动范围、责任义务、违法违纪等明确加以规定，使社会组织能在正确的法制轨道中健康发展；二是政府应实行社会组织的资格准入制度、注册管理审查制度等，采用行政指导、行政奖励等多种协调手段，积极扶持合法、守法的社会组织的发展；三是政府应依法监督社会组织的社会服务过程，确保其活动的公正性和公平性。另外，我国长期条块分割的体制特点加上政府改革和社会转型形成的权力真空，以及党政体系权力相对独立，对社会组织的行政、许可及监管职能分散在登记部门、各主管部门和部分监管机构中，使得社会组织得不到具体活动过程的监管，特别是那些无法通过民间组织登记注册的社区兴趣类小型准社会组织得不到监督。因此建议实行"民政部门登记、行业部门联系指导、街道社区日常管理"的新模式，将具体的社会组织监管问题下放到街道社区层面，既有利于监管的具体实施，也能够有针对性地进行问题梳理和引导，使其向着社区需要的方向发展。

4. 公共选举机制

随着社会组织在社会中发挥的作用越来越重要，可以鼓励社会组织以法人单位的名义参与重要选举，或者社会组织可以推荐代表参与选举。在选举过程中，社会组织还可以第三方的身份参与旁听或者担任监督角色。由于社会组织自治性和民主性，一般说来社会组织内部治理尤其是选举机制较为民主科学，其他如政府部门的选举可以借鉴参考。社会组织体现的精神以及社会组织所承担的角色决定了社会组织的选举运作方式较为市场化、接地气、通民生。政府部门可以深入社会组织调研甚至可以吸纳社会组织成员参与政府的选举制改革。除了政府与社会组织各自选举制度相互借鉴相互砥砺和相互参与外，在整个社会体制中，随着市场经济的不断成熟，一些经济类事务或者社会性事务在引入社会管理人员以及管理机构的评聘或组建的时候，可以充分引入竞争机制，以公开透明、有序竞争的原则，将政府与社会组织共同置于社会选择的对象面，优势者胜出或者共同组建合作机制。公共选举机制的构建是一个渐进过程，可以首先起始于基层如村镇和区县一级；其次主要实施于市场事务领域，不牵涉较为复杂的政治问题；最后实施于社会自主性较强的领域，如社会生产、社会救助等方面，通过一步步地逐步深入和提升，使社会组织在国家和公共事务中的作用日益凸显。

5. 公共服务机制

社会治理中的公共服务提供者已经不仅是政府一家的事，政府所承担的事务具有宏观性、指导性，基本上是公文相关的制定、下发、监督等事项，而相关更为具体的，直接体现在大街小巷，田间地头或者左邻右舍的事务就由关注和从事社会公益事务的社会组织承接。社会组织以其接地气、惠民生，公益性、民间性的色彩更能够打通与民众的联系渠道，其服务宗旨和服务措施更能深入民心和实现实际效益。政府做的就是引导和扶持更多的社会组织参与到社会公共服务中来，政府可以在其中起到规则的制定和约束作用，通过政策的引导及调整，进一步规范社会组织公共服务市场的形成。政府利用先进的招投标形式，向社会组织投标，引入竞争淘汰机制，注入服务活动所需资金，建构更为规范的社会服务市场机制。当然社会公共服务市场，社会组织并不是唯一的主角，各种社会事务的运作离不开各种社会主体的聪明才智，社会组织在自身的规模，经费以及技术等方面亟须社会公众的参与，招募与服务项目紧密联系的社会志愿者，包括社区热心人士，也可以是大学生志愿者抑或是社会公益的积极影响者，同时还需相关媒体的报道，宣传甚至利用网络技术进行组织和程序设计等。因而公共服务的生成是一个社会总体性成熟和共同参与的结果，它需要集合社会公益资金、有心人士的积极力量，也需要社会公益精神和公益制度的成长完善。

6. 公共信用机制

信用机制既是各主体之间互动合作的润滑剂，也是社会活动开展的助推剂，各主体只有建立在相互信任的基础上，社会活动才可能顺利有效展开。一般说来，公信机制可以包括几个子机制，即：公开机制、公正机制、公用机制、公约机制。在社会治理体系中，政府应该成为公共信用机制的引领者和裁判员，政府首先引领诚信务实的作风，在与市场及社会进行交往或交易时必须遵守社会共同的法律规章。目前社会上的不诚信风气备受诟病，在市场经济体系建构过程中，政府有时并没有以身作则，往往凭借自身的政策制定优势，和资源占有优势以及权力掌控优势，在与市场交往中，借机寻法律制度的漏洞，作出些难以服众的行为，给社会或市场带来不好的影响。政府应该扭转这种局面，积极推进

整体化分散治理

简政放权，将更多的实际权力下放给市场与社会，减少政府的权力滥用和权力寻租，增强社会组织和企业的权力，让社会组织和企业通过权力的作用机制来约束和规范政府的行为。当然，由于我国现代化进程起步较晚，加之各种传统文化和外来文化的影响，多种社会思想和信仰追求交织于社会之间，人们在交往中没有一个共同的标准和规则，企业以及社会组织也带有一些不良的行为和理念，对整个社会诚信风气的形成造成不利影响。因此，政府、社会组织、企业作为社会治理的行为主体，应该积极承担起诚信交往的模范，树立务实、平等、自由的新风尚，主张信用生之于民，存之于民，服务于民，每个社会主体尤其是公民个体都要形成人人讲诚信的社会道德风气。政府、社会组织与企业应该在公民的诚信体系和社会道德风尚培育中起着引领、制定、约束和联结作用。

通过以上宏观的结构重组和新的元素创造，未来的整体化分散治理机制将会达到一种权力与能力优化配置，权力与能力有效制约，权力与能力合理划分以及归属相得益彰的地步；在这个机制中功能实现相互协调、形成网络化互动联络脉络，各种功能发挥自己的最大效益"公约数"，避免职责交叉重复，相互扯皮影响问题；这种机制将会促成各种社会主体的进一步完善成熟，它不仅是政府对于社会组织的一种扶持帮助，反过来社会组织以及代理组织对于政府出现帮助和扶持作用；这种机制有效地采纳了历史制度主义的方法构建路径，各主体的目标不是最大化的经济效益，而是社会最大化的情感或者幸福感效益，人们之间不是"陌生人"社会范式，而是一个有机的社会生命共同体，代理机构在其中所起的作用不仅是枢纽转换作用，还是一种连接催化的动力来源。

二 制度体系

格里·斯托克等曾经列出了治理失效的具体表现：（1）与治理相关的制定政策过程这一复杂现实，与据以解说政府而为之辩护的规范相脱离；（2）各方面的责任趋于模糊，易于逃避责任或寻找替罪羊；（3）由于对权力的依赖，以致并非原来所求，而于政府影响不良的结果愈加恶化；（4）既然有了自治网络，政府对社会应负什么责任便难以明确；（5）即使在政府以灵活方式控制和引导集体行动之处，治理

第五章 "整体化分散治理"机制构想

仍然可能失败。① 格里·斯托克指出了目前治理的一些现实问题。但这不能完全总结中国治理出现问题的全部原因,它甚至没有深刻理解中国更具有针对性或者历史性的根源问题。我们认为,我国治理出现的问题,应该从体制、法制和德制三个方面进行补充,加上这三个新的要素条件,将会更能适应我国社会发展与国家治理的需要,或者说达到了一种善治的地步。善治"这一概念对传统的超越在于,它不局限于好政府,而着眼于整个社会的好治理,是公共利益的最大化,而不是政府利益或某个集团利益的最大化。对西方的超越在于,在中国语境中,善政仍然是实现善治的关键。对一般政治哲学的超越在于,它包含民主法治,但不局限于民主法治,民主法治只是善治的一个必要条件而非充分条件"。可以说,以上的三种来源是互相递进的。俞可平认为善治具有10个要素:(1)合法性;(2)法治;(3)透明性;(4)责任性;(5)回应;(6)有效性;(7)参与;(8)稳定性;(9)廉洁;(10)公正。实现条件:(1)政治上的竞争和退出的压力;(2)公民偏好的表达和选择权;(3)第三方社会契约的约束;(4)信息透明下的分配正义。② 这些要素也基本上体现了体制、法制与德制的要求,但还不全面、不准确。

(一)体制

权力应该在新的体制中扮演什么角色?新的权治体制中各治理主体的结构与形式如何?对此学者已经进行了大量的研究与讨论。政府、企业与社会组织一般被认为是国家治理的三大基本部门,由此三个部门的权力应是相互作用和影响的关系,从社会组织中抽取出来的社会智库这一门类,由于其专门的建言献策和监督作用,又往往称之为第四部门。从另外一个角度,在西方国家,权力又分为司法、行政、立法三种权力,这三种权力相互制约、相互制衡,是一种"三权分立"的关系,并在这三权之外,衍生出第四种权力——媒体的权力,以外部监督的姿态存在。但是这些权力的划分大都比较适用于西方发达资本主义国家,作为中国特色社会主义国家,不能照搬这种权治模式,必须走一条符合我国历史,又能体现人民

---

① [英]格里·斯托克、华夏风:《作为理论的治理:五个论点》,《国际社会科学杂志》(中文版)1999 年第 1 期。

② 俞可平:《治理与善治引论》,《马克思主义与现实》1999 年第 5 期。

整体化分散治理

民主的权治之道。有学者基于我国各个阶层人群的分布，形成了三种权力，即"民权"、"资权"、"公权"。民权，就是普通老百姓的权力，人民的权力，占财富极少数的大群人所形成。资权，就是资本的权力，占人类财富大多数的那极少部分人。公权，即公权力，是民权的具体体现。民权对于资本的权力而言，是完全弱势的一方，举一个很通俗的社会现象，在没有公权力的制约与监管下，公司员工对于公司老板而言，总是弱势的一方；公司老板有监督、管理员工的权力，而员工不可能有监督、管理老板的权力。公权力，代表的是一个社会里面所有人的权力，而普通老百姓是构筑这个社会的绝大多数，无异于公权力就是民权的具体体现；民权对公权力有着天然的监督的权力；公权力则能够监督、制约资本权力的泛滥，以及控制它对民权的无节制的侵害。这样的"三权分立"的社会制度，需要做的事情有两点：第一，就是防止资本权力对公权力的腐蚀，以及对公权力的勾结，并最终吞蚀公权力，资权公权合一。第二，防止行使公权力的官员职位世袭，形成官员阶层，那就必须建设好民权对公权力监督的有效机制。[①] 这种权力结构模式，虽然从另一个角度回避了西方"三权分立"的模式，但专门拿出资本的权力作为我国现实社会的存在形式，是与社会主义国家理论和宗旨不相符合的。罗伯特·尼斯比特指出，"至于这一主导的权力体系属于通常所说的宗教权力、经济权力还是政治权力，从社会学角度来看关系不大，更重要的是权力在实际运行中呈现的形态，以及它对次级的文化和社团的作用方式——这里指的，是权力的集中程度、间隔程度和非人格程度，以及权力介入人类生活的具体方式"。[②] 这种建议是中肯的，也是具有建设性的，它虽然没有提出形成机制或者网络的运行方案，但是给出了具有本质意义的深刻理会。那么我国的权力治理模式应该如何？当前的"民主集中制"的权力结构是符合我国现在实际情况的，不过基于这个宏观权治模式，我们如何将其细化为更加具有适应力、合法性和执行力的权力生命体，路还很长。在我国，权力的治理学说经历和发展具备权力统治学、权力治理学、权力动力学的演进趋势特

---

① 谢怀召：《人治、权治（官治）与法治》（http://bbs.tianya.cn/post-worldlook-1095329-1.shtml）。

② [美]罗伯特·尼斯比特：《"寻求共同体"：秩序与自由之伦理学的研究》，载[美]唐·E. 艾伯利《市民社会基础读本——美国市民社会讨论经典文选》，商务印书馆2012年版，第41—62页。

第五章 "整体化分散治理"机制构想

征,权治是有着时代特征的,是需要不断发展的,我国目前的权治结构应该不断进行革新,以适应现实社会复杂多变、飞速发展的形势,不仅要突破传统统治的陈旧腐朽,也要发展当前的技术性的治理结构搭建,创造一种基于民众和社会力量源泉的自我调节、自我修复和自我治理的动力体制。

我们应该建立什么样的适于社会组织的权力结构体制。国家给出的答案是建立"政社分开、权责明确、依法自治"的社会组织体制,然而这种方案单纯地从社会组织自身的作用与发展而言,它为社会组织提供了独立发展与政策及权力的内在支撑,但是从国家与社会大的环境与体制中,这种答案显得找不到位置或者没法准确定位。也就是说离开了宏观层面的政治建设,对于社会组织的真正权力发挥是难以有着实际或者长远意义的,"社会和政治这两个层面是不能分开。因为人们的忠诚义务和成员资格,无论多么微不足道,都不是孤立存在的,而须置于一些更大的、在社会或某些宏观社会结构中占据支配地位的权威体系中"。笔者曾发文指出:"政社分开应该基于善制与善治的双重进路。善制即是体制的发展路径,善治即是治理模式演变的角度。"① 基于体制改革的路径,我国经历了行政体制改革、政治体制改革、权力体制改革三个步骤,从目前的情况来看,这三种体制的改革虽然是先后顺序的规则,但实际上又呈现出一种叠加的状态,即三种改革同时进行的状况,然而这种改革的形式,已经不能满足社会组织参与国家权力分配与重构的实质需要,因为改革后的权力体制,如前所说,它仍是为了建构而建构,忽视了背后权力能够真正运行和发挥效益的深层土壤——文化机制。因此社会文化体制改革应是当前和未来改革的重中之重。相对于治理的模式演进,我国也经历了政府管理、公共管理、社会治理等三个步骤的路径模式,可以说这种模式的进步是显然的,充分体现了我国民主政治的进程和民众意识的提升,民众力量的崛起,但这种模式演进更多地体现了西方治理的现代化发展次序,也体现了西方政治文化土壤的现实需求,我国虽然尽力实现这一先进的治理模式制度,但是对于我国实际历史、国情、文化,这种模式还是带有更多的理想色彩,或许如果利用不好将会给予我国政治发展以及社会稳定带来不必要的发展贫困危机。西方的路径模式是从"整体治理"向"分散治理"不

---

① 王栋:《政社分开:善制与善治的双重进路》,《行政论坛》2016年第3期。

整体化分散治理

断前进的过程,"整体"带有一致性、统一性的特征要求,分散带有多元性、竞争性的目标要求。前者倾向于民主,后者倾向于自由。"整体"过去可能更多意味着"专制",但是随着"分散治理"的自由泛滥和分割治理的失散负面效应,"整体"又被赋予了新的时代内涵,即合作、妥协与互动。我们国家的权力治理体制应该是向"分散治理"发展的,但是基于我国目前的实际状况,处于转型的关键期和过渡的复杂期,问题与挑战前所未有,形式与形势异常突出多变,在这种情况下,无论是带有传统"专制"色彩的整体还是带有现代意义的整体,对于未来分散治理都有着很好的引导和规范作用。因此我国的权治模式在这种情况之下,我们可以总结为"整体化分散治理"。

(二)法制

社会组织法制建设与权治的关系,从前文来说主要是限制和约束社会组织违反法律的问题,而从法社会学分析,还有着更深刻的社会和体制的原因。首先是软法的兴起及其本质界定。软法亦法,近10年来,软法开始进入学术视野,软法的重要的法理基础是尤根·埃利希提出的"不论是现在还是其他任何时候,法律发展的重心不在立法、法学,也不在司法裁决,而在社会本身"[1]。理解和接受软法概念,是以反思和修正"法"概念的传统定义为前提的。传统的"法"的定义主要包括"体现国家意志、由国家制定或认可、依靠国家强制力保证实施"三个方面。要顺应公共治理的需要,就得对"法"的定义作相应修正,其中,就法所体现的公意而言,要将其由国家意志拓展为公共意志,包括政治组织和社会共同体的意志;就法的形成方式而言,将国家认可由直接认可和明示拓展至间接认可和默示;就法的实施方式而言,将依靠国家强制力保证实施修正为依靠公共强制力(包括国家强制力与社会强制力)与自愿服从两种类型。经过这种修正,"法是体现公共意志的、由国家制定或认可、依靠公共强制或自律机制保证实施的规范体系"[2]。其中社会组织是软法治理中的重要主体。社会组织的软法地位和含义已经得到了确认,但是关于软法的规范和本质需要进行厘清,因为它牵涉社会组织软法如

---

[1] [奥地利]尤根·埃利希:《法律社会学基本原理》,叶名怡、袁震译,中国社会科学出版社2009年版。

[2] http://baike.baidu.com/link?url=Zo_5DP0MYX0aT_abl2NgndL9XpZJNeKRK3Gi618Dij6JDQ-uMBzeXjlWzDHrIYP7ZG5E6aQIAPyDI_Ybujjzg.

第五章 "整体化分散治理"机制构想

何执行和如何发展的问题。软法区别于道德、政策、习惯、潜规则、行政命令。因为如果将软法包含以上所有内容，会产生"泛软法主义"，"危害主要表现在三个方面：其一，'泛软法主义'将所有非硬法的规则、政策、命令、指示，乃至一些潜规则都归入软法，可能危害法治，导致人治。因为如果将领导人的命令、指示等都打上'法'（尽管是软法）的标记，就很可能为其以言代法、以言废法的行为提供合法的根据，使法治名存实亡。其二，'泛软法主义'可能危害民主，导致专制。前已述及，法的重要特征之一是体现共同体成员的意志，这就要求法的制定必须有共同体成员的参与，软法尤其应是全体成员或其代表协商的产物。如果我们将未经任何民主程序制定出来的规则均认定为法（软法），必然会助长专制，危害民主。其三，'泛软法主义'将所有现行规则（正义的和非正义的、显规则和潜规则）合法化，可能导致人们的价值观念混乱，进而导致社会秩序混乱。"① 明确了以上问题以后，再来谈社会组织的软法建设，通过建立社会组织的软法机制，不仅对于约束和规范社会组织自身的行为，同时还能以身示范带动社会法则的发展，并且依靠社会组织的力量维持民主的平衡和法制的平衡起到重要砝码的作用。社会组织的软法为社会组织权力的正确执行和利用，社会组织权力的运用意图和目的，社会组织权力的治理界限和治理内容以及治理的价值理念都起到了很好的引导作用。

社会组织软法的作用已经明确，更为重要的是如何实现，社会司法是其中重要一环，"社会司法"是一种由社会组织根据社会规则（包括道德规则）进行化解纠纷的"准司法"活动。社会司法在西方又称之为"替代性纠纷解决方式，该机制是根源于各国历史传统，并在20世纪逐步发展起来的各种诉讼外纠纷解决方式的总称，通常具有非诉讼性、当事人的自主选择性和纠纷解决的功能性等属性。它的兴起起源于赎回利益冲突、社会主体关系及文化价值观念的多元化、社会主体对纠纷解决方式需求的多样性。② 因而通过以上分析总结，社会组织不仅可以参与国家和社会法律的制定，同时也可以作为社会法律执行的主体参与者。立法和司法都可以成为社会组织的法律功能属性。

---

① 姜明安：《软法的兴起与软法之治》，《中国法学》2006年第2期。
② 崔永东：《社会司法：理念阐释与制度进路》，《政治与法律》2015年第12期。

整体化分散治理

　　法制有没有权力效益？一直以来人们对于法制的认识是公民拥有利用法律来保护自身利益的权利，然而"权利"更多的是一种保障、认可或认定，它只是界定了某一主体相对于其他主体的不可侵犯或者应该具备的正义。那么公民和社会组织是否可拥有权力，从当前的简政放权改革和社会组织的实际发挥的作用，这个是肯定的。权利与权力的最大区别就是，前者是法律上的用意，而后者是政治上的含义。权利执行起来是被动的，权力则是主动的。因此既然有了这种天然的区别。社会组织的权力可否在政治或者公共权力中占据一席之地，也就是说社会组织作为与政府、企业相提并论的第三部门，它是否有着国家治理中的实际作用，而不是仅仅限于它发挥的经济发展和社会服务职能。在西方国家，行政、司法、立法"三权分立"，这种形式适应了资本主义国家的政治体制和社会结构形式，这种权力制衡的实现，还只停留于统治或者精英阶层，对于普通老百姓而言，很难有着直接的和平等的制约权力的权力。"三权分立"不适用于中国现在，因为它不切合中国的历史发展规律，但是这种精神原则以及它的运行机制是应该得到一定的尊重，在顶层权力设计中，需要考虑各权力之间的制约关系，任何权力都不能离开相应的体制约束，否则它不仅带来腐败、低能，甚至会出现合法性和信任的危机。我们不仅应做到这些，同时还应优于西方资本主义国家的权力体制，将社会组织等的社会权力参与到权力分配和权力制衡中来。当前首先做的一条就是增加政协、人大、人民团体或者党代表中的社会组织席位，并以法律的形式确立。① 其次以法律的形式将国家治理的各种部门与机构予以明确并且进行实质性的社会治理结构中的创新。通过社会组织权力的政治和公共权力的现实治理中的界定与运行，促进权力形式的社会化机制。

　　法大还是权大？这个已经毋庸置疑的问题，可以说是目前权治发展的重要标志，人们对于法律的重视从来没有像现在这样严肃和认真。但是具体到主体间的权力和法律关系问题上，尤其是我国目前体制有关的权力主体的法律问题，仍是公众关注的焦点。首先是法与党孰大的问题，在2014年底国家通过了《中共中央关于全面推进依法治国若干重大问题的决定》，将法律的地位提升到前所未有的高度，要求党和政府及社会所有

---

① 王栋：《新形势下推动我国社会组织界别协商：现状、路径与机制》，《广西社会科学》2016年第4期。

第五章 "整体化分散治理"机制构想

主体必须严格遵守法律，坚持法律。然而有人开始怀疑或者困惑，既然法律地位高于一切，那么一直以来的党的领导地位放于何地，这种治国策略的改变，会不会影响党的地位。其实问题并没有如此复杂，学界及政府很快作出回应，"在宏观角度上，法律的制定必须严格遵守党的领导，而在具体微观角度，每一个党员干部、党的组织、党员都必须严格遵守法律的约束和规定"，法与党是没有矛盾的，二者只是从某个层面来说，所处的位置不同。但是这一对于地位的思维改变一旦打开，就会产生"连锁反应"，原有的政治话语体系的其他问题也应然浮出水面，既然"一切权力属于人民"、"为人民服务"、"全国人民代表大会是全国最高权力机构"等既有思想方针，又提示公众"法大、党大还是民大"。同样这一问题很快得到了释疑，我们的党是人民的代表，党把人民的利益视为高于一切。因此，党的领导与法律、人民利益是一致的，不存在谁大谁小的问题，正如习近平所说"坚持党的领导、人民当家作主、依法治国有机统一起来是我国社会主义法治建设的一条基本经验"[①]。但是问题又说回来，党的权力、人民的权力、法律的权力必须严格遵循我国法律的基本规则和具体要求。任何权力的主体不能越过这一基本底线，否则党、人民甚至法律本身都可能成为混淆是非，违背正义的行动主体。而人民、法律又必须坚持和拥护党的领导，这是在国家统一、国家稳定与国家改革和国家发展中总结出的，也是在历史发展规律中不断摸索出的，同时也是历史与民主发展的必然选择。而党和法律反过来也要遵守一个基本原则，就是必须将人民的利益放到第一位，因为这是党和法律合法性的基本标准。看似一致的问题，现在分析起来，是十分沉重而又艰巨的，如果任何一方违背对另一方的承诺，将会对这一"一致性"产生根本性的动摇。党、法、人民，它不是单向的前后遵守，而是相互的、多向的互为影响和牵制。这与西方的"三权分立"是不一致的，它是从更高的社会基础上作出的思辨考虑。一致性如何真正落实，而不是仅仅停留在口号或者精神，这必须在具体的国家与社会体制、机制中作出合乎逻辑的制度安排。西方的"三权分立"不能解决这种更宏观和更为深层次的问题，这是西方民主目前的困境与困惑所在。我们的社会主义国家在一开始就要超越这种狭隘的西方民主的范

---

① 习近平：《关于〈中共中央关于全面推进依法治国若干重大问题的决定〉的说明》，2014年10月28日，新华网（New.xinhuanet.com/2014-10/28/C-1113015372-2.htm）。

畴，必须拿出一套合理科学的治理体制机制。

（三）德制

体制与法制更多的是从社会组织的外部进行结构和机制的改造。德制则一般来说不同于前二者，主要从内部自我治理结构和机制进行重构。然而本书的德制研究，已经不是单纯的自我道德的进步革命，而是从社会与国家整个大环境中进行社会组织道德的要求。"如果不同时建设一个富有人性、道德、智慧、精神以及文化的国家，我们就永远不能建成一个基于法治的民主国家。如果没有某些人性的和社会的价值观支持，就算是最优良的法律，构思的最好的民主机制，也无法保证合法、自由和人权。换言之，就是无法保证任何它们预期实现的价值。"① 得出以上问题的考虑是基于目前我国所愈发突出存在的道德的焦虑与道德的迷失，道德的失重与道德的失控，道德的断裂与道德的脆弱，道德的混乱与道德的冲突。在社会飞速发展的现代化过程中，人们从内心感受到的不是经济和生活水平的日益提高，相反社会的压力、社会的陌生、社会的彷徨、社会的无助以及社会的透支等却成为人们更为深刻而又无奈的忧患。因此在社会组织新形式参与下的权治体制来回应我国目前转型和过渡的真空及断裂地带的修复与传承的问题是解决以上问题的期许选择。

"不管是最后落到哪种团体身上，任何稳定的文化、任何文明都应该珍视在个人与更大社会价值与目标之间充当中介作用的、有重要功能及心理影响的团体和结社。因为只有在这些小范围的社会团体领域，这些价值和目标才能既在个人生活中呈现清晰的意义，又为宏观的文化铺下根基"。② 当前我国如同20世纪中期的资本主义国家一样，面临着家庭地位角色的逐步下滑，人们以往通过家庭亲属或者血缘关系建立起来的社会关系，随着社会制度的演变已经被新的生产方式与联络方式建构的现代化过程的社会所代替，大量农民工、大学生、农转非新市民等涌入城市，原有的村落以及家庭或者家族的人员流失直接导致这些传统的社会

---

① ［捷克］瓦茨拉夫·哈维尔：《政治、道德与文明》，载［美］唐·E. 艾伯利《市民社会基础读本——美国市民社会讨论经典文选》，商务印书馆2012年版，第495—511页。

② ［美］罗伯特·尼斯比特：《"寻求共同体"：秩序与自由之伦理学的研究》，载［美］唐·E. 艾伯利《市民社会基础读本——美国市民社会讨论经典文选》，商务印书馆2012年版，第41—62页。

第五章 "整体化分散治理"机制构想

关系理念与方式逐步淡出历史舞台，而基于新的社会关系形式与生产方式的社会关系又没有建立起来，在这种背景下个人主义又悄然兴起，公民、自由、个性等新的理念进入人们的视野并开始上升到重要生活活动之中，婚姻自由、男女平等等这些社会新现象打破旧的传统家庭网络，人们除了对于自己父母、兄弟姐妹以外的其他的亲属关系或者社会关系（尤其是邻里关系）由于个人工作流动，事业观念影响等已经被冲击得支离破碎，个人成为社会的核心，一切围绕着自己的选择与愿望展开，自己就是中心，特别是经济市场带来的利益影响，新的经济关系体开始出现，"没有永远的朋友，也没有永远的敌人"成为很多人心中的信条。于是社会割裂甚至破裂严重影响着当前社会的稳定与人们的正常幸福生活。但是新的社会组织对于人们在感情、道德、心理上的影响却又模糊不定，原有的传统身份地位、心理感知、道德情操等等已经在新的社会找不到位置。民主、自由、平等、法制、价值、社团、国家、敬业、真理、市场、意识、梦想等等越来越多的新词汇不断涌现并成为当年的热门词汇，但很快又被另一些词汇代替，没有一个真正地能够扎根于人们心中，永恒不变，不受社会影响的理念。微信、微博中的个人签名已经成为人们宣泄心理压力或者不满的自我表达，却没有成为人们坚持或者信奉的能够与他人或者社会达成良好共识或者良好关系的人生信条。在家庭约束机制日益弱化，个人主义日益盛行的情况下，国家主义开始补充这一空缺。国家的策略就是法律与强制性的国家机器，人们没有了昔日家族与村落的依托以后，几乎所有的困难或者问题就转向了强大的国家政府，国家是一个政治集合体而非社会集合体，它在社会道德的塑造中起着一种引导作用，而不是参与作用，如果是后者，这种政治的干预往往给道德披上意识形态的外衣，人们用意识形态建立与他人的关系，这种关系不是"人与人之间的对话，而是人与国家的对话"，同时"在涂尔干的社会物化观、各种各样的结构主义和一些现代的政治理论中，个人对集体的义务通常会弱化个人的道德属性。举例来说，政府从我这里征税然后拿去再分配，这不仅是代为承担了本应属于我的责任，而且决定了我的义务的对象范围。于是对于身边真实的个人，我不再承担义务；相反，我的义务是服从一些对于我来说没有道德内涵的规则。义务由此变得抽象、非人格化，于是我会想方设法逃避义务；同时，制定集体规则的权

整体化分散治理

威对我的想法了然于胸,就会运用强制权力来加以阻止"①。因此当政府代替我与他人打交道,或者代替我塑造我对于他人的责任之时,我们看到的是一个权威,却无法与之交流。

因此我们应建立新社会下的社会组织,通过社会组织来承接、传递、编制新的人际关系、人们的信念理念、人们的目标愿望等。但是这在我们国家,目前是很难达成的,因为我国的社会组织政社不分十分严重,政府与社会组织的捆绑,显示人们在与社会组织建立关系时,不是与社会与他人建立关系而是与其背后的国家。所以我们当前的任务是很艰巨的,所需要的改造时间、步骤也很漫长,并不能一蹴而就。第一步即推动实现政社分开。政社分开理论与实践已经时有久长,真正地开始于国家政策层面是2002年全国各地进行的政府与行业协会分开,这也是与市场经济发展要求紧密相连,使行业协会这种经济色彩的社会组织率先与政府分开,从而为市场经济的自由市场形成和公平竞争提供中间力量,之后随着改革的深入,政治与社会层面的需求也开始呈现出来,于是2007年重庆、上海、北京、广东等地先后开展了政府与除行业协会以外的专业性或联合性社会团体实现分离。然而第二次分离并不太成功,原因有二:一是在分离中,未能照顾到社会组织的本身成长规律,忽视了未成熟或发展初期的社会组织的弱势性,从而导致社会组织发展受阻;二是分离只强调了政府层面,而广义上的政府还应包括政党,且政党在中国的特殊重要位置,决定了如无政党与社会组织的有效分离,则政社分开的改革并不能完全彻底。因而在政社分开第一步后,第二步则应加强社会组织的培育,这是社会权力的主要载体,郑琦在《论公民共同体——共同体生成与政府培育作用研究》中认为政府在政社分开后社会组织发展中起着重要的积极推动作用,是"发展中社会组织"或"后发展社会组织"的重要发展模式。并且还应改善社会组织与党的关系,促进党的科学有效放权。② 第三步则开始实施党政机关向社会组织放权,因为通过政社分开,社会组织已经可以自由且独立地运用这个权力,而不受行政方面的干涉,通过培育进而壮大的社会组织也有能力和实力来承担这种权力的正常顺利运行,康晓光在《权力的

---

① [美]艾伦·沃尔夫:《谁的守护者?社会科学和道德义务》,载[美]唐·E. 艾伯利《市民社会基础读本——美国市民社会讨论经典文选》,商务印书馆2012年版,第73页。

② 郑琦:《论公民共同体:共同体生成与政府培育作用研究》,中国社会出版社2011年版。

第五章 "整体化分散治理"机制构想

转移——转型中国权力格局变迁研究》中研究了1978—1998年20年来的权力转移进程，这段时间的转移的不足或主要问题，即是1998年前中国社会组织发展还刚刚起步，还不具备承担权力转移的能力，因而这种转移是不成功的。[①] 时至今日，我们重新面对这一问题，局面已经好于当时，但问题仍不能忽视。至此我们可以认为转移后的权力可以称之为社会化结构权力，它是与政府权力相对应的另一种权力，不是复制，而是变体。

但是这种社会组织改革是去政治化的道路，于精神道德的塑造还没有形成一致的进步态势。在社会组织物质本体得以独立，并表达自己权利和执行自己权力时能够与其他社会主体形成平等的参与机会，这种民主地位的确定，却没有在人们的道德思想中留下多少痕迹，民主、自由、平等、博爱、宽容、妥协、信任等等这些美好的道德素质，并不是通过政治沟通或者政治活动得以实现，它应该实实在在地发生或者生长于人们的日常生活交往之中，人们不是一离开政府就没有了这种精神环境，或者一离开社会组织，慈悲之心也就消失无踪，也不是一离开工作岗位，就没有了敬业和合作精神。社会组织带给我们的不是仅仅存在于某个特定岗位、特定时刻或者仅仅存在于社会组织本身，它应该是在与社会大的环境中形成精神道德的网络联合。这就是公民社会的结构形式。这种形式只有演变为制度的存在，它才显示真正的价值。制度通常是一套规范性的模式，但是制度通常也是指代具体的组织。以学校为例，学校已经不是独立的存在，它是塑造、践行和引导社会道德的主要场所，人们在改变学校的每一项制度和规则时，同时也在改变着社会。因此社会组织应该成为一种制度，它以公民社会的这一道德载体融入社会，影响社会。我们在改变某一（些）社会组织时，同时应该改变这个公民社会，只有如此才能改变旧制度，形成新制度，否则我们只是"治标不治本"，制度不变，问题永存。

但是人们对于道德的追问，并没有止步于公民社会。公民社会对于道德诉求的特质是，各种形式的社团充斥于我们的社会，有志愿性社团、有兴趣类社团、有维权类社团、有救助类社团，从领域来看，又可分为经济类、文化类、政治类、法律类，从活动内容来看，又有教育协会、养鸟协会、基金会等等。人们依据个人的爱好或者志愿加入自己衷心的社团组织，在整个公民社会大家庭里，社会并没有给予所有社会组织一定的道德

[①] 康晓光：《权力的转移——转型中国权力格局变迁研究》，浙江人民出版社1999年版。

整体化分散治理

标准，而是本着"只要不侵犯他人利益"就可以存在，于是同性恋组织、反同性恋组织；经济发展组织、反对过多发展组织；支持死刑组织、反对死刑组织；支持计划生育组织、支持二胎组织等等，各种组织标新立异，五花八门。这种公民社会的特征形式，负载了社会多元化、合作、妥协等和谐社会的优良品质。但是由于没有统一的、俯瞰一切的、能够引领社会正确方向发展的标准，这种公民社会的模式只给我们以憧憬而不能给我们以方向。于是有学者在此基础上，提出了构建"好社会"的图景。阿米特·埃兹奥尼指出："好社会概念与市民社会概念的差别在于，它不仅强烈支持志愿社团（丰富而强大的社会结构以及话语的文明），而且试图找到某些具体善的社会性观念"，"好社会希望形成一种特定的和实质性的对善的看法，它由一组有限的核心价值构成，并借助道德声音而非国家强制力来培育。"[①]

社会组织能够作为社会中介机构，起到在国家与个人之间道德与思想的交流、传承与平衡的作用。不过也不能对这种机制完全放手，社会组织如同个人或者国家一样同样也有不可避免的道德失范、违规等公共问题。因此我们必须重新审视这一新的问题。在过去，政府和民众一直信奉的是要加强政府官员的执政道德，当新的社会结构发生变化，社会组织及公民可以作为成员参与政治活动时，人们还没有意识到，这种参政的素质或者道德要求也应该加之于社会组织等新政治参与主体身上，但是他们的社会权力和参政机会越来越多，"绝对权力产生绝对腐败"的道理同样适用于这些新的主体，因为我们不能保证人性生来就是善的，现实中的社会组织违背法律、纪律的事情也频繁发生，因此在加强政府官员政治道德的基础上，必须重视社会组织等新社会主体的政治道德要求。社会组织的政治道德应与其权力配置与运作联系起来，并且由里到外，由己及彼的系统性建设工程。法律建设、内部治理、分类管理、公益边界、收益分配、薪酬管理、监督机制、岗位设置、去行政化等等是政治道德建设必需的环节。

三 功能效应

遵循生态发展路径，构建机制的循环性逻辑运行方式，在"整合"

[①] [美]阿米特·埃兹奥尼：《社群主义与道德维度》，载[美]唐·E. 艾伯利《市民社会基础读本——美国市民社会讨论经典文选》，商务印书馆2012年版，第152—176页。

第五章 "整体化分散治理"机制构想

核心思想基础上,发展机制"均衡、互动、循环、协调"新功能,实现"衡力、合力、返力、协力"效应,达到合而有力的治理效果。

(一)权力均衡效应(政治整合、市场整合、社会整合)

计划经济时代的社会政治化程度很高,在这样的体制模式中,国家对文化、经济及各种社会资源实行全面的吸纳与渗透,整个社会生活的结构及运作呈现高度的一体化特征,不仅社会的自组织能力很弱,甚至社会本身的存在空间都被挤压得十分狭小。随着市场经济的逐步发展,社会组织的积极作用日益明显,权力整合开始由政治整合向市场整合转化。然而,我国市场经济体制还不成熟,各项机制还未完善,社会组织在市场经济中起着替代性置换角色,难以打破旧有的计划体制色彩。因此,对于市场整合的不适应性,我们亟须发挥社会的整体效应,将单纯的经济角度转换成科学持续协调发展的社会效应,建构社会均衡协调发展机制。张峰以权力为分析角度指出:"目前,社会组织一直处于政府和市场的双重夹缝中,致使我国社会的总体性权力(公权力、私权力、社会权力)出现结构性失衡。要确保社会组织发挥作用,亟须构建社会总体性权力的均衡机制。"建立社会总体性权力均衡机制的基本方法就是在权力配置这一问题上,我们不仅要积极促进分权,同时要在分权的同时进行权力的重建,避免权力真空问题出现。在分权策略上采取"权力下放"即决策者的位置和责任都实现了下放,并且是与自上而下的民主相联系,而不是"权力下派"只是通过职能部门进行。在权力下放形式上根据各地实际,因地制宜,采取"自上而下的推动权力下放、通过合作自下而上分权、通过交流自下而上的分权"多种路径并存。权力的具体构建路径可采取以下措施。其一,严格约束政府公权力,拓宽监督渠道,建立对监管者的"责任追究机制"和"问题纠错机制",使公权力在法律、社会、媒体等多重监督下运行。其二,规范市场权力主体的行为。引导市场权力主体合法守信,积极发挥价格、产权和消费者购买指数等作用,建立信息、信用、信誉的评估和档案机制,实现斯密"无形之手"的自我调节。其三,积极培育社团组织,提升社团的公信力、服务能力和专业水平。除此之外,我们还应使权力在体制结构上得到调整优化,保证权力在最基础原始阶段的公平运作,为细节性的权力行为提供制度前提。

(二)角色互动效应(公民社会、市场社会、能动社会)

波兰尼提出"能动社会"(Active Society)的概念,认为社会是独立

整体化分散治理

于国家和市场之外，但又与前两者紧密相关的一个活动空间和制度领域。在公民社会这个公共领域中，社会本着自我组织、自我管理及自我服务的原则，在法治和民主协商的框架下自主运转，并与国家权力形成制衡。制约市场扩张的则是社会的自我保护行动，面对市场的侵蚀，社会自身展开动员和组织，产生出各种社会规范、制度安排以及组织形式，诸如工会、合作社、争取减少工作时间的工人运动组织、争取扩大政治权利的群众运动，以及社会性党群团的维权行动等。这种对市场影响作出积极回应的社会就是"能动社会"。公民社会以民主为第一要义，有助于避免国家吞没社会；能动社会以民生为第一要义，有助于避免市场吞没社会的"市场专制主义"。当前的社会建设，必须是公民社会和能动社会的双重建设。然而，当前我国市场机制的发育不够完善，相应的公民社会也没有与市场经济发展形成共生共强机制，公民社会脱离了市场发展的土壤氛围，西方的公民社会与市场一体化发展模式没有很好地在我国得到复制发展。问题的根本原因在于政治权力没有在二者之间得到有效配置，政治权力凌驾于二者之上，阻挠了二者的有机融合，致使公民权利和市场权力成为政治权力的俘虏。因此必须从权力优化配置入手，构建公民社会和市场社会的共生机制，同时借鉴波兰尼的能动社会，在二者之间有效调控，实现公民社会、市场社会和能动社会的有机融合与互动合作。

（三）作用循环效应（社团、政府、政党）

突破当前长效机制建构侧重于社团治理本身效力的提高，探寻机制长效作用的新增长点，将机制作用反馈于社团、政府、政党等各个社会治理主体的良性发展，从而实现各治理主体均衡发展与社团治理效力提高的综合效应。一是机制创新促进社团健康发展。机制实现的是治理主体的有机合作，它还有另一个功能，就是提供社团健康发展的场域环境，这就需要在构建机制时注重培育有利于社团发展的结构要素，包括通过法律明确社团的宗旨属性、地位、管理体制、组织结构、内部制度、财产关系、人员保障、权利义务及其与其他主体的关系；建立社团综合性救济体系，完善政府扶持保障政策和激励政策，有条件的地区或部门可成立社团发展救济基金会；培养社团工作专业人才，增加社团工作人员的培训与交流机会、建立社团工作人员的晋升通道和退出机制，提升专职人员的待遇；建立政府管理、行业自律、社会监督多管齐下的社团监督机制等。二是机制创新促进政府职能转变。从服务行政各种要素的内在联系上揭示出服务行政特定的联系方式和运行机制，整体上认识与把握构建服务型政府应该进行的不同层面的政府服务机制变革，具体而言，将购买社团公共服务纳入政府预算，以项目为导向，初期采用公益创投、项目竞标或者委托实施的方式，中期完善项目合作流程，后期委托第三方机构实施双向评估。三是机制创新促进党的执政方式转变。建立党对社团的引导机制、教育机制和组织机制。通过以上机制建设，实现党对社团的思想领导、政治领导和组织领导，社团也应积极回应和参与党的组织建设，以建言献策、参政议政和监督制约的方式推动党的科学执政、民主执政和依法执政。

（四）环境协调效应（体制、地区、组织）

充分认识社团治理机制建构中所隐含的国家与社会、社团与政府等体制性协调发展的问题，我们不仅把体制用活，更要把体制建活，在科学规律的指导下创新体制机制。首先，从领域范围来说，注重机制构建中的系统性、整体性，又要考虑地区差异性，因地制宜，建构符合本地区发展，适应性较强的社团治理机制；其次，从制度延展度来说，紧扣机制自身特点又结合体制背景考虑。我们对体制的理解，不是一味地固守，而是科学持续地发展，同时避免改革中不注重可行性，不考虑长远性，也不分析实际性等问题的产生。在社团党建中，要有次序、有分类和有针对性地进行；从社会组织向度来说，要实现社团内在机制与外部机制建设的内外结合。社团内在机制建设把握两点，一是如何保障社团成员权利的拥有和利用，真正发挥成员的监督、管理、决策与执行等各项社团内部权力；二是如何控制和制约权力。建构决策权、执行权和监督权相互分离，相互制约的"三权分衡"的机制，尤其是加强对社团的财务、人事以及与政府部门的合作项目的监督与评估。外在机制建构将从两个方面进行，一是社团治理的参与途径和机制，逐步放开和鼓励社团在国家政治事务中的作用与机会，特别是在人大代表、政协界别和法院听证等方面充分体现制度上的安排；二是社团与其他治理主体之间的合作互动机制，形成以党的领导为核心，以政府政策为指引，以社团自主为主体，以其他各种社会服务主体作为合作伙伴参与社会治理的格局。最终我们要构建一个整体布局、系统考虑、多元互动、层次分明、重点突出的活力运行机制。

四 小结

政社分开是当前我国政治体制改革的重要任务，但政社分开不是为分

整体化分散治理

开而分开，它的目的是为了建立相互合作的多元治理模式提供前期性准备。在政社分开改革中，权力是一个不可绕过且是必须关键解决的问题。由于权力是一个不可衡量的变量要素，权力的重新划分与界定将会带来新的社会性挑战。减少政府的权力，社会的统筹机制就会增加风险成本，增加社会组织权力，就可能存在社会组织的滥用权力行为，而各种社会新生力量的不断出现以及新的社会事务的不断增加，这种权力的暂时分配，都有可能因为新的要素进入而带来新的竞争与调配问题。"整体化分散治理"虽然为政社分开勾画了理想的蓝图，但是实现这一蓝图梦想，却需要一种过程中的策略艺术。实践证明，社会越是发展，现代化过程带来的挑战越多，改革越是艰巨，所应承担的风险则越是突出。在改革的关键阶段，如果把持不好改革节奏和掌握改革的主导权，改革可能偏向甚至带来危机。

因而政社分开目标实现的关键是如何在改革过程中考虑到各种复杂因素和问题障碍，在适时加快改革的同时，还应对权力适度进行缩紧。

总体来说，"一收一放"的发展策略应有一个总体性的配套改革计划，它是目前政社分开改革中总领性指导方针，而具体到政社分开来说，它应该是一个整体性平衡发展战略布局与规划，是一种横向与纵向深度融合与协调发展的过程。横向布局即国家应从国际视野深刻平衡马克思主义、西方优秀思想及中国传统文化的有机结合，三种思想的交织关系并不仅是一种文化的联系与排斥，其实它们的背后是一种经济、政治甚至社会的综合性影响体系，在联系政社分开改革方面，这三种思想文化相应主张并不完全一致，甚至可能处于某种较为直接的对立面。因而这种问题会联系到另一个国家横向布局战略，即经济体制改革、政治体制改革和社会文化体制改革的协调性问题，我们一直以来的惯性思路是先经济后政治然后再是社会文化方面，而目前的状况是影响我们进一步发展的问题是政治与社会文化体制问题，相比政治改革，社会文化的改革是一个更为深刻和基础性的要素，纵观我国历次政治体制改革或者革命失败的经历，总结出一条共性的失败经验就是没有坚固的社会发展基础。因而政治体制改革是目前的关键问题，而社会体制改革是政治体制改革成功的前提条件。政社分开所面临的是政治改革与社会文化改革的交集领域，这两个改革必须共同面对，协调跟进。从纵向布局来看，我国目前十分重视中央顶层设计（上层）、地方改革试验（中层），在国

第五章 "整体化分散治理"机制构想

家实现四个现代化时间表期限下,我国要在短时间内跟上甚至超过其他发达国家的发展步伐,也就是在从近代到未来 200 年的时间内完成西方从文艺复兴至今 1000 年甚至更长时间内发展所达到的程度,我们只能"快马加鞭",但是这种发展思路是"体制自觉",它不同于西方的"历史自觉",在西方的长期改革的过程中,由于时间的慢慢酝酿,其社会自我发展和发育的过程比较充足,各种改革的进展也是基于社会发展的需要而不断进步,而我国的情况是中央在前面拉着走,社会在后面被拖着走,就如同"烧煤的火车"与"电力火车"的不同,在"烧煤的火车机制"中党好比是火车头,劲大无比,但是火车头能量再大,后面的车厢(社会)因自身没有动力系统也只能被火车头拖着走,导致火车整体动能和效率下降,而电力火车是火车头与车身各有一套动力系统,前后共同推进,效率大大提高。因此我们在重视上层(中央)设计、中层(地方)改革的同时,积极进行社会培育,政社分开也就是这种问题的集中体现,在党政机关与社会组织分离的过程中,最为关键的问题就是,首先是建立培育和发展社会组织的机制,在此基础上再逐步分离,否则本末倒置。

因而,政社分开本身不仅是一个技术革命,这种政社分开的真正实现和良性互动,是有着丰富的文化基础和信仰理念的。从发达国家的历史进步中,我们可以发现,其最为光辉的部分就是文艺复兴、启蒙运动以及科技革命的渲染,自由、平等、博爱、正义的精神在血与火的争议中得以不断确立。政社分开离不开这些精神的支持,每一个哲人的努力都离不开政社关系的确立这一永恒主体。国家与基督教的分离、贵族与国家的分离、平民与贵族的分离,西方国家每一次大的分离都是一次精神的升华。而这些却经历了漫长的几个世纪的积淀。我国历史发展的背景有着自己的脉络历程,不同的文化背景和社会基因如何给予政社分开强大的精神动力,从百家争鸣到独尊儒术,这一精神专制的愈演愈烈,是难以找到文化要素支撑的。如何从文化精神层面在短时间之内找到我国的文化优良传统基因,并结合新时期我国社会主义奋斗历程的精神提炼,吸取世界优秀文化素养,社会主义核心价值观的形成开启了政社分开新的征程。富强、民主、文明、和谐是国家层面的价值目标,自由、平等、公正、法治是社会层面的价值取向,爱国、敬业、诚信、友善是公民个人层面的价值准则,每一个层面的精神都为国家、社会及公民之

整体化分散治理

间确立了积极的建设性关系。

政社分开究其实质是一场权力革命。我国正面临着权力由国家向社会过渡的改革阶段。而政社分开是这一阶段的重要环节,社会组织是权力承接的重要载体,权力下放是这一改革的重要手段。在目前简政放权的改革进程中,权力的释放给社会带来了发展的新机遇,但是如何使权力真正得以有效分配和重新组合,则需要一个全面的系统的构建过程。从权力下放,权力转移,权力运用到权力的重构,显示的信号是我们不仅将权力用活,更重要的是将权力建活。在这一权力接力过程中,如何跨过一道道鸿沟,最终将权力递到社会组织手中,关键问题是在转接过程中,权力进行华丽转身,变成为社会组织能够接得住、用得了和用得好的权力,这是目前简政放权改革过程中必须面对的问题。

政社分开的改革在我国刚刚开始,以上诸种问题是我们必须考虑和解决的。在这一场宏大且具有历史决定意义的改革中,以上问题的解决不是一蹴而就的,这是一个历史的问题,它需要在历史中去解决。历史告诉我们,事物的发展是有着自身的发展规律,各种改革的实施和成功必须依据于成熟而且充分的历史条件。

但是改革不能止步,当前我们所面临的现代化任务比任何时候都艰巨,其所处的环境比任何时候都复杂,形势逼迫我们改革是当前发展路径的唯一选择。政社分开改革所涉及的各种利益主体关系的权力博弈在短时间内,由于法制建设的不完善和社会体制的不健全,对我国社会稳定形成难以预测的潜在风险和危机。因而如何保障改革的顺利进行,并使改革的成果充分体现社会均衡性发展的目的,需要的是一种平衡的艺术。托克维尔在其《论美国的民主》中提到:"在统治人类社会的法则中,有一条最明确清晰的法则:如果人们想保持其文明或希望变得文明的话,那么,他们必须提高并改善处理相互关系的艺术。"[1] 亨廷顿也认为:"现代化在很大程度上会引起社会上各种社会势力的集聚化和多样化。""试图改革传统社会的君主所面临的问题是在这些力量之间创造并维持一种有利的平衡。"[2] 托克维尔与亨廷顿的分析尤其切中发展中国家现代化进程中的问

---

[1] [法]托克维尔:《论美国的民主》,高牧译,南海出版公司2007年版,第288页。
[2] [美]塞缪尔·P.亨廷顿:《变化社会中的政治秩序》,王冠华、刘为等译,生活·读书·新知三联书店1989年版,第7—8页。

第五章 "整体化分散治理"机制构想

题启示，也同样适用于中国现代化问题的分析。因此，在政社分开的研究中，如何以权力作为重要手段，结合我国发展的实际和政治社会背景，提出可行有效的、基于平衡性理论的一套理论构想和制度体系，是本书最终的研究目的，"整体化分散治理机制"的构建是对这一问题解决的创新尝试，希望能对目前的政社分开问题进行有效回应，也真诚希望得到学界同人的批评指正。

参考文献

一　中文著作

《毛泽东选集》第 1、2、3 卷，人民出版社 1991 年版。

邓正来：《国家与社会——中国市民社会研究》，北京大学出版社 2008 年版。

丁茂战：《我国政府社会治理制度改革研究》，中国经济出版社 2009 年版。

高奇琦：《国外政党与公民社会关系——以欧美和东亚为例》，中央编译出版社 2011 年版。

龚咏梅：《社团与政府关系研究》，社会科学文献出版社 2007 年版。

管廷莲：《社会组织中党的建设研究：基于温州的实证分析》，知识产权出版社 2011 年版。

郭道晖：《社会权力与公民社会》，译林出版社 2009 年版。

何增科：《公民社会与第三部门》，社会科学文献出版社 2000 年版。

胡伟：《政府过程》，浙江人民出版社 1998 年版。

金太军等：《政治文明建设与权力监督机制研究》，人民出版社 2010 年版。

经济合作与发展组织：《分散化的公共治理——代理机构、权力主体和其他政府实体》，中信出版社 2004 年版。

康晓光：《权力的转移——转型时期中国权力格局的变迁》，浙江人民出版社 1999 年版。

刘明珍：《公民社会与治理转型——发展中国家视角》，中央编译出版社 2008 年版。

罗豪才：《软法与公共治理》，北京大学出版社 2006 年版。

乔耀章：《政府理论》，苏州大学出版社 2000 年版。

沈荣华等：《中国地方政府体制创新路径研究》，中国社会科学出版社2009年版。

王国平：《培育社会复合主体研究与实践》，杭州出版社2009年版。

王名等：《中国社团改革——从政府选择到社会选择》，社会科学文献出版社2001年版。

王信贤：《争辩中的中国社会组织研究："国家—社会"关系视角》，韦伯文化国际出版有限公司2006年版。

王颖等：《社会中间层：改革与中国的社团组织》，中国发展出版社1993年版。

许纪霖：《共和、社群与公民》，江苏人民出版社2004年版。

俞可平：《增量民主与善治》，社会科学文献出版社2003年版。

俞可平：《中国公民社会的兴起与治理的变迁》，社会科学文献出版社2002年版。

虞和平：《商会与中国早期现代化》，上海人民出版社1993年版。

郁建兴：《参与中成长的中国公民社会：基于浙江温州商会的研究》，浙江大学出版社2008年版。

郑琦：《论公民共同体：共同体生成与政府培育作用研究》，中国社会出版社2011年版。

朱旭峰：《中国思想库：政策过程中的影响力研究》，清华大学出版社2009年版。

［法］托克维尔：《论美国的民主》（上卷），商务印书馆1991年版。

［美］安德鲁·里奇：《智库、公共政策和专家治策的政治学》，潘羽辉译，上海社会科学院出版社2010年版。

［美］亨廷顿：《变化社会中的政治秩序》，王冠华等译，上海人民出版社2008年版。

［美］莱斯特·M.萨拉蒙：《公共服务中的伙伴：现代福利国家中政府与非营利组织的关系》，商务印书馆2008年版。

［美］罗尔斯：《正义论》，中国社会科学出版社1988年版。

［美］唐·E.艾伯利：《市民社会基础读本——美国市民社会讨论经典文选》，商务印书馆2012年版。

［美］托夫勒：《权力变移》，周敦红等译，四川人民出版社1991年版。

［美］朱莉·费希尔：《NGO与第三世界的政治发展》，社会科学文献出

版社 2002 年版。

［瑞］米歇尔·麦克莱蒂：《瑞典的国家和市民社会关系》，艾文伯格公司 1995 年版。

［英］肯尼斯·E. 博尔丁：《权力的三张面孔》，张岩译，经济科学出版社 2012 年版。

［英］马克·尼奥克里尔斯：《管理市民社会》，商务印书馆 2008 年版。

二　中文期刊

包心鉴：《改革高度集权的管理体制：权力变革的关键》，《文史哲》2000 年第 5 期。

陈红太：《中国传统政治与现代公民政治》，《文史哲》2004 年第 1 期。

陈晓济：《从冲突走向合作：政府与非政府组织公共合作行政模式构建》，《甘肃行政学院学报》2007 年第 2 期。

褚松燕：《政治社会团体之法团主义分析框架评析》，《国家行政学院学报》2010 年第 5 期。

邓正来、景跃进：《建构中国的市民社会》，《中国社会科学季刊》1992 年 11 月创刊号。

顾昕：《公民社会发展的法团主义之道——能促型国家与国家和社会的相互增权》，《浙江学刊》2004 年第 6 期。

郭小聪、文明超：《合作中的竞争：非营利组织与政府新型关系》，《公共管理学报》2004 年第 1 期。

胡益芬：《"参与式治理"——第三部门与政府关系探析》，《重庆社会科学》2004 年第 3 期。

蒋永甫：《行政吸纳与村庄"政治"的塌陷——村民自治制度的运行困境与出路》，《湖北行政学院学报》2011 年第 6 期。

金太军、王运生：《村民自治对国家与农村社会关系的制度化重构》，《文史哲》2002 年第 2 期。

金太军：《政府的自利性及控制》，《江海学刊》2002 年第 2 期。

景跃进：《转型、吸纳和渗透——挑战环境下执政党组织技术的嬗变及其问题》，《第二届（2011 年）增爱中国公益学术奖文集》，上海交通大学，2011 年 12 月。

康晓光、韩恒：《分类控制：当前中国大陆国家与社会关系研究》，《开放时代》2008年第2期。

李海平：《政府购买公共服务法律规制的问题与对策——以深圳市政府购买社工服务为例》，《国家行政学院学报》2011年第5期。

李建琴、王诗宗：《民间商会与地方政府：权力博弈、互动机制与现实局限》，《中共浙江省委党校学报》2005年第5期。

林尚立：《中国政治建设中的"体"与"用"》，《经济社会体制比较》2010年第6期。

马庆钰：《论"政社分开"与社团管理改革》，《行政管理改革》2010年第7期。

[美]莱斯特·萨拉蒙、赫尔穆特·安海尔：《公民社会部门》，《社会》1997年第2期。

乔耀章：《多质态社会管理中的共同性与差异性》，《甘肃社会科学》2012年第4期。

乔耀章：《论政府社会管理中的政府、社会、公民三者关系》，《湖北行政学院学报》2004年第10期。

乔耀章：《论作为非国家机构的政府》，《江苏行政学院学报》2004年第2期。

秦晖：《从大共同体本位到公民社会——传统中国及其现代化再认识》，《问题与主义》，长春出版社1999年版。

任慧颖：《对中国非营利组织与政府关系的研究探讨——以中国青基会为个案》，《山东社会科学》2005年第10期。

苏明、贾西津等：《中国政府购买公共服务研究》，《财政研究》2010年第1期。

孙国峰：《论公共权力的异化及其向互利的回归——以"交易成本"为视域》，《文史哲》2004年第2期。

王存奎：《辩证看待境外非政府组织》，《中国社会科学报》2014年5月14日第595期。

王栋：《民间智库融入公民社会：规范分类的逻辑进路》，《行政论坛》2015年第4期。

王栋：《民主化与公共危机显性化趋势及治理——以公民社会视角分析》，《甘肃理论学刊》2013年第5期。

王栋：《平衡性逻辑：乡村社会组织成长路径的中国模式——以渝东北Y

村"乐和家园"为考察对象》,《社会科学论坛》2014年第7期。

王栋:《社会组织参与协商治理程序的规范化逻辑》,《天津行政学院学报》2015年第6期。

王栋:《新形势下推动我国社会组织界别协商:现状、路径与机制》,《广西社会科学》2016年第4期。

王栋:《整体化分散治理:一种新框架——基于津、杭、深的公共代理机构比较分析》,《湖北社会科学》2016年第4期。

王栋:《政社分开:善制与善治的双重进路》,《行政论坛》2016年第3期。

王栋:《中国"政治道德"主体性现代化进程与新范式探究》,《内蒙古社会科学》(汉文版)2011年第6期。

王名、孙伟林:《社会组织管理体制:内在逻辑与发展趋势》,《中国行政管理》2011年第7期。

王绍光、何建宇:《中国的社团革命——勾勒中国人的结社的全景图》,《浙江学刊》2004年第6期。

王一程:《改革开放以来的中国基层民主建设》,《政治学研究》2004年第2期。

萧功秦:《20世纪中国的六次政治选择》,《领导者》2007年第16期。

许纪霖:《近代中国的公共领域:形态、功能与自我理解——以上海为例》,《史林》2003年第2期。

俞可平:《中国公民社会的概念分类与制度环境》,《中国社会科学》2006年第1期。

虞维华:《非政府组织与政府的关系——资源相互依赖理论的视角》,《公共管理学报》2005年第2期。

郁建兴:《公共事务管理中的公民社会——中国公民社会发展路径的反思与批判》,《二十一世纪》(香港中文大学)2008年第2期。

张健:《公民社会:概念的语言分析及解释框架》,《文史哲》2009年第3期。

张康之:《论共同行动中的合作行为模式》,《社会学评论》2013年第6期。

张康之:《论主体多元化条件下的社会治理》,《中国人民大学学报》2014年第2期。

郑杭生、杨敏：《从社会复合主体到城市品牌网群——以组织创新推进社会管理创新的"杭州经验"》，《中共杭州市委党校学报》2011 年第 4 期。

周俊：《中国公民社会发展的温州模式》，《浙江社会科学》2008 年第 6 期。

朱英：《近代中国的"社会与国家"：研究回顾与思考》，《江苏社会科学》2006 年第 4 期。

三 英文

Boston：African Studies Center, Boston University. 1992. Human Organization 51（2）：136–143.

Dahl, Dilemmas of Pluralist Democracy：Autonomy US. Control. New Haven：Yale University Press, 1982.

David Schak and Wayne Hudson. Civil Socity in Asia. Burlington：Ashgate, 2004.

Diana Leat. Governing in the Round-Strategies for Holistic Government. The Mezzanine Elizabeth House, 2001.

Fernandez. Aloysias. P. 1987. NGOS in South Asia：People's Participation and Partnership. World Development 15（supplement）.

Implementing Effective Local Management of Natural Resources：New Roles for NGOS in Africa, Working Papers in African studies. No. 148.

In the Changing Politics of Non-Governmental Organizations and African States. Edited by Evesandberg. Westpert, conn：Praeger：Askoka, N. d.

Jack. M. Potter. Thai Peasant Social Structure, Chicago and London：The University of Chicago Press, 1976.

Neil Gilbert, Transformation of the Welfare State；The Silent Surrender of Public Responsibility. New York：Oxford University.

Perri 6. Towards Holistic Governance：The New Reform Agenda. New York：Palgrave, 2002.

Peter Evans, "Is an Alternative Globalization Possible?" Politics & Society, Vol. 36, No. 2, 2008.

Priest Margot. the Privatization of Regulation：Five Models of Self-regulation

Ottau Law Review . 1998, p. 29.

Schmitter, P. C, Still the Century of Corporatism? In Frederick B. pike and Thomas stritch (eds.), The New Corporation: Social-Political Structures in the Iberian World. University of Vortre Pame Press, 1974.

The Evidence: Profiles of Eary Ashoka Fellows. Unpublished paper. 1988. Profiles of the Ashoka Fellows: Thomas-slayter, Barbara, 1990.

Wolfgang Streeck, Between Pluralism and Corporatism: German Business Associations and the State. Journal of Public Policy, Vol. 3, No. 3.

四 网络文献

党国英：《改革是基层民主改革的必由之路》，2008年5月26日（http://www.eeo.com.cn/2008/0526/101412Shtml）。

《关于加快推进行业协会商会改革和发展的若干意见》，中央人民政府网（http://www.gov.cn/gongbao/content/2007/content_663678.htm）。

《关于加快政治体制改革的若干问题》，爱思想网（http://www.aisixiang.com/data/35860.html）。

《李克强谈简政放权：放活不是放任 管好不是管死》，中国新闻网（http://www.chinanews.com/gn/2014/06-04）。

廖晓义：《乐和家园——生态文明的微观模式》，中国乡村发现网（http://www.zgxcfx.com，2011-5-29）。

《民办非企业单位登记管理暂行条例》（国务院令第251号），民政部网站（http://www.mca.gov.cn/article/zwgk/fvfg/mjzzgl/200709）。

王名：《关于在政协设立社会组织界别的建议案》，2012年3月7日（http://blog.sina.com.cn/s/blog_7579c5bb01010uwn.html）。

温铁军：《中国中产阶级崛起的社会影响》，中国社会科学网（http://www.cssn.cn/shx/shx_fcyld/201310.29）。

习近平：《关于〈中共中央关于全面推进依法治国若干重大问题的决定〉的说明》（http://politics.people.com.cn/n/2014/1029/c1001-25926928-2.html）。

杨光斌：《中国政治的变局：党政关系的新走向》，2014年1月26日（http://www.21ccom.net/articles/zgyj/ggcx/article_2014012699727.html）。

《中共中央关于加强党的建设几个重大问题的决定》，新华网（http://

news. xinhu anet. com/ ziliao/ 2003 - 01/18）。

《中共中央关于加强党的执政能力建设的决定》，人民网（http：//www. people. com. cn/GB/ 40531/40746/2994977. html）。

《中共中央关于加强和改进新形势下党的建设若干问题重大问题的决定》，中央人民政府网（http：//www. gov. cn/jrzg/2009 - 09/27/content_ 1428158. htm）。

《中共中央关于推进农村改革发展若干重大问题的决定》，中央人民政府网（http：//www. gov. cn/jrzg/2008 - 10/19）。

《中共中央组织部、共青团中央关于加强新形势下基层党建带团建工作的意见》（组通字〔2010〕76号），维普数据库网（http：//lib. cqvip. com/ qk/81415X/2011B05/38636064. html）。

《中共中央组织部、民政部关于在社会团体中建立党组织有关问题的通知》（组通字〔1998〕6号），新华网（http：//news. Xinhuanet. com/ ziliao/2005 - 10/18/content_ 3637783. Htm）。

《中国共产党农村基层组织工作条例》，新华网（http：//www. zj. xinhuan et. com/ special/2011 - 05/16/content_ 22773161. htm）。

《中华人民共和国城市居民委员会组织法》，中国人大网（http：//www. npc. gov. cn/wxzl/gongbao/1989 - 12/26/content_ 1481131. htm）。

《中华人民共和国村民委员会组织法》，中央人民政府网（http：// www. gov. cn/flfg/2010 - 10/28/content_ 1732986. htm）。

后　　记

　　中国自进入21世纪以来，对于政治体制改革的愿望愈加迫切。记得我刚考上四川省社会科学院政治学研究所研究生时，郭丹研究员在给我们上的第一次课上指出，"二十一世纪将是政治学科绽放异彩的世纪"。这让我和我的同学信心倍增，因为我们知道，改革开放以来经济学、管理学、法律、社会学等学科逐步登入学术发展的大潮，而政治学从国家和社会发展的背景来看，还没有处于显要位置。但是随着经济、社会等一系列问题出来以后，我们会清晰地发现，很多问题的背后是"政治"这一根本原因在制约和影响着其他领域进一步改革的力度。

　　在四川省社会科学院，我被四川大地上所展现出的政治改革魄力而深深打动。我学习所在的政治学研究所正是在四川政治改革中担当旗手的一股重要力量。都淦老先生在我国政治学界德高望重，尤其他的地方人大研究在国内颇有影响。郭丹研究员治学严谨且为人谦和，他带领的政治学研究所在人大研究、协商民主研究、选举改革研究、廉政研究等方面成果卓著。其他还有涂秋生研究员、刘积高研究员、李羚研究员等诸位先生在政治学领域深耕厚积。我们这一届学生能够得到这么多知名学者的亲身教导，深感荣幸。

　　四川省社会科学院政治学研究所的一大特色是与四川省政治改革的脉络紧密联系的，那就是扎扎实实在田间地头、深巷院井的调查之风。郭丹研究员、李羚研究员多次带领我们去农村、去社区、去厂间甚至去集市、去学校调研。最后我和几位同学，在郭丹研究员、李羚研究员的帮助下，在院研究生部领导的支持下，成立了"自助调研小组"。每到假期、周末甚至在学校组织学生集体旅游的时候，我们就跑到农民的家里，仔细聆听农民讲给我们有关税收、拆迁、征地等百姓身边的问题。最后一学年，在李羚研究员的推荐下，我有幸到四川省委组织部组织三处进行磨练，通过在

后 记

直接的观察上层政治改革的行动中,发现和体会四川政治改革的脉搏。三年的学习生活磨练了我和我的同学们埋头苦干、情系民间的学风,也就是在这个时候我确立了基于公民社会组织视角的基层群众自治研究方向。

但是单纯的调研热情很难化为实际的解决方案,随着对问题的加深认识,我深深体会到没有扎实的理论基础是不能从这些枯燥的数据和零碎的信息中发现更为深刻的问题和内在的规律,读硕士时所学的知识还远不能满足对于现实问题解决的需要。于是我开始寻求读博这一进一步深造的机会。苏州大学成为我进一步拓展知识、进一步深化公民社会组织研究方向的地方。我来苏州大学之前,在重庆三峡学院工作,重庆的一个政治改革项目走在全国前面,那就是"政社分开"改革。这极大地引起了我的兴趣,也使我找到了一个研究社会组织的重要内容。问题明确了,方向明确了,但是政社如何分开成为我难以解开的困惑。正是由于这个原因,我选择了报考苏州大学,因为在苏州大学有一支基础雄厚的政治学研究力量,它的特色就是政府政治。我希望能在"政社分开"这个问题上,从政府这个角度找到答案。

苏州大学的政治学科在我国影响深远,其办学历史比较悠久,最早可追溯到20世纪20年代东吴大学创办的政治学科。在新中国成立后,苏州大学政治学的奠基人丘晓老先生是与夏书章、王惠岩、徐大同、赵宝煦等老先生并称的我国"政治学五老"之一。苏州大学的政治学学科研究专注于政府理论与政府实践。这一研究特色与苏南地区政府导向发展的独特优势形成合力,理论服务于实践,实践孕育了理论。苏州大学的政治学学科先后出版了《东吴政治学》《东吴公共管理研究》《政治与公共治理研究文库》等一系列高质量的著作,围绕区域政治特色研究,特别是苏南政治特色的问题考量,形成了乔耀章领军的政府理论与实践方向、金太军领军的地方政府与社会治理方向、沈荣华领军的地方服务性政府与法治政府方向。苏州大学的政治学学科基于政府理论研究的卓著成果和深厚底蕴,在形成独特的"东吴政治学"流派中奠定了基础。

乔耀章教授是国内研究政府理论方面的重要学者之一,他一次次地谆谆善诱使我对政社分开问题的认识,由单纯的"就事论事",进入了一个历史性的、社会性的宏观视域中考察。由此,长期埋在我心中的困惑开始豁然开朗,并向着一个更为高阶的研究层次深入。更为难得的是,乔老师的阔涵包容、学养深厚的治学风范成为我进一步研究的鞭策和激励。乔老师对我影响最大的是，他从来不为我的研究限定某个领域或方向，而一直为我的兴趣和志向开云拨雾、一直为我的困惑解疑答惑。直到今天，虽然我远在重庆，已经离开苏州大学四年多的时间，但老师对我的教导却越发多了起来，与老师的联系也更为密切。尤其感激的是乔老师不仅在我心中树立了严格的治学作风，还有他做人的道理，在我每次遇到困难的时候，老师总是从更为高的理解和认识帮我走出困境。

另一位特别需要感谢的是金太军教授。金太军教授知识渊博，讲课幽默诙谐，并富有辩证思维。在金太军教授的课堂上，老师总是敞开心扉，让我们主动融入课堂。每次讲课，老师先提出问题，然后与我们共同探讨解决，这种教学作风极大地训练了我们的自我分析和解决问题的能力。金老师思辨讨论式的研究训练，其论证逻辑、分析思路和对问题的高瞻远瞩，也深深地影响了我的研究习惯。最为记忆尤深的是老师对我的鼓励。我在学业的道路上不很平坦，在最为困惑的时候，是金老师的鼓励使我重新拾起对研究的信心。

四年的苏州大学学习生涯，无数次在金鸡湖畔读书和写作。在乔老师、金老师和各位老师的指导下，我不断地对于"政社分开"这个问题深入研究，也不断地解决一个个知识上的困惑，通过学习研究，我不但对于"政社分开"改革有了一个清晰的思路，并且在更为宏观的政治体制、政治环境、政治氛围这个大的时空政治生态中找到了历史和未来结合的答案，"政社分开"的学习和研究贯穿起了我的整个学习过程，更让我在学术道路上清晰了一种精神和情怀，我想这才是解决和思考政治学问题的基本素质和应有境界。

本书从撰写到完稿前后共历经了五年多的时间，这其中最应该感恩的是在背后一直默默支持我的父母亲。也感谢我的爱人罗建梅，她牺牲大量时间照顾家庭，使我能够安心学习。还有我那可爱的女儿，在我学业道路上，给了我很多快乐和体贴。书稿出版前，为了精益求精，几易其稿，不断打磨，里面浸透了中国社会科学出版社编辑老师的辛勤汗水，在这里特别向本书责任编辑田文老师表示衷心感谢！

王　栋

2018 年 5 月 5 日于重庆工商大学南山脚下